パフォーマンス心理学入門

香川秀太
有元典文
茂呂雄二
● 編

共生と発達のアート

新曜社

まえがき

　本書は、パフォーマンス心理学を広く日本の学生、研究者、実践家と共有するために編まれた本である。

　パフォーマンス心理学におけるパフォーマンスは、新しい活動へのチャレンジを通して、今までの古いやり方や自分自身の見方も超えることを意味している。その典型例は、俳優の技であり、ごっこ遊びに興じる子どもである。自分ではない者に成りきって、今の自分とは異なる生を演じることがパフォーマンスである。

　しかし現在の私たちには、むしろ成果主義に基づいたパフォーマンスのほうが馴染みやすい。「ハイパフォーマンスのチームが高レベルの価値を提供します」、「コストパフォーマンスのよいサービスを提供」といった広告のことばが踊る中、俳優の演技が典型となる遊びや楽しさに通じるパフォーマンスの意味は忘れられがちである。

　本書が取り上げる意味でのパフォーマンスの概念は、人類学やドラマ研究、言語学等の、人間の本性に迫ろうとするさまざまなアプローチにおいて繰り返し主張され、議論されてきたものでもある。現在のパフォーマンス心理学は、そのような多様な流れの合流点に成立しているものである。

　たとえば、文化人類学には、伝統的な慣習行動の制約とその乗り越えに着目するアイディアがある。"リミナリティー（境界越え）"としてのパフォーマンスのアイディアであり、パフォーマンスによって新しい何かが生じることで、それまでのリミッターを振り切るというアイディアである。

　文化人類学者ファン・ヘネップは、部族社会においてパフォーマンスの儀式が平和から戦争への変化や季節による労働の変化などの、社会変化の越境として機能するものだとした。一方、社会劇の概念で知られるヴィクター・ターナーは、社会劇が部族間抗争であれ、近代的国民国家であれ、社会集団の"リミナリティー（彼の場合にはリミノイド）"としての転換活動として、社会集団が確立された関係性や古いやり方を超えて進むのを可能にするとして、このようなリミナリティー活動としてパフォーマンスをとらえている。現在、リチャード・シェクナーが牽引するパフォーマンス・スタディーズとして知られ

る社会文化的な研究動向は、この人類学のパフォーマンスのアイディアを引き継ぐものである。

　パフォーマンスの中でも、インプロ（即興、インプロヴィゼーション）に着目した動きにも、発達支援を担ってきた長い伝統がある。インプロは、演劇のひとつの形式であり、俳優修行の道具でもあると同時に、社会教育やリーダーシップ育成の道具としても利用されてきた。インプロの代表者のひとりに、シアターゲームの創設者として知られるヴァイオラ・スポーリンがいる。彼女が師事したのは、社会学者のネヴァ・ボイドである。ボイドはシカゴのセツルメント施設（ヨーロッパからの移民子弟と地元民の共生による貧困問題解決を目指す施設）内に、1年の課程でグループゲーム、ダンス、ドラマ、遊びの理論、社会問題を教えるレクリエーション訓練学校を創設した人物であるが、若いスポーリンはこの教育施設で学んでいる。現在、日本においても、学校教育はもちろんのこと、企業における研修や、異文化・多文化理解のワークショップ等の多くの分野から注目されているインプロの背景に今世紀初頭の貧困等の社会問題への関心があったことは、貧困や格差の問題を抱える現代と共鳴するという意味で興味深い。

　言語研究においても、パフォーマンスへの注目の伝統がある。本書で言及されるウィトゲンシュタインの言語ゲーム論もそうだが、言語行為論（スピーチアクト）もそうだ。通常、言語は、対象物や事実を記述する道具と想定されるが、このような実証主義的な想定に対して、言語の持つ行為性や社会的事実の構成の機能を強調する流れも脈々とつづいている。ジョン・オースティンの着目する、遂行的な行為は、「この船をクイーン・エリザベスと命名する」というように、ことばを発する行為が、発話行為の実践を通して意味を作り上げる事態に注目する等、パフォーマンスとしての言語を強調する流れも、実践としての言語の本性を明らかにしてきた重要な流れである。

　さて、パフォーマンス心理学には、もうひとつの特徴がある。それは実践や介入との結びつきである。パフォーマンスを強調しておきながら、研究対象を遠くから眺めているだけではすまない。むしろ、研究対象として設定した人々の中に入り込み、一緒に実践を作り上げること、どのように人々と共に活動するのか、どのように活動の場をつくり上げたのかが大事になるだろう。このことも、アクション・リサーチ、介入研究、当事者研究、形成的なアプローチ等の名前で呼ばれて、実践されてきたものである。

　本書に寄稿してくれたダン・フリードマンが述べるように、パフォーマンス

心理学あるいはパフォーマンス研究は、同時に、パフォーマンス・アクティビズムでもあるのだ。パフォーマンスの観点から人々を見ることは、私たちの生をベタリングすることを目指して、一緒に新しいパフォーマンスを創造することにほかならない。

　本書には、理論的で解説的な章とともに、日本においてパフォーマンスによってさまざまな活動の場をつくり上げた実例も示されている。読者のみなさんが、本書をとおしてパフォーマンス心理学の一端に触れ、さらには、パフォーマンス・アクティビズムのコミュニティに参加するきっかけになることが、著者一同の願いである。

編者一同

目　次

まえがき　i

1部　パフォーマンス心理学入門

1章　パフォーマンス心理学とは―――――――茂呂雄二　3
1　はじめに　3
2　パフォーマンス心理学　3
3　パフォーマンス心理学の歴史　6
4　パフォーマンスのインパクト　9
5　パフォーマンス心理学の可能性　12

2章　レフ・ヴィゴツキー ── 愛しき革命家―――ロイス・ホルツマン　大塚翔・石田喜美 訳　15
1　はじめに　15
2　レフ・ヴィゴツキー　16
3　発達におけるあること（being）となること（becoming）　20
4　やり方を知らない成長活動　24
5　私たちは皆、無名の革新者　26

3章　パフォーマンス・アクティヴィズム―――ダン・フリードマン　石田喜美・大塚翔 訳　29
── 人間の発達を再開し、コミュニティを
　　創造するために出現しつつあるグローバル戦略
1　はじめに　29
2　パフォーマンス、発達、コミュニティ　32
3　世界各地の実例　35

4章　状況論からパフォーマンス心理学へ――――太田礼穂　41
1　はじめに　41
2　パフォーマンスが持つ意味　41

v

3　状況論とパフォーマンス心理学との連続性と不連続性　　43
　　　4　パフォーマンス心理学における実践　　50
　　　5　おわりに　　53

2部　交換のパフォーマンス

5章　所有、贈与、創造的交歓 ── 関係論の解散へ ───香川秀太　57
　　　1　新しい社会構造の息吹　　57
　　　2　アソシエーション論（交換論的転回）　　58
　　　3　贈与論　　60
　　　4　創造的交歓論　　62
　　　5　相模原市藤野地区のファーマーズマーケット　　68
　　　6　関係論の静かな解散へ　　73

6章　放課後コミュニティの形成 ───広瀬拓海　77
　　　　── 子ども・若者支援のための新しい「パフォーマンス」
　　　1　はじめに　　77
　　　2　交換様式からとらえるコミュニティビルド　　78
　　　3　子ども・若者支援の新しい放課後コミュニティ　　79
　　　4　子どもたちとの出会いとその背景　　82
　　　5　応答としてのパフォーマンス　　86

7章　パフォーマンスとしての社会的企業と交換 ───北本遼太　91
　　　　── 『空と大地と』の事業の開始と展開
　　　1　はじめに　　91
　　　2　パフォーマンスとしての社会的企業という働き方　　92
　　　3　交換の持つ「力」　　93
　　　4　『空と大地と』の開始と展開　　95
　　　5　パフォーマンスとしての『空と大地と』の実践　　98
　　　6　新たな支援を切り開く交換の「力」　　99
　　　7　おわりに　　101

8章　交換が生まれる場を作る ─────小池星多・篠川知夏・青山征彦　105
── 多摩地域のコミュニティスペースにおける活動のデザイン
1　はじめに　105
2　コミュニティスペースにおける活動の実際（1）　106
　── 工房を中心としたネットワーク
3　コミュニティスペースにおける活動の実際（2）　110
　── シェアハウスと出版がつなぐネットワーク
4　コミュニティスペースにおける活動のデザイン　113
5　コミュニティスペースの困難、そして可能性へ　119

9章　異文化理解と交換 ─────岸磨貴子　121
1　はじめに　121
2　インターネットを活用した異文化間の協働実践　122
3　「交換」の観点から見えてくるもの　129
4　コミュニティを創造する異文化理解の実践とその特徴　133
5　おわりに　136

3部　学びの場のパフォーマンス

10章　教育におけるパフォーマンスの意味 ─────有元典文　141
1　はじめに ── 観客・共同・即興・創造・発達・遊び　141
2　主体を「個」から「場」へ広げよう　146
3　教育にパフォーマンスを　150
4　やったことがないことがやったことがないままでできる場へ！　153

11章　英語の学びとパフォーマンス心理学 ─────今井裕之　161
1　はじめに　161
2　日本の英語教育が抱える問題　161
3　小学校英語が本格的に始まった　162
4　「教科書」の存在が大きい中学校の英語授業の変化　165
5　高等学校の「言語活動の高度化」が持つ可能性　167
6　英語教員との研修を通して「即興性」の認識を変えていく　169
7　英語教育にもっとパフォーマンスを　170

12章　教員養成におけるインプロ ───郡司菜津美　173
　　1　はじめに　173
　　2　なぜ教員養成でインプロなのか　173
　　3　インプロを取り入れた教育実践　178
　　4　おわりに　190

13章　インプロが促す発達 ───清家隆太　191
　　1　はじめに　191
　　2　インプロについて　191
　　3　インプロのレッスンの実際　193
　　4　学生の発達と変化（インタビューをもとに）　198
　　5　おわりに　207

終章　状況論からパフォーマンス心理学へ ───青山征彦　211
　　── 私たちはなぜ変わらなければならないのか
　　1　はじめに　211
　　2　状況論からパフォーマンス心理学へ（1部）　212
　　3　コミュニティを交換論で読み解く（2部）　215
　　4　インプロは学校教育をどう変えるか（3部）　217
　　5　そして研究者はどう変わるか　220
　　6　現実とわたりあえる心理学に向けて　221

あとがき　223
索　引　227

装幀＝臼井新太郎
装画＝鹿又　広祐

1部
パフォーマンス心理学入門

1章 パフォーマンス心理学とは

茂呂雄二

1 はじめに

　ここでは、パフォーマンス心理学（Performative Psychology）の概要、歴史、実践への応用を紹介しながら、パフォーマンス心理学の意味と広がりを示したい。普通心理学は個体主義と自然科学主義を特徴とするが、パフォーマンス心理学は、この普通の心理学へのラディカルな批判から出発する。この批判は、心理学の革新というだけでなく、貧困や格差に代表される、現在の発達の困難な時代におけるブレークスルーを指し示すという意味も持つ。このようなパフォーマンス心理学のポテンシャリティーの一端を読者と共有したい。

2 パフォーマンス心理学

2-1 パフォーマンス

　パフォーマンス心理学のパフォーマンスは成果主義とは無縁である。企業やスポーツの業界では、成果や結果の観点が重視されて、出来高や出来映えをパフォーマンスと呼ぶ場合がほとんどである。
　しかしパフォーマンス心理学は、むしろ遊びや演劇の観点に立ってパフォーマンスを考える。実生活では心優しい俳優が、テレビや映画で勇猛で冷酷な戦士を演じるように、自分とは異なる人物を演じたり、他の人物の振りをすることをパフォーマンスという。結果ではなく、自分とは異なる人物に"なる"プロセスに着目するのである。
　パフォーマンス心理学は、人びとが他者の振りをしたり演じたりすること、

そしてこの振りや演じることが可能な環境を仲間と作ることが、発達をもたらすと考える。私たちは、脳神経多様性（ニューロダイバーシティー）、社会的地位や役割、与えられた性役割、民族的な出自、それぞれの性的な指向性（セクシャリティー）、生まれ育った文化などによって、制限され制約されている。この制限や制約を乗り超えようとするときに、パフォーマンスが有効であり、他者の振りをして別の人物のように演じることで、いつもやっていることを乗り越えられるとパフォーマンス心理学は考える。

　ところで、パフォーマンス心理学は、ほとんどの心理学教科書には載っていない考え方であるが、米国を中心に、すでに40年近くも持続してきた草の根の心理学実践から生まれた心理学である。感情の問題を抱える子どもや大人、そして特別なニーズを持つ子どもや若者が発達するのを支援する心理学が、これほどまでに長く、草の根の活動として持続してきたことを思うと、もっと注目してもよい考え方だといえる。

2-2　パフォーマンス心理学

　通常の心理学は学問の基礎として、個人主義と自然科学主義を疑うことのない前提としているのだが、パフォーマンス心理学はこれら2つの前提に対して2つの鋭い批判を向けている（Holzman, 2014）。

　第一は、人間存在の基本的なあり方のとらえ方に向けられる批判である。メインストリームの心理学では、人間は何らかの標準や基準へ適応する存在と見なされる。しかし、人間は、パフォーマンスする存在であり、このパフォーマンスのあり方を批判的に転換することで人びとの生のベタリング（より良いもの）をもたらすことができる。このような批判は、ニューマンとホルツマンが提唱する「実践-批判的な方法論」によって発展してきた（Newman & Holzman, 1996; 2014）。

　第二は、社会科学の研究方法論をパフォーマンスに基づいて組み立てるべきだという批判である。自然科学のように、研究対象と研究する主体を切り離すことができないから、パフォーマンスを通して、対象となる人びとと研究者が一緒になって、社会科学を実践すべきという批判である。第二の批判は、ガーゲン夫妻が提唱するもので、社会構成主義的な社会心理学実践として展開してきた（Gergen, K. J., 2006; Gergen, K. J. & Gergen M. M., 2011; Gergen, M. M., 2000）。

　パフォーマンス心理学は、人間はそもそもパフォーマンスする存在であり、

人間の住み暮らす世界は舞台のようなものだととらえている。毎日毎日、私たちは、この舞台の上で、台本がある場合もあれば、即興芝居の場合もあるが、数えきれないほど多数の生のシーンを演じているのである。通常の心理学は、知的な側面に特化している場合がほとんどであるが、パフォーマンス心理学では、生活世界を舞台と見ることで、感情的で、社会的で、文化的で知的な生活の全体に着目することになる。

パフォーマンス心理学は、私たちの生活と生のあり方（オントロジー）に着目する方法論を開拓したといえる。私たちは、今の自分で在る（being）と同時に、今の自分を超えた振る舞いになる（becoming）存在でもある。この、変化しつつある独特のあり方を明らかにするのが、パフォーマンスの視点である。

2-3 状況論からパフォーマンスへ

パフォーマンス心理学を支える重要な理論のひとつに、ロシアの心理学者ヴィゴツキーに由来する状況論、あるいは状況的学習論と呼ばれる考え方がある。状況論が発展した最新の姿がパフォーマンス心理学だといえる。状況論からパフォーマンス心理学までの発展を図示すれば、図1.1のようになる。4つの象限が反時計回りに、研究トピックや研究対象の上で、拡張し展開していく様子を描いたものである。

状況論とは、1980年代から始まった学習論で、人間の心の営み特に学習の

図1.1

プロセスを明らかにしようとする研究動向である。従来の学習心理学は、ほとんどが動物の学習過程に基づくもので、社会的動物としての人間のあり方を無視した学習心理学であった。状況論は、人びとが実際の社会的生活の中で作り上げる学習状況に注目し、たとえば教室やワークプレイス、コミュニティ等におけるリアルな学習の姿を活写しようとした。それは、実験室という統制された環境の中で、どのような報酬の与え方で変化するかを論じたそれ以前の学習心理学とはまったく違っている。第1象限には、1990年代に盛んに議論されたさまざまなトピックをのせた。

第2象限は、活動のアイデアをもとにして2000年代をピークに発展した活動理論をのせた。もともとの状況論には無かった、よりダイナミックなプロセスに光を当てようと、人・対象・道具等で作られる活動システムの内外に広がる動きが取り上げられた。

それをさらに徹底しようとしたのが、第3象限の社会物質的アレンジメント研究である。人びとの心の営みと発達を理解するには、人・モノ・道具・テクノロジー・情動が織りなす大きな織物としてのアレンジメントに着目する必要があるとの2010年代に顕著になった研究動向である。

しかし織物に破れ目やほつれが生じるように、アレンジメントは部分的に破綻して、アレンジメントの再編成が必須である。このダイナミズムを掬い取るのが、パフォーマンスのアイデアである。第4象限には、現在のところ急務となっている、パフォーマンス研究のトピックスを示した。

3　パフォーマンス心理学の歴史

3-1　フレド・ニューマン ── 街場の哲学者

パフォーマンス心理学を生み出す草の根の文化運動を始めたのは、フレド・ニューマン（Fred Newman: 1935-2011）という科学哲学者である。1935年、ニューヨーク市ブロンクスの貧しいユダヤ人家庭の5人兄弟の末っ子として生まれたニューマンは、親兄弟誰も高校にも進学していないという環境にもかかわらず、ニューヨーク市立大を経て、スタンフォード大学哲学科で博士号を授与された。そして母校である、ニューヨーク市立大学で教鞭をとっていた。し

かし、1968年大学を去り、街場の哲学者になる道を選んだ。当時のベトナム反戦運動と人種差別撤廃運動にもっと積極的にコミットするには、象牙の塔にとどまるのではなく、街場で人びととともに新しい文化を創造するコミュニティづくりの活動のほうがはるかに重要だと判断したからだ（茂呂, 印刷中）。

ニューマンは、活動に共鳴し結集した多彩な若者たちと一緒に、実践を進めるための活動センターを設立して、さまざまの社会文化的な草の根の実践を発進し始めた。活動センターには、学習施設や劇場、無料の医療クリニック、印刷所などが併設され、センター利用者に対してさまざまなサービスが提供されていた。

このセンター利用者の中には、メンタルな面での困難を訴える人や、家族関係のことで相談を希望する人も多く、そういう利用者からの声を受けて、ニューマンたちはソーシャルセラピー（社会療法）というラディカルなセラピーを始めた。哲学者であるニューマンはウィトゲンシュタインの考え方に基づいて、従来の心理学に対する鋭い批判からソーシャルセラピーを生み出した。それはセラピーという名がついているものの、普通の心理療法やカウンセリングと違って、診断とそれに基づく問題解決をあえて目指さないセラピーだった。通常の診断＝治療モデルには哲学の観点からすると誤った前提が潜んでいて、この前提が問題の混乱をもたらしているとニューマンは考えた。診断（問題の原因特定）と問題解決は自然科学のテクニックであり、人間には適さないのではないか。むしろセラピーを新たな文化の創造のアート（わざ）に位置づけるべきだ、と考えた。いわゆる個人の内面を重視する伝統的心理学を否定して、コミュニティづくりを通して、私たちの日常生活にベタリングをもたらす実践にしようと考えた。

3-2 パフォーマンス・ターン

このように始まったソーシャルセラピーを飛躍的に発展させるきっかけはヴィゴツキーの発達論だった。ヴィゴツキーをニューマンに教えたのは、発達心理学者ロイス・ホルツマン（Lois Holzman）だった。1970年代に、ヴィゴツキーを米国に導入した心理学者のマイケル・コール（Michael Cole）の指導のもと、ロックフェラー大学のポスドク研究員をしていたホルツマンは、研究のかたわらニューマングループの一員として、ニューヨークの町中で貧しい子ども・若者のためのボランティア活動をしていたが、結局コールのもとを去り、

ニューマンの運動に参加した。こうして、ニューマンによるウィトゲンシュタインと、ホルツマンによるヴィゴツキーと、二人に共通するマルクス（Karl Marx）という三者のアイデアがミックスされ、ソーシャルセラピーが発展していった。ソーシャルセラピーは、セラピーを遊び＝演技と位置づけて、セラピーセッションをいつもの振る舞いとは異なる、新しい生のあり方をパフォーマンスする場と意味づけ直したのだった。1979年、ニューマンとホルツマンと仲間たちは、ニューヨークソーシャルセラピー研究所を設立する。この研究所は、政府や自治体等から資金援助を一切受けることなく、パフォーマンス心理学を生み出していった。この研究所で、ボランティア活動に参加するものの中には、俳優、歌手、ダンサー、劇場スタッフなどのかなりの数の演劇関係者がいた。研究所付属の劇場は実験的な演劇の発表の場になり、ニューマンもこの劇場で戯曲を書き演出も手がけるようになった。このとき俳優たちと始めたのが演劇的なワークショップで、参加者から「とても良い経験だ、発達的だ」などの好評の声が上がったという。ニューマンとホルツマンは、参加者たちの経験を、ヴィゴツキーの演劇論や遊び論と結びつけて理解しようとした。ヴィゴツキーは、遊びが乳幼児の可能性を一段と引き出すと述べているが、ニューマンらはこのヴィゴツキーのアイデアが発達を考える上での格別の視点となると実感した。乳幼児ばかりでなく、学齢期の子どもたちも、さらには大人も、俳優が演じるように今の自分の振る舞いとは異なる語り口や身振りをあえて演じることで、つまりパフォーマンスすることで発達できると考えた。これがパフォーマンス心理学である。

3-3　パフォーマンス心理学の実践

　ニューマンらが始めた新しい心理学は、現在さまざまな実践活動へと展開している。イーストサイド短期グループ療法研究所というシンクタンクならびにオールスター・プロジェクトという有色・貧困の子どもと若者支援非営利団体が展開している。

　研究所では、全米各地のセラピーセンターの実践とともに、さまざまなプログラムを発進している。現職教員研修「教員仲間づくり」プログラム、世界各地からの参加者にソーシャルセラピーに基づくコミュニティビルディングを教える「国際クラス」のほか、各種のオンラインセミナー、定期的に行われるウェビナー（ウェブ・セミナー）、毎年2回行われる「ニューヨーク発達発

見の旅」プログラムが発進している。また、現在のパフォーマンス心理学を牽引する国際集会として、2001年「世界をパフォーマンスする Performing The World」が発進し、2年おきに開催を続けている。

オールスター・プロジェクトでは、毎年開催されるタレントショーネットワーク以外に、次のようなプロジェクトを発進している。第一は、「若者のステージ」であり、プロの劇場関係者と一緒に、若者が芝居を作り公演するというプログラムで1997年発進している。同年、「若者のための発達の学校」が発進している。これは、ビジネス界、ウォールストリートとの協働での、貧困層の若者が企業現場でインターンするプログラムである。2006年には、「マッポとガキの対話大作戦（Operation Conversation: Cops & Kids）」が発進している。これは、2006年のショーン・ベル事件をきっかけに、ニューヨークで再び緊張の高まった白人警官と有色の若者をターゲットにしたもので、警官と若者が舞台パフォーマンスを通して、相互の理解を目指すプログラムである。

さらに2011年には、無料の学習プログラム、UXが発進している。ユニバーシティー・エックスの略語だそうだが、若者も含めた、一般の人びとの学習機会を提供するものだ。「インプロ入門」「金融リテラシー」「みんなのストーリー：個人史を書く」といったクラスが、毎週開かれている。

4　パフォーマンスのインパクト

このようなパフォーマンスを実践の原理にした試みは広がり続けていて、パフォーマンスの持つインパクトに注目が集まっている。その一端をいくつかの事例を紹介しながら確認してみよう。

4-1　シェイクスピアでパフォーマンス

英国ロイヤルシェイクスピア劇団の女優、ケリー・ハンター（Kelly Hunter）は、自閉症児向けのハンター・ハートビート・メソッドを考案している（Hunter, 2014）。シェイクスピア作品の形式と内容が、自閉症児らにとって大変役に立つという仮説に立って、自閉症児がプロの俳優たちとシェイクスピア劇の一部を演じる中で、コミュニケーションや視線接触を上手にパフォーマン

スできるようになるメソッドである。

　まず形式面では、シェイクスピアのほとんどの作品が、弱強5歩格というリズムで書かれている。このリズムはトトン、トトン、トトンとまるで脈打つ心臓のようなビートが創り出すリズムで、私たちが母親の胎内にいるときから触れてきた基本リズムであり、このリズムで芝居の台詞を声に出すことは、コミュニケーションの安心感を得ることができるとハンターは考える。

　内容面についていえば、シェイクスピア劇のテーマが、自閉症の子どもたちに"心の眼"を与えることを可能にするとハンターは考える。自閉症の子どもたちは、自分の考えや感情を表現するために、大変な苦労をする。ハンターは、ハムレットの有名な台詞（"俺の心の眼にだ、ホレイショー"）にも表れる"心の眼"をキーワードにして、シェイクスピア作品の中の話すこと、見ること、考えることが含まれるプロットを子どもたちと演じることで、劇中の嫉妬、愛、野心、怒り等の複雑な感情を子どもたちにも共有してもらえる、と考える。

　このメソッドを、米国のオハイオ州立大学のナイソンジャー・センターは、自閉症児のコミュニケーションの改善のための手法として採用し、有効性の確認を試みている。このパイロット研究（McClatchy, 2017; Ohio State University, 2012）では、2つのグループが、毎週、パフォーマンスゲームに参加するというセッションが2年間継続されている。今のところ、いわゆる数字で表すような定量的な証拠は公表されていないものの、公開されているビデオを見る限り、自閉症の子どもたちが苦手とする、視線を合わせることや言語的コミュニケーションを、より善いものにする上で役立っているといえる。

4-2　エスニシティーを超える

　ホルツマンは、YO!（Youth On Stage! 若者の舞台）と呼ばれる学校外演劇プログラムを紹介している（Holzman, 2009/2014）。これは先述のオールスター・プロジェクトの実践のひとつである。2005年、YO! は、ソーントン・ワイルダーの『我が町（Our Town）』を下敷きに、『我らが都市（Our City）』を制作した。出演者は8人の俳優のタマゴ（14歳から21歳の都市貧困層の若い男女）で、YO! 所属のプロの演出家と俳優の助けを得て劇を作り上げた。若者たちは、ワイルダーの戯曲を読みブロードウェイの最新上演作のビデオを見て、この劇と自分たちの生活について話し合った。その後町中や地下鉄の駅に行き、年齢、性別、民族性や背格好で自分たちとは違う人びとを観察し人物情報を収集した。

後日、出演者は2人から4人ほどの人物像を作り上げ、それを即興で演じることを命じられた。たとえば白人警官とホームレスが朝早く公園で出会うとか、コロンビア大学のキャンパスで中流階級の白人女性とアフリカ系アメリカ人の男性がぎこちない会話を交わすといった、2人の人物が登場する場面を即興で作った。即興で作られたシーンは、録音され文字起こしされた。6週間かけて、登場人物にはディテールが追加され、人物同士の関係も複雑になった。俳優と演出家はどうやってさまざまな人物とシーンをつなげればいいかを話し合いながら、文字起こしされたシーンを台本化した。台本をもらった出演者は、台本を（特に台詞を）修正し最終台本に仕上げた。こうして完成した『我らが都市』の3週間公演は売り切れとなり、半年後リバイバル上演されたという。
　終演からほぼ半年後に、出演者に対して面接調査したところ、若者がリスクを引き受けて情動的社会的に成長することがわかったという。自分たちのアイディンティティーへのチャレンジを経験し、その挑戦を通して成長できたと語ったという。
　たとえば、19歳のドミニカ出身のフランセリは、アリというブロンクス出身のアラブ系アメリカ人店員と、ブルックリン出身の都会ずれしたアフリカ系アメリカ人のエリカの二人を、近所で見かける人物から作り上げて演じた。「アリが考えるように私も考え、彼の語り口で話すの。エリカになると、百万長者のように通りを闊歩する。他の人は無視する。なりきることで、女優としてだけでなく、人として発達し成長できたと思う」と述べるように、自分のエスニック・アイデンティティの殻を突破することに成功している。

4-3　笑いのパフォーマンス ── 日本の事例

　吉本新喜劇の作家・演出家でもある砂川は障害を持つ青年たちと新喜劇風の舞台づくり（体験新喜劇）を実践して、笑いを土台にした障害者支援プログラムを開発し実践している（砂川, 2019）。
　砂川流の体験新喜劇とは、大衆食堂や旅館など、喜劇の舞台となる庶民的な設定で、舞台経験のない参加者でも、簡単に楽しく、さまざまな障害を持つ若者たちに合わせたオリジナル作の人情喜劇を演じるものとされる。
　この舞台では、失敗と成功の区別がない。むしろ台本どおりに演じられなかった失敗が、観客に受けるのである。台本どおりには行かない失敗が成功につながるという事態は、現在の学校を代表とする適応重視の考え方に対する鋭

い批判となる。

　一方、美術家でもあり小学校の教員でもあった村上は、教室という空間をパフォーマンスで脱構築して、新しい教室の可能性を創造している（村上, 2019）。
　それは子どもたちが問題を作り出題する、遊びとユーモアにあふれたものである。そのひとつ、「飛んで仮名文」という新しい授業スタイルは、子どもたちがクラスの皆に向かってクイズを出す。「ば、と、い」と出題されて、これは何ですかと問われて、答えられるだろうか。これは「バラのトゲにさされるといたい」という意味だという。これは、教科者にも辞典にも載っていない問題である。むしろ出題した子どもとの、個人的で親密な関係性をもとにさまざまな答えをわき出させるしか、答えを見つける方法がないのである。
　赤木（2019）は、従来の特別支援教育を、「能力・スキル向上至上主義教育」「予定通り教育」と批判しながら、砂川・村上両実践が持つ可能性、特に「できなさ」がもたらす可能性を高く評価している。このように、日本においても、笑いのパフォーマンスを土台にした発達支援のプログラム開発が進展している。

5　パフォーマンス心理学の可能性

　パフォーマンスへの関心は世界的にも高まっているといえる。これまでの心理学にはない、新しい視点から人びとの発達と成長を支援するアイデアを提供してくれる。パフォーマンスは、人間の根本的なあり方を意味している。パフォーマンスする人間という人間像は、従来の適応する人間像とは違った人間哲学を提供する。また、さまざまな人びとの発達支援の事例に明らかなように、多様な人びとの多種多様な発達を可能にするプログラムを具体化に提供できると思う。

【文献】
赤木和重（編著）(2019)『ユーモア的即興から生まれる表現の創発：発達障害・新喜劇・ノリツッコミ』クリエイツかもがわ
Gergen, K. J. (2006) *Therapeutic Reality: Collaboration, oppression, and relational flow*. Lima Ohio: Fairway Press.
Gergen, K. J. & Gergen M. M. (2011) Performative social science & psychology. *FQS: Forum: Qualitative Social Research, 12*(1), Art.11.

Gergen, M. M. (2000) Woman as spectacle. In L. Holzman & J. Morss (Eds.) *Unscientific Psychologies, Societal Practice and Political Life*. New York: Routledge.

Holzman, L. (2009) *Vygotsky at Work and Play*. New York: Routledge.〔ホルツマン／茂呂雄二訳 (2014)『遊ぶヴィゴツキー：生成の心理学へ』新曜社〕

Holzman, L. (2014) Performative Psychology, Postmodern Marxism. Social Therapy, Zone of Emotional Development. In T. Theo (Ed.) *Encyclopedia of Critical Psychology*. New York: Springer‒Verlag.

Hunter, K. (2014) *Shakespeare's Heartbeat: Drama games for children with autism*. London: Rutledge.

茂呂雄二 (近刊予定)『ソーシャルセラピー入門：発達と共生のパフォーマンス』新曜社

村上公也 (2019)「飛んで仮名文」赤木編著『ユーモア的即興から生まれる表現の創発』クリエイツかもがわ

Newman, F. & Holzman, L. (1996) *Unscientific Psychology: A cultural‒performatory approach to understanding human life*. London: Praeger.

Newman, F. & Holzman, L. (2014) *Lev Vygotsky: Revolutionary scientist* (Classic Edition) New York: Psychology Press.〔ニューマン＆ホルツマン／伊藤 崇・川俣智路（訳）（近刊予定）『レフ・ヴィゴツキー』新曜社〕

Ohio State University, College of Art and Science (2012) Shakespeare and autism. https://www.youtube.com/watch?v=KsR2RGF0Xeo

砂川一茂 (2019)「体験新喜劇」赤木編著『ユーモア的即興から生まれる表現の創発』クリエイツかもがわ

【付記】本論は、トヨタ財団2015年度研究助成プログラム「格差社会においてさまざまな交換をアクティベートする実践的な分配の正義：共生人間科学に基づく社会の新たな価値創出（課題番号D15‒R‒0262）」（代表：茂呂雄二）の成果に基づいている。

2章 レフ・ヴィゴツキー
―― 愛しき革命家

ロイス・ホルツマン
大塚翔・石田喜美 訳

1 はじめに

　今日、私が生まれた米国では、カール・マルクスを引用することはあまり流行っているとはいえない。これはおそらく、ここ日本でもそうではないだろうか。しかし、私はあえて引用したいと思う。「支配階級の思想は支配的な思想である。支配階級とは、社会の物質的な力の支配であると同時に、知性の力の支配でもあるのだ」(Marx, 1974)。今日では、自分自身が不適応者であると言及することは厄介なことである。不適応者を自称することで、精神病の診断を受けるかもしれないからだ。しかし私は、誇りをもって、自分が不適応者であると言いたい。マーティン・ルーサー・キング・ジュニア博士の言葉を引用すれば、「私たちは、このような創造的不適応によって、人間の人間に対する非人間的な振る舞いの横行する荒涼とした荒廃の闇夜から抜け出し、明るく輝く自由と正義の夜明けへと至ることができるのです」(King, 1967)。また、今の世の中では、自分自身が急進的で革命的であると宣言すること、あるいはそうした人びとを称賛することにはリスクを伴う。しかし、私はここでも、あえてその両方を行いたい。レフ・ヴィゴツキーは、多くの人びとにとって実にさまざまな意味を持つ存在である。しかし私にとって彼は、何よりも重要なことに、愛しき革命家である。ここではなぜそう思うのかについて話していこう。
　レフ・ヴィゴツキーは20世紀初頭に生き、仕事をし、そして亡くなった。しかし、社会文化的に発達する人間の能力を理解し、実現しようとする彼と彼の探求心は今なお生きている。それらは、非発達的でしばしば残忍な今日の世界で、人びとの生き方を変革しようとする、最も革新的で効果的な取り組みの基礎のひとつとなっている。彼の人生は私たちにインスピレーションを与えてくれるものであり、そして彼の思想と発見は、自由と正義の条件を創り始める

ために、私たちがまさに必要としているものなのである。

　もしあなたが教師になるために勉強をしたり、心理学を専攻したことがあるならば、おそらく、重要な心理学者としてヴィゴツキーの名を聞いたことがあるだろう。彼は一般的に、子どもの思考が社会文化的な文脈の中で発達するという見方を提示した学者として描かれる。また、一般的に教科書において、彼の思想は、より有名な心理学者であるジャン・ピアジェの思想と比較されている。

　もしかすると、一人の児童心理学者の思想が、どのように自由と正義に関係するのかと疑問に思うかもしれない。私が理解する限り、すべてが関係している！　なぜならば、私たちが知っている心理学（それは、人とは何か、私たちは何をするのかに関する思想であり、私たちはそれを受け入れるように社会化されている）が、実際に、自由や正義を求める私たちの欲求や能力を抑圧しているからである。また、私たちの知っている主流の心理学というものが、人びとの発達を抑圧しているからである。私たちはより公正な社会を作るために発達し、成長しなければならない。この「発達（development）」という言葉で私は、主流の心理学における発達の考え方、すなわち、個人が一連の段階を上っていくことを意味しているのではない。それは新しい発達の概念である。すなわち発達とは、**今ある自分ではない誰か**（who we are not）をパフォーマンスすることで**自分という存在**（who we are）になっていくということである。ヴィゴツキーは、これが赤ちゃんのしているやり方であることを鮮やかに見せてくれる。彼の思想は、人間発達についての新しい心理学なのである。ここからは、彼の物語を話していこう。

2　レフ・ヴィゴツキー

　ヴィゴツキーはソビエト連邦の最初の20年ほどを生き、仕事を行っていた。彼は最初の重要な業績 ── シェイクスピアのハムレットを通した芸術心理学の探求 ── に19歳のときに取り組み、それ以降、1934年に38歳という若さで結核によって命を落とすまで、多くの著作を産み出した。彼の作品は多くの言語に翻訳され、過去40年間、彼の思想、特に人の学習と発達に関する思想は、世界中で多くの人びとを魅了し続けてきた。発達にとっていかに遊びが重要か、

話すことと考えることとは何であり、それらはどのようにつながっているのか。彼の述べたことは、学術的な心理学や通俗の心理学に対しても、そして同時に私たちの凡庸な常識に対しても、挑戦的なものである。

　私はヴィゴツキーを愛し、彼に共鳴している。もし彼がいなければ、私にとって心理学は良くて退屈なものであったであろうし、最悪の場合には間違った知識を得、また伝えるものであったであろう。心理学は過度に自然科学あるいは物理科学のようにあろうと努め、その結果多くの問題を抱えるようになってしまったと、私には思える。人間は星でも原子でも臓器でもないが、心理学は私たちのまさに人間らしさというべきものをあたかも冒涜するかのように、私たちを理解し、そのように教え、手助けしてきた。しかし、ヴィゴツキーはそのようにはしなかった。彼は、人をよりシンプルな何かとしてではなく、私たちが実際にそうであるように複雑な存在として、また、複雑なことをする存在として研究しようと試みたのである。それは、可能性の（それは予測ではない）、発達の（それは診断ではない）、変革の（それは治療ではない）、希望の（それは誇大広告ではない）心理学である。そしてそれはまさに、人が人になっていく活動の心理学である。

　私が何年も前に初めてモスクワに行ったとき、ある心理学者が私に1冊の本をくれた。今でもその本は私の宝である。それは、ヴィゴツキーを含めた20世紀初頭のソビエト教育者の人生と仕事に関するものであった。本のタイトル ── 『人はある人格を持って生まれるのではない（*One is Not Born a Personality*）』（Levitin, 1982）は、確かにヴィゴツキーの心理学をとらえている。しかし、それはまたヴィゴツキー自身の人生を描くものでもある。彼は、激動の歴史によって形成され、また彼が歴史の形成を手助けしてきた。その中でヴィゴツキーは常に変革し、成長していたのである。

　レフ・ヴィゴツキーは1896年、現在のベラルーシにて、宗教とは無関係な、中流階級で高い教育を受けたユダヤ人家庭に生まれた。当時はロシアの専制政治の最中で、そこはユダヤ人居留地であった。8人兄弟の2番目の男児であったレフは、彼の幼少期と思春期をゴメルの街で過ごし、モスクワで大学教育を受けたのち、再びゴメルの街へと帰郷した。彼の伝記的な記述はほとんど残されていないが、数少ない記述はすべて、彼の類まれなる才能や好奇心旺盛な精神、善良な心、そして人間への愛について述べている。彼は出会ったほぼすべてのものごと ── 演劇に文学、言語、歴史、哲学、そしてとりわけ芸術 ── に興味を示していたようである。より重要なことは、彼がそれらの役割の多く

を「試着」していたことである。10代のころ、レフは文芸批評を出版し、研究サークルを先導し、そして舞台演劇を監督していた。彼が執筆に1年以上費やしたシェイクスピアの「ハムレット」についての論文は、19歳の若き天才の作品として称賛されている。彼は、ユダヤ人が居留地の外でも生きられるための専門職の準備をしようと考え、医学部と法学部の両方に在籍していたが、修了することはなかった。しかしながら、法学部を卒業する前、彼は政府非公認の進歩的で質の高い「民衆の大学」であったシャナフスキー大学にて、歴史と哲学を学んでいた。20代前半のころになると、レフはいくつかの文芸雑誌を創刊し、一般向けの演劇コラムを執筆し、歴史、文学、演劇や科学について講義し、哲学や言語、歴史、心理学と幅広く読み、そしていくにんかのヨーロッパの先導的な思想家と文通をしていた。彼はエスペラント語（意識的に作られた人工言語）を含めた8つの言語の読み書きができ、独学で幼い子どもの言葉の学習のように学んでいった。1917年のロシア革命はすべてを変革した。社会主義が掲げた経済と社会の平等についての公約は、大きなチャンスと挑戦をもたらした。封建的な様相を色濃く残した社会から計画経済へとどのように進んでいくのか？　非識字の国民を教養のある国民へとどのように変えていくのか？　多様な民族集団からなる何百万という人びとを、どうしたら新しい社会づくりにおける平等な立場に参加させることができるのか？　多才で「常になっていく」レフにとって、これらは経済的・工学的な課題であるだけではなかった。新しい社会の創造は、文化的な人間発達の課題であった。また、ユダヤ人としてのレフにとってこの革命は、どこで生き、どのような仕事をするかということが、もはや制限されないことを意味していた。こうした変化が彼を心理学へと向かわせたのである。すなわち、どのように人が学習し発達するのかについて研究できるだけでなく、**そうした研究をいかにして行うか**についてのまったく新しい理解を創造できる、今まさに生まれつつある研究領域へと向かわせたのである。

　彼は、心理学者が何かを研究する際に用いるまさにその方法自体に疑問を持ち、そして、人間の研究に自然科学的方法を適用することに深刻な問題を見出していた —— 自然科学的方法は、自然現象の研究には役立つかもしれないが、人間の研究にはフィットしない。それは私たち人が、社会、文化、歴史的な存在であるからにほかならない。彼が記したように、自然科学的方法を用いる心理学は、「解決不能な方法論的矛盾」を含んでいる。「それは非自然なものに対する自然科学」であり、「非自然なものに反する知識体系」を生み出す。

このような理由から、私たちが人を研究するためには、自然科学に基づく方法ではなく、社会、文化、歴史的存在としての人間に適した独自の方法が必要なのである。そのような方法は存在しておらず、そのため、創り出さなければならなかった。ヴィゴツキーは次のように述べている：

> 探究の方法は、人間独自の心理活動の形態を研究するという企図にとって、最大限に重要な問題となる。この場合、方法論は、前提であると同時に産出物でもある。つまり研究の、道具であると同時に結果そのものなのだ。[1]
> （Vygotsky, 1978, p.65）

1924年から、38歳で結核によって亡くなるまでのわずか10年の間に、レフ・ヴィゴツキーは人間的で、弁証法的で、精緻で、文化的で、そして解放的な心理学を創るための方法の探究に、彼の人生をささげていった。彼は当初故郷のゴメルで、そしてモスクワでと、さまざまな研究職ポストに就いた。そこで、子どもの学習と発達に関する創造的な研究を行い、視覚障害や他の非典型的条件を抱える子どもを研究するための施設を設立し、広く講義を行い、そして豊富に書き記していった。

ヴィゴツキーは死の淵まで書き続けたが、一方でソビエト連邦の短い開放の季節は、あらゆる面で終わりへと近づいていっていた。ヴィゴツキーの文献は、正統なるマルクス主義ではないとしてスターリンに抑圧されたが、彼の家族と友人を通じてひそかに守り継がれた。ヴィゴツキーの娘、ギータは、ヴィゴツキーの療養所を教え子たちが訪れた際に、彼の手稿をスカートに隠し、持ち出していった様子を語ってくれた。彼の死後は、ギータとその母親、また妹が、彼の原稿をモスクワにあるアパートのベッドの下に隠し続け、母親の死後はギータ自身が原稿を保管した。そして、最終的に1956年、それらを出版するに至ったのである。ヴィゴツキーの原稿はその後20年をかけて、ギータおよびヴィゴツキーのいくにんかの教え子によって6巻の書籍にまとめられ、1980年代にロシアで出版されていった。彼の書物が最初に英訳されたのは1962年であり、その後さらに多くの作品が数十年をかけて伝わってきた。

ここまで述べてきたとおり、ヴィゴツキーの思想は刺激的なものであると同時に思慮深いものでもある。ここからはそのいくつかを紹介したい。

3 発達におけるあること (being) となること (becoming)

　人というものは、今ある姿がすべてなのだろうか？　今ある自分であり続けるのだろうか？　そんなことはない！　生まれて数ヶ月の赤ちゃんや1歳児、5歳児のような子どもたちを見れば、明らかにそんなことはないのだ。赤ちゃんと子どもは、常に何者かになりつつあるのだ。あなたも私も、今の自分という存在に**なってきた**のであり、その姿で生まれてきたのではない。ヴィゴツキーはこの、なることの活動 ── 人の発達 ── が注目すべき社会的・文化的な完成であると信じていた。非常に小さな赤ちゃんは、他者が関わることによって発達する。単に、今誰であり、今何ができるかということだけではなく、**同時**に、今の自分とは異なり、また今の自分を超えた何者かになりつつある存在として他者が関わることによって、発達するのだ。このことについて少し考えてみてほしい。もし私たちが、赤ちゃんや幼児と今の彼ら、そして今はまだない彼らの両方と関わることがなければ、決して彼らに発達も、新しいことの学びもないだろう。また、8歳や16歳、40歳の人たちが特定の文化的・歴史的な時点で行うすべてのことをできるようになることも決してないだろう。もし私たちが、今ある存在と**同時**になりつつある存在でなかったら、あなたも私もここにおらず、あなたは聞いたり書いたりしなかったであろうし、また私もここで話したり、読んだりすることはなかったであろう。そして、同様に重要なことに、もし私たちが小さいころ、周りの人びとがこの「二重の視点」、すなわち、今ある（読み手でも書き手でもない）私として、**また**、まだない（読み手であり書き手である）私として関わってくれていなければ、私たちはここにいなかったであろう。これは人間に共通する特徴ではないだろうか。

　しかし、これらのことは、心理学が1世紀にわたって私たちに信じさせてきたものとは異なるものである。数少ない例外はあるけれども、心理学は私たちに、発達とは個として達成するものであり、それは**人の内側**から生じるものであると教えてきた。人は（本当にたくさんのヴァリエーションで、心理学が伝えてきたように）自己充足的で、非常に複雑な生物学的有機体であり、一定の内的能力があらかじめ決められた進み方で発現してくる（いくつかの内的・環境的要因がその「自然の秩序」を妨害しない限り）、というのである。ヴィゴツ

キーは、人が生物学的有機体であることは否定をしないけれども、私たちが自己充足的存在であり、発達が人の内側から開花するという考えはまったく認めない。彼は、私たちが生物学的な存在であると同様に、社会的・文化的な存在であることを気づかせてくれる。また、**私たちが、互いに関わるやり方によって、発達を創造する**ことにも気づかせてくれる。彼にとっては、私たちが行うこととは他者とともにすることなのである。たとえば、私たちがその言語を知るはるか前から母親、兄弟、姉妹、そして父親と「会話」をすることで、話すことを学んでいくように。これが、私たちが唯一無二の人となるやり方である。以上のことは、まさに主流の心理学への挑戦なのである。

次に、私たち人がどのように発達を創造するかについての、ヴィゴツキーの2つの理解のしかたを説明したい。それは、発達の最近接領域、そして、遊びである。

3-1　発達の最近接領域

発達の最近接領域は、ヴィゴツキーの最もよく知られた概念である。彼は人の学習と発達が個人の中ではなく、人びとがともに創りあげる社会的な空間にあり、そこから駆動することをいろいろなやり方で伝えようとしたのだが、発達の最近接領域はそのうちのひとつである。自分一人でできることを人びとが超えていくことを可能にする環境が、発達の最近接領域である。幼児はこうした環境で日々を過ごし、そうした環境が、彼らが今いるところから「最近接」にあることを行えるよう誘い、支える。すなわち、話すことや読むこと、踊ること、そして他のさまざまなことを遊んでみるように彼らを誘い、支えるのである。確かに幼児はまだ、話すやり方、読むやり方、踊るやり方を知らないかもしれない。しかし、彼らと共にいる人びとがそのやり方を知っている。さらにその人びとは、単に自分たちだけで話し、読み、踊るのではない。彼らは、そのまだ何もやり方を知らない幼い存在が、彼らと一緒に話し、読み、踊るよう励まし、たとえまだやり方を知らなかったとしても、話者や作家、ダンサーとしてパフォーマンスし、遊ぶよう励ますのである。私は、発達の最近接領域は、人びとが、なりつつある何者かへと発達していくやり方、時間、場所にほかならないと考えている。それらは、今ある自分ではない誰かをパフォーマンスすることによって自分という存在になっていく**空間**であり、**活動**なのである。

これらのまだやり方を知らない幼い子どもたちは、近々学校で習わされるよ

うなやり方とは大きく違った方法で、話すことや読むこと、踊ることを学習する。いまや、彼らは発達と結びついて —— 発達と分離できない、統一体としての —— 学習を行っている。彼らは発達する前から学習はしないし、発達した後で学習するのでもない。発達の最近接領域という社会的に創造された「空間と活動」の美しさと魔法とは、私たちが自分ではない誰かをパフォーマンスしているときに、学習と発達が**まさに同時に**起こるということなのである。そしてそれは、知るということなく生じるものなのだ。幼いころ、私たちは話すやり方を知る前から「話している」ばかりでなく、そもそも今自分がしていることが話すことであり、知ることである、ということさえ知らない。日々、幼い子どもは、知ることなく発達的に学習している。彼らは、そのやり方も、また、それをしているということ自体も知らないままに、活発に発達に参加している。この、今できることからまだできないことへと変化していく幼い子どもの能力は、ヴィゴツキーにとって非常に重要なものであり、そのため彼は、この幼い子どもの能力を、幼少期における学習と発達の中心的な創造活動であると考えていた。

これは、幼い子どもと一緒に発達の最近接領域を創造する人びとにとっても同様に事実である。彼らもまた、やり方もそれを創っているということ自体も知らないままに、それを行っているのである。極度の荒廃や貧困がなければ、赤ちゃんが生まれると人びとはすぐに彼らの成長を助けようとする。彼らは決して、リビングルームの周りに座って、発達の最近接領域を創る最善の方法について議論することはしない。直ちに、今あるものとして、また、今はない（なりつつある）ものとして、子どもと関わり始めるのだ。自分一人では何もできない赤ちゃんとして、**そして同時に**、その家族、コミュニティ、文化、世界に参加する者として、関わり始めるのである。親、兄弟、また他の保育者は、赤ちゃんがやり方を知る前から会話を続け、赤ちゃんがゲームとは何か、そのルールは何かを知る前から一緒にゲームをし、夢中で赤ちゃんが作る音に耳を傾け、反応する。彼らは素晴らしい発達の創造者なのである！

3-2　遊び

ヴィゴツキーが与えてくれる、発達に関する2つ目の素晴らしい洞察は遊びである。彼は、幼い子どもの遊びの中で、発達の最近接領域が創られると信じていた。ヴィゴツキーにとって遊びは、学校に入る前の子どもにとって最も素

晴らしい発達的な活動である。なぜならば、子どもがごっこ遊び、あるいは自由遊びをしているときに、次のことが起こるからである。「遊びの中で、子どもはいつも彼の平均年齢以上のことをし、彼の日常を超えた振る舞いができるのだ。すなわち、遊びの中で、子どもはまるで今の彼自身よりも頭一つ分背伸びした（a head taller）自分になっているのである」(Vygotsky, 1978)。「頭一つ分背伸びした！」私はこのイメージを本当に愛している。このイメージは、自分ではない誰かをパフォーマンスすることによって自分になることの弁証法をとらえている。あなたもそう思わないだろうか？

　自分ではない何者かのパフォーマンスとしての遊びは、私たち大人が子どものごっこ遊びと呼ぶものよりも、もっと大きなものである。赤ちゃんと幼児は毎日、すべての時間で遊び、パフォーマンスし、ふりをしている。私たち大人は、彼らに遊ぶよう促したり、「ふり」遊びをするよう促したりする。新しいことに挑戦し、背伸びをし、まだやり方を知らないことをするように、と。私たちは、創造的な模倣によって成長した彼らの「遊び」を、それが現実に正確であるかどうかを指摘することなく褒め称えるのだ。私たちは、彼らが今の自分とは異なった、また今の自分を超えた人物としてパフォーマンスすることを、大いに喜ぶ。彼らがテレビの前でダンスをしたり、幼稚園の演劇でステージに立ったとき、誇らしく感じ、微笑む。彼らが赤ちゃん言葉でよくわからないことを話していても、私たちは、彼らが私たちの言語を話しているかのように応えようとする。彼らが（まだ）話者でないときにでも、私たちは話者として彼らと関わっている。私たちは彼らと一緒に会話をパフォーマンスするのだ。彼らは紙や本（や壁）に落書きをし、私たちは大きな喜びとともに微笑み、落書きされた木やお母さんの絵がどれほど美しいものかを話すだろう。

　しかもこの活動は実際にうまくいっているのである！　赤ちゃんも幼児も多くの何者かへとなっていく ── 話者、作家、歩行者、「ダンサー」、「歌手」、そして「読者」。彼らは発達的に学習する。彼らは学習者へとなっていくのである。事前に知らなければならないということがなく人びとの関係性を支配することもないとき、それは私たちが最もよく学習できる瞬間となる。

4　やり方を知らない成長活動

　赤ちゃんは何も知らずに生まれてくる。ものごとが何であるか、それで何をすべきか、どれ、誰が何と呼ばれているかを知らない。赤ちゃんは何が知ることかもわからないし、そんなものだということさえも知らない。それでも彼らは飛躍的に成長していく。生まれてから1年や2年で、彼らはこの世界のもの・人と関わる本当にたくさんのやり方を発達させていく。彼らは、喃語といくつかの「現実の」言葉を混ぜて話す話し上手な会話の仲間へと変わっていく。環境にあるほとんどの見えるものと聞こえるものの意味を作り出していく。好き嫌いを発達させ、喜びを感じるものとの、また、不快さや恐怖を感じるものとの関わり方を発達させていく。赤ちゃんはすべての時間でやり方を知らない成長に関わっているのであり、そこにおいて学習と発達が互いに創られるのである。

　彼らはどのようにそれを行っているのだろうか？　それは、知ることをしないと決意する、というようなものではない。また、たとえ赤ちゃんや幼児が発達と強固に結びつけられていると言っても、彼ら独りの力でそれができるというものでも決してない。そうではなく、赤ちゃんや幼児は、**関係性の中で、他者とともに**、やり方を知らない成長をしているのである。私たち大人（また年上の子どもたち）は、彼らが成長することを可能にする。私たちは単に知っている人として彼らと関わるのではない。これは、私たちが、彼らが何を知っているのか、また、何を知らないのかという視点から彼らと関わっているのではないという意味である。（私たちは、赤ちゃんや幼児が話し方を知らないから彼らに話しかけ**ない**なんてことはしないし、決して「話す方法を知るまでしゃべらないで！　はい、文法の本と辞書をどうぞ」とも言わない。）そうではないのだ。私たちがしているのは、発達として、成長として、**なること**として、彼らと関わっているということなのである。単にこの瞬間に彼らが誰であるか、何ができるかということだけでなく、彼らが誰になりつつあるか、もうすぐ何に成長しそうか、何を学習しそうかということとして、関わっているのである。それが、赤ちゃんの口に向かってスプーン1杯のご飯を「運ぶ」ときに、彼らが「ばいばい」するのを助けるときに、絵本を読み聞かせるときに、そして、一

日中おしゃべりを続けるときに、私たちがしていることである。

　悲しいことに、この関わり方は長くは続かない。やり方を知らない成長の活動は、通常、学校が始まると（最近では、**学校が始まる前**にも）、知ることに専念する活動に席を奪われ、二次的なものとなる。また、これまで見てきたように、赤ちゃんや幼児は素晴らしい学習者であるのにすぐ、私たちの教育システムである、知ることのゲームをすぐに学ぶことになる。彼らが得意としようとすまいと、知るゲームが価値あるものであると学ぶ。これが始まると学習は成長からは切り離され、知ることと結びつけられる。そして、私たちはもはや上手に学習することができなくなってしまう。

　同様に、私たちは上手に想像することもできなくなってしまう。想像することの欠如は、私たちが経験するやり方の制限となり、そして、経験するやり方の制限は、学習するやり方の制限となる。幼少期においては、現実と空想との境界線は非常に流動的であり、それによって私たちの経験と想像とが常に相互に影響しあえるようになる。子どもたちがテレビで見たスーパーヒーローを演じているとき、また動物園で見た動物たちを演じているとき、彼らは自身の経験を変形し、新しい何かを創造している。この「新しい何か」がまた、さらなる学習につながる可能性に満ちた、新たな経験となっていくのだ。

　しかしながら、皮肉なことに、必ずしも私たちのより豊かな経験が、想像によって新しい経験へと創造されるわけではないのである。なぜならば、私たちの人生において、現実と空想の境界線はより厳密になっていき、「何が現実か？」ということが優位なものとなっていくからである。「ああ、それはありえないよ。そんなことは起こりえない。犬はモーとは鳴かないし、数字はダンスをしない。木はしゃべらない」というように。私たちの想像することは、あまりにも頻繁に、「何が現実か？」によって制限され始める。これらは、私たちが結局、小さく考えるようになってしまうことを意味している。あまりに小さく考えるために、「革命的」なものとして称賛される変化はほとんどなくなる。自分たちが生み出すものは、システムの非常に小さな改変にしかならないのだ。だからこそ、ビジネスリーダーや社会革命家、車のバイヤーまですべての人びとが、「箱の外で考えなさい」と強く求められるのである。

　「箱の外で考えること」は、実際には十分ではない。私たちは**箱そのものを完全に放棄する必要がある**。「箱なしに考える」ことが必要なのだ。

　しかし、当然それはできないことでもある。完全に放棄することなんてとてもできない。しかし、それでいいのである。なぜならば、私たち自身、また、

私たちの世界を発達させることは、実際に私たちが箱なしに考えられるかどうかに依存しないからだ。むしろそれは、私たちが**箱なしに考えられると想像できるかどうか**にかかっている。

5　私たちは皆、無名の革新者

　もう1つ、ヴィゴツキーが与えてくれたより愛に満ち、人間味にあふれた洞察がある。それは、個人の生産物ではなく、社会的・文化的な活動としての創造性についてである。ヴィゴツキーにとって創造性とは、新しい何かが生まれるような方法で存在するものを変革していく、社会的、文化的、そして歴史的なプロセスである。新しい何かとは、素晴らしい科学的な進歩かもしれないし、芸術的な傑作かもしれない。しかしそれらは個人の頭の中から生じるものではない。それらは常に歴史に、社会に、そして文化に埋め込まれている。さらに、創造性とはすべての人が行う何かであり、決して才能があると称される人だけが行うものではない。創造性とは実際にはむしろありふれたものなのである。ここにヴィゴツキーの言葉を紹介する：

　　　… 耳をつんざくような雷が鳴り、目がくらむような光を放つ嵐の中でも、また懐中電灯を使っているなかでも、等しく電気は存在しているのと同じように、創造性は実際に、偉大な歴史的作品が生まれるときだけでなく、人が新しい何か（それが天才の作品に比べてどれほど小さなものに見えたとしても）を想像し、組み合わせ、変更し、そして創造するときはいつでも存在している。私たちが集合的創造性という現象についてよく考えるとき、集合的創造性は、単体ではしばしば取るに足らないような個々の創造のすべてを結びつけたものであるが、人びとによって創られてきたどれほど多くのものが、無名の革新者たちによる、名も無き集合的・創造的作業の産物であるかを私たちはすでに理解している。(Vygotsky, 2004, pp.4-5)

　最後に、ヴィゴツキーと考えを同じくする、とてもとてもよく知られた二人の革新者の言葉を加え、終えたいと思う。偉大なる芸術家パブロ・ピカソは、「すべての子どもは芸術家である。問題は、いかに私たちが成長した後でも芸

術家であり続けるか、である」と述べている。また、卓越した理論物理学者のアルバート・アインシュタインは、「問題を起こしたときと同じ考え方をしたのでは、私たちはその問題を解決することはできない」と教えている。遊びを演劇のパフォーマンスと結びつけること、そして遊びを発達と結びつけることは、前へと進む重要な一歩である。それは、人生すべてにおいて人びとが芸術家であり続けることを支援する方法であり、そして、私たちが抱える多くの問題を解決するためのまったく新しい方法へと導いてくれる、これまでとは違った考え方なのである。

【注】
[1] この訳は、『遊ぶヴィゴツキー：生成の心理学へ』（Holzman, 2009/ 茂呂, 2014）より引用した。

【文献】
Holzman, L. (2009) *Vygotsky at Work and Play*. New York: Routledge.〔ホルツマン／茂呂雄二訳 (2014)『遊ぶヴィゴツキー：生成の心理学へ』新曜社〕
King, M. L. Jr (1967) The role of the behavioral scientist in the civil rights movement. APA Monitor Online. From http://www.apa.org/monitor/jan99/king.html, accessed 10 September 2007.
Levitin, K. (1982) *One is Not Born a Personality: Profiles of Soviet educational psychologist*. Progress Publisher: Moscow.〔レヴィン／柴田義松訳 (1984)『ヴィゴツキー学派：ソビエト心理学の成立と発展』ナウカ〕
Marx, K. (1974) Theses on Feuerbach. In K. Marx & F. Engels, *The German Ideology* (pp.121 - 123) New York: International Publishers.〔マルクス＆エンゲルス／廣松渉（編訳）(2002)『ドイツイデオロギー』新編輯版、岩波文庫〕
Vygotsky, L. S. (1978) *Mind in Society: The development of higher psychological processes*. (Ed. by M. Cole et al.) Cambridge, MA: Harvard University Press.
Vygotsky, L. S. (2004) Imagination & creativity in childhood. *Journal of Russian and East European Psychology, 42*, pp.7 - 97.

3章 パフォーマンス・アクティヴィズム
―― 人間の発達を再開し、コミュニティを創造するために
出現しつつあるグローバル戦略

ダン・フリードマン
石田喜美・大塚翔 訳

1 はじめに

　私は、10代のころから、演劇のアーティスト ―― 俳優、脚本家、演出家 ―― であり、進歩主義的な政治活動家であった。私の劇場での仕事には、貧困や戦争、不平等をなくしたいという私の情熱が満ち溢れており、その情熱が私の仕事に影響を与えてきた。また、私は、演劇史で博士号を取得しており、演劇のさまざまな形式や、多くの文化における演劇の社会的役割を研究してきた。したがって、現在成長しつつある潮流 ―― 今、我々はそれを、パフォーマンス・アクティヴィズムと呼んでいる ―― に興味を持ち、それに対してささやかな役割を果たしていることは、驚くべきことではない。パフォーマンス・アクティヴィズムの潮流は、社会問題に関与しコミュニティを創造するための方法として、パフォーマンスを、ステージから日常生活の中へと持ち出している。
　パフォーマンス・アクティヴィズムを、世界中にもたらしてきた人びと、もたらしている人びとのすべてが、演劇のアーティストではないし、また、政治活動家であるわけでもない。多くの人びとは、あなたがたの多くと同じように、教育者、心理学者およびセラピストなのだ。医師、組織コンサルタント、ソーシャル・ワーカー、放課後支援員もいる。彼らは、さまざまな社会的立ち位置や領域から、患者の苦痛や疎外、児童・生徒の学習や発達、コミュニティの社会病理に取り組むための有効な方法を模索する人びとである。
　彼らはそれぞれに、自分がいかにパフォーマンス・アクティヴィズムにたどりついたかを説明し、それぞれのやり方で、それが何であるかを述べるだろう。私は、自分自身の歴史と、政治活動家や演劇制作者としての立ち位置から、話をしていきたい。

政治的な視点からいえば、パフォーマンス・アクティヴィズムとは、権力に抵抗し、それを組織、行使する古い慣習が失敗したことに対する応答であり、また、人びとがいかに成長、発達するかに関する発見でもある。
　古い形式のアクティヴィズムの失敗は、数十年間、人びとに挫折感を味わわせてきた。ストリート・デモは、権威側に、意味ある影響を与える力を失った。2003年2月15日に世界中で行われた大行進は、何千万もの人びとを巻き込み、同時発生した抗議運動としては人類史上最大のものであったが、この大行進は米国・英国によるイラク侵攻を防ぐことができなかった。
　ウォール街占拠運動は、ニューヨークから地球上の至る所にある都市に急速に広がり、多くの話し合いを生み出したが、富の不均等な分配には影響を及ぼさなかった。米国におけるブラック・ライヴズ・マター運動は、一人の警察官でさえ、黒人男性・少年殺害の罪に基づく有罪判決にすることができなかった。アラブの春は暴力的な抑圧、シリアにおける内戦、そして軍事独裁へと至ったが、それらはアラブの春が始まったときよりも悪化している。成功するように見えた20世紀の革命でさえ、失敗した。それらが、多くの複雑な理由で失敗したのも確かだが、しかし根源的には、人類の発達を継続することができず、そしてそのために人類が創り出してきた革命を維持し発達させることができなかったために失敗したのだ。
　なぜ、旧式の抗議は力を失ってしまったのか。米国と日本のような偽の民主主義国家においては、選挙を行うことは可能であるものの、ほとんどの選挙結果は、候補者や政党に資金提供する大企業によってコントロールされており、権威者は、多数の人びとによる抗議にわずかな負い目も、脅威も感じてはいない。大企業は、政府のみならず、メディア、学校、経済をコントロールしている。さまざまな独裁政治においては、産業化された、いわゆる民主主義に比べ、国家体制がより未発達であり、より弱い。そのような独裁政治の下では、権威者たちは、人びとを投獄し、拷問し、命を奪うことに対して疑いを持たない。進歩主義的な革命が一時的に成功した例において、それが成功した理由は、革命家たちが倒した人びとよりも、よりうまく暴力を活用したことにある。しかし、人びとを投獄し、拷問し、命を奪うことは、邪悪なことであり人間性を失っている。暴力は、確かに、人命や組織を破壊することができる。しかしながら、その政治的、歴史的な動機、あるいは倫理的動機が何であったとしても、暴力は、質的に新しいものに至ることはない。──発達に至ることはないのである。

パフォーマンス・アクティヴィズムは、社会変化を引き起こすために（一部の）人びとが従事しているようなやり方への根源的な転換を具現化するものだ。近代においては、社会変化の手法（modality）は対決、デモンストレーション、そして抗議であった。この手法の背後には、次のような前提がある。すなわち、矛盾しあう利害関係を対立的な闘争によって克服することができるという前提であり、また、通常の場合、双方の側が対立するイデオロギーをその方針として採用するという前提である。パフォーマンス・アクティヴィズムは、遊び、創造し、パフォーマンスするという人間の能力を活用する新たな手法を具現化する。パフォーマンス・アクティヴィズムは、イデオロギーとは無縁の、創造的かつ創発的なものだ。その前提とは ── たとえ経済的、社会的、そして／あるいは政治的な利害が矛盾していたとしても、また矛盾しているときも ── 人びとが新たな関係、新たな活動、そしてともに前に進むための新たな方法を創造できるというものである。それは、いかにして可能となるのか？

　互いにギブすることによって可能となる。パフォーマーは彼／彼女の動き、音、言葉、感情、アイデア、そして葛藤を、アンサンブルに与える。他のパフォーマーたちは与えられたものから、返礼として、オファーへの応答、パフォーマンスの贈り物を構築する。パフォーマンスは、台本どおりに行われる場合でさえ、本質的に、オファーを受け入れ、それに付け加えていく活動である。この意味で、日本の哲学者・柄谷行人の言葉を用いれば、贈与（giving）とは、パフォーマンスの「交換形態（mode of exchange）」なのである。

　パフォーマンス・アクティヴィズムは、他のタイプの進歩主義的アクティヴィズムと同様、不正と抑圧的な権威に対抗するものである。しかしながら、パフォーマンス・アクティヴィズムは、パフォーマンスすること ── すなわち、行為の中で、集合的に新たな可能性を想像すること ── を含む。そのためパフォーマンス・アクティヴィズムは、本来的に、脱構築からは区別されるような、再構築的なものであるといえる。また、パフォーマンス・アクティヴィズムは、オファーを与え、それを受け入れることを含むため、本来的に、集合的なコミュニティ構築活動である。パフォーマンスは再構築であり（脱構築的なものとは区別される）、したがって、発達的な活動である。パフォーマンスは、社会的なアクティヴィズムとコミュニティ構築、発達とが出会う結節点として現れ始めているのである。

2 パフォーマンス、発達、コミュニティ

　ここで、私たちは3つの概念／活動に取り組まなくてはならない。すなわち、パフォーマンス、発達（development）、コミュニティである。これらは、さまざまな社会的、経済的、文化的コンテクストにおいて ── そしてもちろん異なる言語において ── 多くの、著しく異なった意味を有する言葉である。
　パフォーマンスという言葉を使うとき、私は、劇場のステージや映画のスクリーンで起こることのみを論じたいわけでも、あるいは第一にそのことについて話したいわけでもない。演技は、パフォーマンスを再分割したものである。たいていはストーリーを伝え、美的な感応を引き起こすために、観客の目の前で行われるようなパフォーマンスが、演技である。私が「パフォーマンス・アクティヴィズム」においてパフォーマンスという用語を使う場合には、意図的に、自分であって同時に自分でない（つまり、何者かになろうとするような）者であるような、広範な人間の能力について語っている。このような人間の能力は、地球上のあらゆる文化で見つけることができるが、それらはステージ上のみならず、ステージの外でも生じるものである。事実、パフォーマンスの力が社会的な関係に影響を与え、人間の可能性を顕在化させるのは、演劇が制度上の制約から解放されるときである。
　フレド・ニューマンがまとめた知的な業績は、私が、現在パフォーマンス・アクティヴィズムと呼ばれるものを理解するための基礎を築いているが、彼は、パフォーマンスについての自身の見解を、このように表現した。「私たちは、パフォーマンスを非常に広く理解している。私たちの視点から見れば、パフォーマンスは、ステージと何の関係もない。家庭や職場や、あらゆる社会的な環境の中でパフォーマンスをすることができると思う … 適切な支援があれば、人びとは、これまで自分たちができると思ったことがなかったようなことを、パフォーマンスを通じて行うことができる … この意味で、私たちは、『その行いが許されていること（what you're allowed to do）』に対する各人の考えを広げようとしているのだ」（Newman, 1996）。パフォーマンス・アクティヴィズムは、個人のみならず集団やコミュニティに、自分たちの「行いが許されている」ことに対する、あらゆる種類のより広大な領域を与えているのである。

政治劇はパフォーマンス・アクティヴィズムの一部ではあるが、パフォーマンス・アクティヴィズムが政治劇であるわけではない。まさに、パフォーマンスが演技することよりも広いカテゴリーであるように、パフォーマンス・アクティヴィズムは、演劇よりも広い活動なのだ。その顕著な特徴は、パフォーマンスを、ステージから、平凡な日常生活 ── 教室、病院、職場、難民キャンプ、監獄、家庭での夕食 ── へと持ち出すこと、そして、市井の人びとに、新たな可能性の共同創造者になることへの許可とその方法を与えることである。パフォーマンス・アクティヴィズムの運動は、ギブする活動であり、新たな考え、新たな情動、新種の私たち自身、新たな関係、コミュニティを実践するための新たな方法とともに遊ぶ活動である。パフォーマンス・アクティヴィズムにおいては、創造性とは現存するものを再組織する集合的プロセスであるという考え方が、（意図的であれ無意図的であれ）具体化されている。創造を行うために、そこには、他に何があるだろうか。そこに、パフォーマンスから発達へのつながりがある。
　発達は、パフォーマンスと同様、多くの意味を有する言葉である。発達という用語は、経済学、心理学、政治学やテクノロジーの中で用いられる。社会的な変化の議論に関して最も有用だと思われる発達の理解は、やや単純なものだ。すなわち、発達とは、私が用いているように、個人と集団とが、新たな可能性を見出し、それら新たな可能性に基づいて行為する能力のことである。新たな可能性を創造することとは、正確にいえば、パフォーマンスと遊びによって私たちがその行いを許されるものだ。パフォーマンス・アクティヴィズムによって生起する発達は、予期したりイデオロギーによって決定づけたりすることができない。すなわち、それは偶然出現するのである。
　私の同僚、ロイス・ホルツマンは、次のように述べる。「私は、私たち人類が自らの発達を創造すると信じている ── 発達は、私たちの身に降りかかってくるものではない。私たちは、自分たちの成長をパフォーマンスすることができるステージを創造することによって、発達を創造する。したがって、私にとって、発達のステージ（developmental stages）とは、私たちがどこにでも ── 家庭や仕事場や、至る所で ── 設営できるパフォーマンス空間のようなものである」(Holzman, 1997)。それこそが、パフォーマンス・アクティヴィストたちが行ってきたことだ ── 彼らは、人類が遊びパフォーマンスするとともに、そのプロセスの中で、成長し発達できるようなステージ（文字通りステージであることもあるが、多くの場合そうではない）を作り上げる。

パフォーマンスと発達は集合的な活動であり、個人的な活動ではない。私たち人類は、集団の中で、ともにパフォーマンスし、発達する。創造された集団には、多くの名前がある。演劇や音楽では、それらはアンサンブルと呼ばれる。20世紀初頭の心理学者レフ・ヴィゴツキーは、これらの集団活動を発達の最近接領域（zone of proximal development）と呼んだ。パフォーマンス・アクティヴィズムの文脈において、私はコミュニティという用語を用いている。なぜなら、コミュニティは、長い期間、相互に助けあい支えあう人びとの集団を意味するからだ。

　従来のコミュニティについての理解は、発達的ではない。独特な意味としては、東京の居住者のように特定の地理的な領域に住む人びとを示したり、ブラジルの「日本人コミュニティ」のようにある特定の民族集団に属する人びとを示したり、あるいは、「テクノロジー・コミュニティ」のように特定の職業に従事する人びとを示す。基本的に、これらが旧来的なコミュニティの理解である。なぜならば、これらは、たとえば共通する日本人の祖先のコミュニティなど、歴史的に形成されてきた私たちのありよう（who we are）に基づいているからである。あるいはたとえば居住地や職場によって自分が何者かが定められる様子に見られるように、現在あるものに基づいているからである。旧来的なコミュニティは、長い期間人びとを一緒に結びつけるが、彼らを結びつけるものは固定的かつ過去に逆行するような見方である。

　パフォーマンス・アクティヴィズムによって生み出されるコミュニティ、アンサンブル、発達の最近接領域は固定的でなく、また、過去に根ざすこともない。その成員は、それ以前にあったものごとによって決定されない。すなわちそれは、あらゆる参加したい人びとに誰にでも開放されているのである。それは、パフォーマンスするとともに、それそのものを創造している。パフォーマンスを通じて創造されたコミュニティは、**事物**というよりも、むしろ**活動**である。また、その活動は発達であり、遊びとパフォーマンスを通じて、新たな可能性を生み出す。

　パフォーマンス・アクティヴィズムによって生成されたコミュニティは、短命であるかもしれない。パフォーマンス・アクティヴィストの中には、さまざまな地域でプロジェクトを先導し、次に移動し続ける人びともいる。ロイス・ホルツマン博士や私がその構築を支援してきたコミュニティのように、数十年間もの間維持され、ニューヨーク市から拡大して、世界の多くの地域のパフォーマンス・アクティヴィストや、現在進行中のパフォーマンス・コミュニ

ティをつなぐ国際的なネットワークになるものもある。パフォーマンス・コミュニティによって生成されたコミュニティが短命であった場合であっても、そのコミュニティは、アンサンブルを生み出した経験や道具とともに、そこに関わった人びとを残していく。コミュニティそれ自体を維持するとともに、別の国々や文化の中でそのコミュニティを継続的に成長させる道が見出された場合、それは、質的に世界をより良いものへと変化させる可能性を有していると、私は信じている。

　いずれの場合であっても、パフォーマンス・アクティヴィズムによって出現するコミュニティの類は、人びと —— しばしば、非常に異なる社会階層から来る人びと —— をともに結びつけ、新たなものを生み出す活動なので、社会的な構築物の突破口となる。それは、ゲットすることに支配された文化の中で、ギブする存在であるための励ましと空間を提供する。旧来の社会活動が多くの場合に行っていたように、現在あるものに対して単に反対するのではなく、その代わりに、パフォーマンス・アクティヴィズムとそれが構築するコミュニティは、あらゆる社会的地位、あらゆる文化にいる市井の人びとに、創造的であるための方法を提供する。創造的であるための方法は、人びとが自分のニーズや要求を満たし、新たな社会的発見を行うとともに、過去および政府やその他の課された権威に依存しない新たな可能性を生み出すためのものだ。政府やその他の課された権威には、行うべきことを知ること、あるいは、ものごとの判明のさせ方を知ることの権威が含まれる。

3　世界各地の実例

　ここ数十年間の間に、パフォーマンス・アクティヴィズムが、世界の多くの地で出現してきた。私が冒頭で述べたように、パフォーマンス・アクティヴィストの中には、私のように、演劇にルーツを持つ人びともいる。ソーシャルセラピーのパフォーマンス心理学にルーツを持つ人びともいる。ある者は教育において、児童・生徒の学習や発達を支援するための新たな方法を模索する教師として。ある者は医療において、患者とより成長に満ちた関係づくりの方法を探している医師として。従業員との関係性や組織の停滞に対処しようと努力する組織運営者たちは、パフォーマンスへとその方向性を変化させてきた。また

ある場合には、旧来の組織的戦術やイデオロギーの無力さが増大しつつあることを経験した組織運営者として、コミュニティや政治組織、若者組織の外側で直接パフォーマンスを出現させた事例もあった。現在、これらのさまざまな緊張関係と潮流が出会い、互いから学びあい、相互に影響を与えあう動きがますます強まっている。

　世界各地から、いくつかの実例を紹介したい。1993年にサンジャイ・クマール（Sanjay Kumar）によって設立されたニューデリー（インド）のパンディーズ劇場（The Pandies' Theatre）は、政治上進歩的な演劇を行う従来型の劇場として始動し、劇場において政治的に進歩主義的な劇を上演してきた。劇場の俳優たちは、徐々に、ストリートへと出ていき、子ども、女性、スラム街居住者やホームレスとともに話し始め、彼らが話していたことに基づきながら、彼らが話をした人びととともに、またその人びとのために劇を作り始めた。たとえば、彼らの2013年の制作物である《場外（Offtrack）》は、400人以上の子どもとともに、少年院とホームレス収容所において行われた一連のワークショップをもとに作り出された。その子どもたちのほとんどは、インドの鉄道プラットフォームの上に住んだ経験があった。また彼らの多くは、セックスワーカーとしてなんとか生きながらえており、麻薬を使用していた。パンディーズ劇場の俳優たちとともに劇を創作するプロセスを通して、子どもたちは、セラピーのプロセスをたどり、インドの中流階級における風習への批評を作り出し、未来に対する集合的なビジョンを明瞭に表現した。そして、その劇がインド内外で巡業上演されたとき、それは、インドにおける少年へのレイプに対する人道的な立法政策をもたらす取り組みの一部となった。

　ダンサーたちも、パフォーマンス・アクティヴィストとして登場してきた。ペルーでは、ウルスラ・カラスカル（Urusula Carrascal）が、環境的に有毒な地域に住む子どもたちなど、非常に貧しい地域の子どもたちを、「エコ・ダンス（Eco Dance）」に関与させている。「エコ・ダンス」とは、彼女の環境教育ダンス・プログラムである。子どもたちと創作された作品の中には、リマのリマック川の隣のごみ処理場の上に住んでいる先住民族カンタガジョ（Cantagallo）の子どもたちによって創作されたパフォーマンス、「生き残るためのダンス（Dance to Survive）」(2012) がある。これらのダンスは、子どもたちに、先住民たちの伝統文化を所有する感覚を与え、それと同時に、環境浄化に関する彼らの要求や、地球温暖化に対する懸念を前進させるものである。

　もう1人のダンサー・アクティヴィストは、パオラ・ロペス（Paola Lopez）

である。彼女はもともとコロンビア州のボゴタにいたが、現在は、メキシコのフアレスからメキシコ国境を横断したところにあるテキサス州・エルパソに住んでいる。フアレスは、世界中で最も物騒な都市のひとつだ。ロペスはフアレスを巡回しながら、女性や子どもとともにダンスやムーブメントのワークショップを行うため、米国のダンサーおよびダンス学生たちによる組織を編成した。そのワークショップは、彼らの生活における暴力や恐怖に関わりあい、それを追求するものだ。さらに彼女は、政治的かつ美的感受性に訴え、かつ、前向きな協力関係に焦点を当てそれを提案するためのパフォーマンスを計画し催している。たとえば、トランプが米国の大統領に選ばれた日、エルパソとフアレスの間を流れるリオグランデ川にかかる橋、パソ・デル・ノルテ橋の上で、ロペスは、メキシコ女性と米国女性の髪を一緒に編み込み、2つの国の間にある境界を架橋する、生きた人間のつながりを計画し催した。

　いくつかの事例においては、パフォーマンス・アクティヴィストが、心理療法から姿を現した。カルカッタの心理学者、イシタ・サンニャル（Ishita Sanyal）は、《転機（Turning Point）》において、統合失調症の外来患者にインプロを教えている。公共の広場における彼らのパフォーマンスは、患者とコミュニティの両者が抱く精神病に対する認識を変化させることにより、患者とコミュニティ双方を発達させることを目指している。

　ロサンゼルスに拠点を置く、ヘクター・アリスタバル（Hector Aristzabal）は、俳優および心理療法家としての教育を受けた。彼は、彼の兄弟が左翼コロンビア革命軍（FARC）のメンバーであるとの疑いから、彼の出生地であるコロンビアで、軍によって逮捕され、拷問にかけられた。彼は、現在、拷問の経験をパフォーマンスし、ワークショップを先導しながら、世界を巡回している。彼のワークショップでは、参加者とともに、いかに我々が集合的に、トラウマから抜け出すとともに、新たな可能性を構築することができるかを探求する。2006年、ニューヨーク市内にあるアフリカ系アメリカ人の進歩主義的なコミュニティの草の根的リーダーとして有名なレノラ・フラニ（Lenora Frani）博士が、「マッポとガキの対話大作戦（Operation Conversation：Cops & Kids）」を始動した。フラニは、大学において発達心理学者としての教育を受け、フレド・ニューマンからソーシャル・セラピストとしてのトレーニングを受けた。警官によるさらなる若い黒人男性の不正な殺害が生じた後、彼女とニューマンは、ニューヨーク市の警官と貧しいコミュニティ出身の有色人種の若者が、彼らを分断する嫌悪や恐怖があるにもかかわらず、成長に満ちた嘘偽りのない会

話をすることを可能にするような環境を創造するために、パフォーマンスを使うことができるかどうかを確かめることを決めた。彼女は、ニューヨーク市の周辺にあるコミュニティ・センターでワークショップを開催し始めた。コミュニティ・センターには、制服を着た10人の警官と貧しいコミュニティ出身の10人の若者が一緒に集まった。フラニや、彼女がトレーニングしたファシリテーターによる指導の下、警官と若者たちは、シアターゲームで遊び、ともにばかげた場面を即興的に作り上げ、敵としてではなく人間として互いに関係を築き始める。その後、フラニや他のファシリテーターの指導の下、警官と若者は、嘘のない困難な会話を行う。警官と若者は、遊び心にあふれ、互いにギブしあう存在になれるよう、始めから最後まで、支援される。

　そのワークショップは、とても人気があり、成功することが明らかとなったため、始動の数年後には、ニューヨーク市警察署が、オールスター・プロジェクトとの提携を始めた。そして、「マッポとガキの対話大作戦」を、ニューヨーク市警察署による公式なトレーニングの一部にした。

　この6年間、新たに警官になった者はすべて、このワークショップの公開パフォーマンスに参加することを求められている。「マッポとガキの対話大作戦」は、非常に異なった、実に敵対的でもある種類の人びとを1つに集めるというパフォーマンス・アクティヴィズムの方法の明らかな事例であると思われる。ここでは、デモをしたり不満感情を悪化させるためではなく、ともに遊んだり、互いに新たな種類の関係性を創造するための方法として互いに与えあったりするために、異なる種類の人びとが1つになっている。

　これは、世界中で出現しているパフォーマンス・アクティヴィズムの小さな見本にすぎない。しかし私は、この事例が、ローカルでグローバルな社会問題に対する創造的な応答がいかに現れているか、可能性を創造する新たな方法を再構築し生成するようなアプローチがいかに現れているかについての感触を与えてくれると期待している。パフォーマンス・アクティヴィズムは贈与の交換形態を含んでおり、その交換形態において私たちは、自分たち自身と世界を変化させるプロセスの中で、相互に関与しあう新たな方法を発見するために、自分たちの差異と創造性を活用する。パフォーマンス・アクティヴィズムは、その実践を通じて、アクティヴィズムの意味や、政治のパフォーマンスの意味そのものを変容させている。パフォーマンス・アクティヴィズムは、社会変化を成し遂げるための異なる戦術ではない。それは、人間の成長や社会の変容に向けた質的に新しい戦略のアプローチなのだ。

【文献】

柄谷行人 (2010)『世界史の構造』岩波書店〔Translated by Michael K. Bourdaghas. *The Structure of World History: From modes of production to modes of exchange*. Duke University Press, 2014.〕

Holzman, Lois (1997) "Developmental Stage," *Special Children*, June – July, 33.

Newman, Fred (1996) Introductory remarks to performance of trouble, an improvised play directed by Newman at Performance of a Lifetime in New York City, June 1, audiocassette.

4章 状況論からパフォーマンス心理学へ

太田礼穂

1 はじめに

　本章は、パフォーマンス心理学の理論的背景ならびに方法論をもとに、発達的実践としてのパフォーマンスの意義を論考する。パフォーマンスと発達との関係を議論するに際し、本章では分散認知や正統的周辺参加論などに代表される状況論の議論との比較を行う。

　状況論は1980年代から現在にかけて職場や学校現場などの日常実践における社会文化的学習を活動への「参加」という観点からとらえた心理学研究であり、パフォーマンス心理学と同様に、ヴィゴツキーの理論などの思想的起源をもつ。

　いわば近縁関係にある両者は、近年、理論的展望ならびに実践活動において接続が試みられている（たとえば、上野・ソーヤー・茂呂, 2014）。また本書の執筆陣の多くは状況論の流れを汲むものであり、2部以降で報告される理論研究や実践研究は、状況論からパフォーマンス心理学への移行における新しい形態を示すものだと考えられる。

　この流れを踏まえ、本章では状況論とパフォーマンス心理学との連続性と不連続性を整理することを目的とする。

2 パフォーマンスが持つ意味

　まず状況論とパフォーマンス心理学との関係を整理する前に、パフォーマンス心理学のキー概念のひとつである「パフォーマンス」に触れておきたい。「パフォーマンス」という言葉は、学術用語というよりも日常の中でなじみの

ある言葉のひとつではないだろうか。たとえば営業成績の高いビジネスマンの有能さ、もしくは機械の性能や商品の費用対効果について「パフォーマンスが高い」と表現したりするかもしれない。また「パフォーマンス・アート」のように芸術表現を意味する場合もあるし、もしくは「ステージ上でのパフォーマンス」など演技そのものを意味する場合もあるだろう。

これに対して、学習・発達心理学のひとつであるパフォーマンス心理学が「パフォーマンス」に込める意味は、「自分ではない誰かを演じることで自分ではない存在になること」である。ホルツマン (2009/2014) はパフォーマンスというものを、発達のプロセスにおいて現在の自分ができること以上のことに、今ある自分でありながら同時に「成りつつある自分」として集合的に関わるしかたとして位置づけている。すなわちパフォーマンス心理学の理論は「なることの理論 (theory of becoming)」である。

この理論に初めて触れる人は、もしかしたら、他の人の立場に立ってその疑似的体験から学びを得ようとするロールプレイを思い浮かべるかもしれない。しかし、「なることの理論」は特定の誰かになるための理論ではない。「自分ではない人物をパフォーマンスすることで自分が何者であるかを創造する活動（前掲書, p.27）」に着目した学習と発達の理論である。

これを理解するために、(1) パフォーマンスの具体例、(2) パフォーマンスによって創り出される空間の2点について整理しておこう。

パフォーマンスの具体例としてしばしば例にあげられるのは、子どもが何かになったつもりになって遊ぶ「ごっこ遊び」である。たとえば、歯医者さんごっこをするとき、子どもたちは自分の知っていることに基づき歯医者を演じるが、「本当の歯医者さん」を再現しているわけではない。遊びはイマジネーション（想像）と共に進行する。子どもたちは治療場面に不可欠な歯科器具であるピンセットやエキスカ（虫歯を削る器具）、ミラー、患者用ケープなどがなくとも歯医者さんを演じるだろう。ここでは器具の不足は本質的な問題ではなく、身の回りにある細長い積み木、割り箸、布の切れ端などが医療器具に見立てられることで、治療場面がイマジネーションとともに創り出されていく。

また器具と同様に、子どもたちは歯科治療の知識も十分に持っていないが、彼らは歯科医と患者の会話を演じて遊ぶことができる。一方の子どもが友だちにケープ代わりの布をかけ「ちょっとしみますよ」と積み木をあてがい、相手の口の中をしげしげとのぞき込むと、もう一方の子どもは調子を合わせて患者役になり、「はーい」と口を大きく開けたり「ちょっと虫歯が … うぅっ痛

い！」などと言ったりするかもしれない。すると歯医者役の子どももいつもより慎重に手を動かしたり、相手を勇気づけるような言葉をかけたりするかもしれない。またいつもは歯医者でただ泣くだけの子どもは、治療に協力的な、もしくは口うるさい患者になるかもしれない。お話の行く先はともに作られていく。このように自分ではない人物を演じ遊ぶことは、今の自分であることと同時に、自分とは異なる誰かになることに関わることだといえる。

　また、パフォーマンスは発達空間を創り出す。ホルツマンは、「ごっこ遊び」のように何者かになるパフォーマンス空間が人間の学習や発達に重要であると指摘する（前掲書, p.27）。たとえば、赤ちゃんや小さな子どもの言語は未発達だが、にもかかわらず周囲の大人は赤ちゃんを「話す」存在として受け入れ、赤ちゃんもまた「話す」存在としてコミュニケーションをする。「話す」ことを（不完全ながら）赤ちゃんと周囲の大人がパフォーマンスしあう空間では、赤ちゃんは「話す」存在として発達する（前掲書, p.45; Holzman, 2010）。

　以上のように、「パフォーマンス」とは誰か一人の個人に帰属される能力や技術、表現などを意味する概念ではなく、「"ともに実践する"集合形態」（ホルツマン, 2009/2014, p.42）の中で学習し発達するという含意があるといえる。

3　状況論とパフォーマンス心理学との連続性と不連続性

3-1　意味づけの社会文化的起源

　冒頭で述べたように、状況論とパフォーマンス心理学とはその理論的起源を共有している。その中でも最も重要な共通点のひとつは、人間の心理的活動の起源を社会的なものに求める点である。

　先ほど述べたように、パフォーマンス心理学におけるパフォーマンスは、友だち同士での歯医者さんごっこや大人と赤ちゃんの会話など、ある事柄を誰かと一緒に演じ遊ぶ共同での活動を意味する。これは人間の学びや成長が単独で達成されるのではなく社会的営みの中にあるということを示している。この観点は、人間の思考や行動などの心理的諸活動が社会文化的状況にその起源を持っていることを明らかにした状況論[1]と共通する。従来の心理学では、個人内の認知メカニズムから人間の思考や学習を考える傾向があったが、状況論では

知的営みが状況に埋め込まれていることを示し、人・モノ・ことの関係性の中で知的営みがどのように組織化され意味づけられているかに関心を向ける。

この例としてあげられるのは、マクダーモットらが観察した「学習障害」というラベリングをめぐる教室実践である（McDermott, Goldman, & Varenne, 2006）。

マクダーモットらが観察したのは、学習障害が疑われ、教師に"at risk（落ちこぼれの危険あり）"と見なされていた3人の少年たちであった。落ち着いて行動ができず周りに迷惑をかける、授業に関心を持たない、学力的に問題があるなどそれぞれが困難を抱えており、教室では「失敗している」と評価されていた。しかし少年たちが教室で「失敗している」と評価を受けるまでのプロセスを観察すると、こうした困難は彼ら個人の問題として単純に帰属できないことが明らかになった。

たとえば少年たちのうちの一人は、課題発表の準備をグループで行っているとき、計画を立てたりアイデア出しをしたりといった中心的役割を担っていた。その貢献は最終的な発表資料にも大きく盛り込まれるほどであった。にもかかわらず、彼はクラス全体に向けた最終発表では「失敗している」と評価された。なぜなら、少年は最終発表の場でグループワークの成果をうまく説明できず、お茶を濁すように冗談を飛ばし、クラスメイトに笑われ、そして結局は説明上手な他のグループメンバーが ── 少年に敬意を払うことなくバカにした調子で ── 少年の手柄を持っていったからだ。この結果先生は彼を低く評価した。そして少年自身もまた常日頃から自分自身を低く評価しているようだったということが報告されている。

以上の事例は、学習障害ないしは"at risk（落ちこぼれの危険あり）"という意味づけが「教室での発表会」的状況と結びついていることを示している[2]。言い換えると、少年の「学習障害」という意味づけられ方は、教室における行為の意味づけとその意味を維持する人びとの活動によって成立しているのであって、問題を個人に単純に還元することはできないのである。

状況論とパフォーマンス心理学が共有する、個人と社会を分離せずに社会的存在として人間を理解するという認識は、「社会が人間を人間として形作ると同時に、社会も人間によって形作られる」というマルクスの考え方（Marx, 1967）を発展させたものであり、ヴィゴツキーの「社会的活動と社会的精神」という分析単位の提案（ホルツマン, 2009/2014）からの流れを汲むものだといえる。

3-2　発達と全人格的学習

　このように状況論とパフォーマンス心理学の間には共通の理論的前提がある一方で、両者はいくつかの点で異なっている。そのうちのひとつは、学習と発達のとらえ方である。パフォーマンス心理学において「なることの理論」は学習と発達を理解する上で中心的な役割をもつ。一方で状況論においても、人間の学習と発達をとらえる上で「成ること」は重要な論点である。

　たとえば、正統的周辺参加論（1991/1993）の提唱者の一人であるウェンガーによれば、学ぶことは「単に情報を吸収するという問題ではなく、ある知識の存在する社会文化的共同体におけるある特定のアイデンティティを構築して何らかの人物に成るということ」（pp.3-4. 訳出：伊藤ら, 2004, 一部変更）であると指摘する。状況論における「成ること」とは、ある共同体の中で何者かになっていくアイデンティティの発達、すなわち全人格的学習を意味する。表現上の違いはほとんどないが、「なること」と「成ること」の間には異なるパースペクティブが存在する。

　状況論とパフォーマンス心理学との力点の違いを明確にするために、状況論における「成ること」の議論を、レイヴとウェンガー（1991/1993）が示したアルコホリック・アノニマスの例から概観する。

　アルコール依存症患者のための自助グループ、アルコホリック・アノニマス（Alcoholics Anonymous, 以下、AA）は、断酒と再飲酒防止を目的に、自分が飲酒にのめり込んだ経緯や依存症を自覚するまでのストーリーをメンバー同士で語り合うグループである。ここで語り合われる人生の物語は、AAに徐々に参加する過程でともに作られていくとレイヴとウェンガーは指摘する。

　AAでは断酒に向けてのステップ・リスト（項目）が用意されている。ごく始めのステップでは新参者は集会後に24時間断酒するという意思を示す白いチップをとる、というきわめて手続き的な行為から参加が促される。このような手続き的な参加を皮切りに、古参メンバーの話を聞くグループセッションに参加したり、自分の物語を他のメンバーに披露する機会を得たりする。新参メンバーはAAの活動に継続的に参加するにつれ、他のメンバーとの共通点を見つけ出し、断酒の転換点を見つけ出すという。この過程で新参メンバーはAAらしい語りを学び、自分の物語を編み出していく。そして最終的に、参加者がAAに十分に所属していると感じるようになると、今度は加入が望まれるAA

外のアルコール依存症患者に対してAAへの参加を促し、活動をよく知っているメンバーとしてAAのメッセージを語る存在になっていく。

以上をまとめると、新参メンバーは活動の周辺的な位置から十全的な位置へと参加のあり方を変化させており、その中でAAにおける人生の物語り方を学び、自分が何者であるかのアイデンティティを形成していたといえる。AAではこのプロセスを通して断酒が実現されている。つまり断酒という全人格的学習は、お酒を飲まない自分に「成る」共同実践への参加だといえよう。

また同時に、AAへの参加はメンバーの全人格的学習だけでなく共同体の発達にも寄与するとレイヴとウェンガーは指摘する。参加は「共同体の一部に成ること」（レイヴ＆ウェンガー, 1991/1993, p.97, 一部変更）を意味し、共同体と学習者にとって深い価値を持つ。AAの参加者が自身の物語を語る際、それは単純に古参者の後追いをしているのではない。自身の人生を再解釈しているとき、その再解釈は同時にアルコール依存症についての一つの理解の共同での構成に貢献する素材を作っているのである（前掲書, p.97）。

このように、状況論において「成ること」とは「共同体の一部に成ること」であり、共同体に参加する人びととの全人格的学習とアイデンティティの発達が共同体の発達とも結びつくというのが、状況論における学習と発達のとらえ方である。

一方でパフォーマンス心理学における「なることの理論」は、共同体に焦点を当てるより先に、発達の主体が想像的に「遊び」「演じる」ことを通した全人格的な学習と発達を、議論する際の出発点とする。こうした重点の置き方の違いが、状況論とパフォーマンス心理学の間の不連続な点のひとつである。

3-3　権力関係と社会的構造

では、なぜパフォーマンス心理学は、「遊び」「演じる」ことに力点を置いた学習と発達の理論を展開するのだろうか。これは、「遊び」という概念が、社会的な構造の中で生まれる権力関係を克服する可能性があると考えるためである。前述したとおり、状況論およびパフォーマンス心理学では人間の知的営みを社会的関係性から理解する。これは権力関係についても同様である。ではこれらの理論において権力関係とはどのように説明されるのだろうか。以下ではウェンガー（1990）が報告した保険会社Aで働く処理係の事例からこの点を説明する。

医療保険を扱うA社の処理係は、保険請求の処理や電話対応などの窓口業務を担っていた。窓口業務は手続き化されており、処理係は保険支払金を簡単に算出できるシステムである「調節シート」や簡便な保険条項を利用していた。あるとき、A社と他社の2つの医療保険に加入する顧客から、保険金の支払額が想定よりも少額だったことについて、その理由の問い合わせがあった。

　支払金の金額が少額だった背景には2つの保険会社間での年間調整が関わっていたのだが、処理係は支払金の妥当性を顧客に説明できなかった。処理係は「調節シート」を用いて適正な金額を算出することはできたが、なぜその金額になるかの肝心な部分は見えていなかったからである。

　この問題は長期化し「調節シート」を作った技術課が処理係に説明する場まで設けられたが、問題は解決されなかった。技術課は年間調整が図られる理由が医療保険の理念にあることを理解していたが（システムの設計上必要な知識だった）、処理係に対してこれを説明することはなく、あくまでも「調節シート」の使い方を説明するだけだった。

　この事例において「調節シート」は処理係にとって業務遂行に不可欠なリソースであると同時に、顧客や他の部署との関係性の中で、知ることと知らないことの非対称を生み出す境界にもなっていると理解できる。技術課にとって「調節シート」は年間調整の金額に「医療保険の理念」を反映するリソースであったのに対し、処理係にとってそれは単に「保険支払金を算出する」という限定的な意味しか持たないリソースであった。つまり「調節シート」というリソースは、医療保険の理念やしくみといったものを覆い隠して、処理係をただ計算作業のみに従事する存在へと追いやるような権力関係を生み出していたといえる。

　状況論においては、権力関係を生み出す社会的構造、つまり「調節シート」のような人工物の意味づけ方や役割関係のあり方を変化させることで自分たち自身を変えることができると考えられてきた。たとえばエンゲストローム(1987/1991)が実践した介入手法である発達的ワークリサーチでは、新しい概念的ツールを利用できるようにすることで、変革すべき活動の当事者が自らの実践を分析し、活動の矛盾を可視化してその解消をもたらすことができるようにする。これは共同実践の再デザインであるといえる。

　このような介入は硬直した権力関係の現実を動かすための方法として十分に機能してきた。しかしながら、それは依然として現実での役割やモノのとらえ方に結びついたものであり、「現実」の制約からは自由になりえないもので

あった。たとえば医療保険の処理係の事例であれば、「調節シート」や部署同士の関係は所与の「現実」であり、状況論のとらえ方においては、そこに介入して変革をもたらすためにはそれらの「現実」そのものに介入する必要があったといえる。

　一方パフォーマンス心理学はこうした「現実」の制約から自由になることを提唱する。たとえば学校場面における教師や生徒は、時に「先生らしい」「生徒らしい」振る舞いに過剰に縛られ、そこから逃れられないことがある。ホルツマン (2009/2014) はこうした制約を状況的制約と呼び、これらから自由になることによって自分たち自身を変えることができると主張する。

　ホルツマンによれば、「現実」の制約から自由になるためには既存のものを何か新しいものに作り直す能力が不可欠になる。そのためには、過度に社会的に決定されたパターン（社会的地位・性別・人種等々のカテゴリー）にとらわれた「お粗末な演技」を、他のパフォーマンスとして生まれ変わらせることが有効である（ニューマン, 1994）。

　ここで重要なのは、パフォーマンス心理学は「真実」を突き止めることに関心を持たないということである（Holzman & Newman, 2004）。状況論においては現実が社会的にいかに構成されているかを特定し、それらに介入することを重視する。一方、他者との共同を通してパフォーマンスする、すなわち演じ遊ぶ上では、現実がどのようであるかということよりも、「頭一つの背伸び」(Vygotsky, 1978, p.102)、つまり現在の自分を超えて異なる自分として振る舞うことこそが重要である。

　仮に、「先生らしく」振る舞うために必要以上に口うるさくなってしまうことに心を痛めている人がいるとしよう。この「らしさ」は男性らしさ・女性らしさ・職場での関係・年齢や能力による制限など何にでも当てはまる。我々はつい、その人が先生らしく振る舞う原因や心の痛みの所在を探りあてようとするが、人間の学習・発達の観点から、パフォーマンス心理学はそれを推奨しない。冒頭で触れた歯医者さんごっこでの子どもたちは器具の不足や知識の不足という「現実」の制約を超えてイマジネーションと共に演じ遊ぶことで、今の自分たちができる以上のことを可能にする発達の空間を生み出していた。子どもたちは患者の口をのぞき込む遊びや診察を受ける遊びを通して、自分になじみがある観察や受け答えといった行為に幾通りものやり方があることを知り、発達するのである。

　「先生らしさ」に悩む人も子どもたちのように集合的に「先生」を演じ遊ぶ

ことができるなら、口うるさくする以外方法を知らないという「現実」を解決する方法を知らないままでも、幾通りもの「先生」のパフォーマンスを試し遊ぶことで発達することが可能になるだろう。

3-4　情動と認知

　「現実」の制約を超え、自分たちができること以上のことが可能になるという集合的な経験は、その経験それ自体にとどまらず、やり方を知らなくてもそれができるという発見をもたらす（ホルツマン, 2009/2014, p.71）。この発見は、発達的学習が可能な環境、つまり成長を可能にする環境を創造する。ホルツマンによればこれは情動の「発達の最近接領域」である。発達の最近接領域とはヴィゴツキーが提唱した学習と発達の理論であり（1956/2001）、子どもが独力では達成できないものの大人の支援を得る中では可能となる、発展途上にある萌芽的学習に着目するものである。情動の発達の最近接領域はこれを発展させたものである。発達的学習が可能な環境では、独力では生起しなかった「やり方を知らないまま知る」という認知と同時に、独力では喚起されなかった「やり方を知らなくてもできるのだ」という情動が喚起される。こうした情動の発達は持続的な発達環境の生成に寄与すると考えられる。

　このような発達における情動の問題は状況論では議論されてこなかった点である（ホルツマン, 2009/2014）。状況論が主に認知を重視して情動にはあまり関心を払ってこなかったのに対し、パフォーマンス心理学は情動的な発達をその理論的射程に含めた議論を行っているのである。

　医療保険会社の処理係は、計算作業のみに従事する存在へと追いやられるような権力関係が含まれる社会的構造の中にいた。処理係はこのことに対して、一方では細かい保険条項を知らないことに法的責任を負わなくて済むという自由を感じ、もう一方では自分たちは何かとても大切なことに関わる機会を剥奪されていると両義的な感情を抱いていた（Wenger, 1990; 伊藤ら, 2004）。そこには、分業が進んだ世界で自分たちも周りももう変わることもないという諦めに似た感情を抱く処理係の姿が浮かぶ。

　ニューマン（1994）によれば、人間は高圧的な社会環境下では創造的な活動を諦め、発達できない生活状況の中に空虚さを感じるようになるという。このように意味が失われ単純化された処理係の世界は、認知だけでなく情動の発達の問題と深く関係していると推測される。

情動と認知の発達は、単純化された世界を複雑性に満ちた世界へと、歓びと共に創造するプロセスにともに関わること（スティグレール, 2017）だといえる。人びとはともに関わることを通して、「環境−活動のより直接的な生産者になる」(Holzman, 2010) のである。

4　パフォーマンス心理学における実践

以上で見てきたように、環境−活動のより直接的な生産者になることは、誰かとパフォーマンスすることと不可分である。以下では簡単ではあるが、パフォーマンス実践における事例を2つ紹介したい。

4−1　仕事仲間との関係

仕事場でのパフォーマンスを支援するパフォーマンス・オブ・ア・ライフタイム（POAL「ポアール」）の中心的メンバー、キャシー・サリットは、ソフトウェア開発企業に勤めるヴェラ（上級役員）とテオ（顧客プロジェクト・マネージャー）の問題に関わっていた（サリット, 2016/2016）。ヴェラとテオは新規大型プロジェクトの中心を担う優秀な人材だったが、誤解と対立が日常茶飯事だった。キャシーは、二人に「対立」についてのパフォーマンスセッション行うことを提案した。ヴェラはテオに仕事の権限を侵された（責任者の自分に断りなくクライアントとの打ち合わせを進めた）とテオを非難した。テオはヴェラに反論し、自然に打ち合わせに発展しただけだと答えた。二人は険悪な関係であった。そんな二人にキャシーは「対立と戯れるパフォーマンス」をするよう提案した。ヴェラはテオの役、テオはヴェラの役になり相手の意見を主張し、キャシーと相手に自分の考えを納得させるパフォーマンス／遊びをするように提案した。これにヴェラはことの重大さを真剣に考えていないと憤慨したという。キャシーは真剣に考えていることを伝えた上で、以下のように二人に投げかけた。

　　…いいでしょう。それをなんとかするために、別のパフォーマンスを行なってもらいます。今、ふたりが演じている劇は、『こっちが正しい』という

悪い劇です。二人とも自分と自分の立場を真剣に考えすぎていて、相手との関係やプロジェクトへの真剣さが足りていません。そういう演技を選択しているんです。今度は別の選択をしてみましょう。（サリット, 2016/2016, p.127）

　この提案に応じ、ヴェラとテオは相手を演じるパフォーマンスを始めた。すると二人は話し方や話す内容を真似するだけでなく、相手が言及しないような新しい情報を付け加えながら相手を演じ、さらに互いの言葉に耳を傾けあうパフォーマンス／遊びを一緒に生み出した。演技が終わると拍手を送り笑いあった。そして二人は相手に理解を示しながら、今後の仕事の進め方について生産的な提案を交わした。

　ヴェラとテオによる「対立と戯れるパフォーマンス」は、相手を「ごっこ遊び」するという（小さな）挑戦を通して、これまでの対立関係の会話と異なるパフォーマンスをする空間を築いた。ヴェラとテオはともに関係を築きながら、膠着し固定したと思われた状態を変えることができることを知り、チームがうまくパフォーマンスできるために何ができるか考えることができたのである。

4-2　グループで意味を作る

　パフォーマンス心理学の創始者の一人、フレド・ニューマンが始めた心理療法である「ソーシャルセラピー」は、グループでの情動的な発達を支援する。表4-1の事例はソーシャルセラピーでのセッションで、ADHD（注意欠陥・多動性障害）の診断を受けた少年ラリーとセラピストであるラセルバ、グループに参加する同年代の子どもたちの会話の様子である。このセッションは秘密にされやすい障害をグループで話し合うことで発達させようという、ラセルバ（ソーシャルセラピーのセラピスト）の提案に端を発している（LaCerva, 2010）。セッションの始めはADHDとうまく付き合えると話していたラリーだったが、ADHDがどのような特徴を持つかの話題になった途端にラリーは感情的になる（表4-1、下線部（1））。ラリーが取り乱す場面はセッション中に2回あり（下線部（1），（2））、彼は不安を訴え「診断」を隠そうとした。

　これに対してイーライは「診断」をグループのみんなの言葉として発達させようと提案する。イーライはラリーの難しさを「ミスターなんでも知ってる症候群になること」とした上で、親愛の情をこめた「ハンバーガー症候群」という診断名を提案する。その診断名はグループに温かく受け入れられた。

表4-1　ソーシャルセラピーでの「発達障害」を巡るセッション（LaCerva, 2010より作成）

ラリー：	<u>そんなの何かなんて気にしない！　そうじゃないもん！　僕は障害なんてもっていない！</u>　(1)

（それを聞いていたイーライという少年がラリーに話しかけた。）

イーライ：	僕はADHDが何かはよく分からないんだけど、僕はいわゆるアスペルガー症候群なんだって。
ラリー：	それって障害？
イーライ：	僕は障害について分かっていないんだけど、たぶんね。それは診断なんだよ。時々他の人たちの気持ちを考えてなくて、そして賢くて、変わっているという意味なんだよ。

（みんなはイーライの話に驚いたが、イーライは落ち着いていた。確かに彼はちょっと変わったところがあるが、みんな彼が大好きだった。ラリーもそうだった。ラリーは「確かにね」と笑った。さらにセッションを進めると再度ラリーは声を荒げる場面があった。彼は自分が上手くいっていないことに気づいたのだ。）

ラリー：	<u>障害なんてもってない！　障害だって言わないで！　誰も何も話さないで！</u>　(2)
イーライ：	（ラリーを遮って）僕には、ラリーが注意欠陥を持っているかどうかは分からない。でもラリーが持っているものを知っているよ。ラリーは「ミスターなんでも知ってる症候群」。この症候群はラリーと友達でいたり、ゲームで一緒に遊んだり、楽しんだりすることを難しくする。だっていつも何すべきか人に言っちゃうんだもの！！！

（グループはうなずき、ラリーが何でも「知っている」とき、近寄りがたいことを発見した。イーライは続けた。）

イーライ：	僕は今日のグループが好きだし、診断名を変えようって決めたよ。僕はハンバーガー症候群って呼びたい。だって僕はハンバーガーが大好きだし他のみんなだって好きでしょ。（みんな笑って、拍手）でね、ラリー、君がやっているすべてのやり方が、友達やお母さんに与える影響を考える必要があるよ。たぶん、上手く集中することでも他のことでも、みんな助けてくれるよ。
ラリー：	そうだね。ありがとう、イーライ。
イーライ：	ううん。こちらこそありがとう、ラリー。

注）このセッションは全体像をとらえるために適宜抜粋したものであり、（　）内は行為もしくはセッションの様子を挿入した。なお、このセッションには8歳から12歳の子どもとその保護者達が参加していた。

　ここでの「障害」は子どもたちのある側面を言い当てる反面、ラベリングという権力関係を含む社会的構造の中に彼らを埋め込ませる装置でもあった。グループで「診断」の意味を発達させたことは、子どもたちにとっての複雑性の回復につながったのである。

5　おわりに

　以上、本章では、状況論とパフォーマンス心理学の連続性と不連続性を明らかにすることを通して、パフォーマンス心理学の独自性を示した。
　パフォーマンス心理学によれば、学習と発達のためには必ずしも「現実」への直接的な介入を必要としない。人間は自分ではない誰かを演じ遊ぶことで現在の自分が達成しうること以上のことを達成し、また所与と思われた「現実」を突き動かす情動的な発達空間を生み出す主体になることができるのである。そのような主体になることは歓びを喚起させると同時に、創造的に発達し続けることを可能にするのである。

【注】
［1］状況論という呼び方は、思想的系譜の強調点によって活動理論、状況的学習論、状況的認知論、社会文化的アプローチなど使い分けられる場合もあるが、香川（2011）に倣い、本章でも認知の状況性の考えを基盤とするものをまとめて状況論と呼んでいる。
［2］これに関連し石黒（2016）は、日常を生きる子どもたちの事実と「学習障害」という分類カテゴリーの逆転が起きていると指摘する。

【文献】
Engeström, Y. (1987). *Learning by expanding: An activity‒theoretical approach to developmental research*. Helsinki: Orienta‒Konsultit.〔山住勝広・松下佳代・百合草禎二・保坂裕子・庄井良信・手取義宏・高橋登（訳）(1999).『拡張による学習：活動理論からのアプローチ』新曜社〕
Holzman, L. (2009) *Vygotsky at Work and Play*. New York: Routledge.〔ホルツマン, L.／茂呂雄二（訳）(2014)『遊ぶヴィゴツキー：生成の心理学へ』新曜社〕
Holzman, L. (2010) Without creating ZPDs there is no creativity. In C. Connery, V. John‒Steiner, & A. Marjanovic‒Shane (Eds.), *Vygotsky and Creativity: A cultural‒historical approach to play, meaning‒making and the arts*. (pp.21‒39) New York: Peter Lang Publishers.
Holzman, L., & Newman, F., with T. Strong (2004) Power, authority and pointless activity (The developmental discourse of social therapy) In T. Strong & D. Pare (Eds.), *Furthering Talk: Advances in discursive therapies*. (pp.73‒86) New York: Kluwer Academic.
石黒広昭 (2016)『子どもたちは教室で何を学ぶのか：教育実践論から学習実践論へ』東京大学出版会
伊藤崇・藤本愉・川俣智路・鹿嶋桃子・山口雄・保坂和貴・城間祥子・佐藤公治 (2004)「状況論的学習観における『文化的透明性』概念について：Wengerの学位論文とそこから示唆されること」『北海道大学大学院教育学研究科紀要』93, 81‒157.

香川秀太 (2011)「状況論の拡大：状況的学習、文脈横断、そして共同体間の『境界』を問う議論へ」『認知科学』18, 604 - 623.

Lave, J., & Wenger, E. (1991) *Situated Learning: Legitimate peripheral participation*. New York: Cambridge University Press.〔レイヴ＆ウェンガー／佐伯胖（訳)(1993)『状況に埋め込まれた学習：正統的周辺参加』産業図書〕

LaCerva, C. (2010) The Hamburger Syndrome. retrieved from http://eastsideinstitute.org/hamburger-syndrome/

Marx, K. (1967) Economic and Feuerbach manuscripts. In E. Fromm (Ed.), *Marx's Concept of Man* (pp.90 - 196) New York: Fredrick Ungar.〔フロム／樺俊雄・石川康子（訳)(1970)『マルクスの人間観』合同出版〕

McDermott, R., Goldman, S., & Varenne, H. (2006) The cultural work of learning disabilities. *Educational Researcher, 35*, 12 - 17.

Newman, F. (1994)/ Newman, F. & Goldberg, P. (2010) *Let's Develop!: A guide to continuous personal growth*. New York: Castillo International.〔ニューマン＆ゴールドバーグ／茂呂雄二・郡司菜津美・城間祥子・有元典文（訳)(2019)『みんなの発達！：ニューマン博士の成長と発達のガイドブック』新曜社〕

Salit, C. (2016) *Performance Breakthrough: A radical approach to success at work*. New York: Hachette Books.〔サリット／門脇弘典（訳)(2016)『壁を破る力：パフォーマンス・ブレークスルー 今そこにある限界がみるみる消える！驚異のメソッド』徳間書店〕

ベルナール・スティグレール／石田英敬（訳)(2017)「有限のゲーム、無限のゲーム：アルゴリズム的統治性の時代にけるジェイムズ・P・カースの一解釈」東浩紀（編）『ゲンロン6 ロシア現代思想Ⅰ』(pp.159 - 177) ゲンロン

上野直樹・ソーヤーりえこ・茂呂雄二 (2014)「社会−技術的アレンジメントの再構築としての人工物のデザイン」『認知科学』21, 173 - 186.

Vygotsky, L. S. (1978) *Mind in Society: The development of higher psychological processes*. (Ed. by M. Cole et al.) Cambridge, MA: Harvard University Press.

ヴィゴツキー, L. S.／柴田義松（訳)(2001)『思考と言語』新読書社

Wenger, E. (1990) Toward a theory of cultural transparency: Elements of a social discourse of the visible and invisible. Doctoral dissertation, University of California, Irvine.

2部
交換のパフォーマンス

5章 所有、贈与、創造的交歓
── 関係論の解散へ

香川秀太

1 新しい社会構造の息吹

　昨今、さまざまな現場において、多様性を生かしたアイデアやネットワークの創造活動、互助関係を回復するコミュニティ形成、住民参加型の地方行政、パフォーマティヴな社会運動など、経済資本偏重、管理過剰社会の限界を乗り越えようとする自由で緩やかな動きがいっそう活発になっている。わが国では特に、国家と資本制の負の象徴ともいえる2011年3月の福島原発事故以降、従来の経済優先、集権国家主導の社会のあり方の限界を指摘する声が拡大し、この社会的危機が新しい動きを加速させる重大な一端をなしている。

　一方、人間社会を、貨幣や商品、あるいは敬意や感情といった有体物、無体物の間の交換として解釈・表現する交換論（たとえば、モース, 2014；柄谷, 2006）では、資本制とは、あらゆるものを商品やビジネスに変えて、貨幣の獲得競争に躍起となる交換社会であり、それを乗り越えるには、財を自己が得ることを軸とする獲得モデルの社会から、むしろ、他者への贈与や金銭によらない互酬関係を軸とした交換社会の実現に可能性を見出す。

　こうした動きに対し、本章では、経済的利益の獲得・所有を軸とする第一の「獲得的交換モード」、および贈与が軸の第二の「贈与的交換モード」に代わる第三の道として、「創造的交歓（creative intercourse）」を提案する。これは、大きくは、限界の指摘される資本制社会（たとえば、水野, 2014; リフキン, 2015）を超えた先のネクスト－資本制社会における新しい交換形態を探る試みであり、まずは、その萌芽的なコミュニティを記述するための概念的視点を構築する試みである。この作業は、それぞれ別々に発展してきた交換論と、パフォーマンス心理学を含む関係諸論（拡張的学習論、アクターネットワーク論等；本書1部1章参照）とを発展的に結合させて、それまで育った関係論の根を下部構造へ

と伸張させる取り組みである。なお、なぜ関係論が交換論を導入し交歓論へと展開していく必要があるのかといった議論や、これまでの関係論研究の限界といった重要なトピック（つまり、関係論と交換・交歓論との接続作業）が、本章では論じられていない。また、柄谷の交換論の詳細や紹介する事例も一部にとどまる。それらの、特に理論的作業については、香川（2018c）、そして、特に事例の詳細やより平易な解説は香川（2018b）を参照されたい。

2　アソシエーション論（交換論的転回）

　哲学者の柄谷（2006）は、現在の資本制へと至る世界史を、マルクスの後続が伝統的に継承してきた生産様式ではなく、交換様式から再定式化するという重要な作業を行った。マルクス哲学の従来的な解釈では、上部構造に、芸術、宗教、国家、ネーション（民）等を置き、下部構造（土台）に「経済＝生産」を置いてきた。しかし柄谷は、その発想では、資本制は説明できても、それ以前の世界システムをうまく説明できないとした。また、そもそも若きマルクスは、交易、戦争、贈与、物質代謝を含む「交通」概念（独語で Verkehr、英訳は intercourse）を使用してさまざまな事柄を説明しようとし、生産とは、人間と自然との間の「交通（＝交換）」としていたことにも着目する。つまり、交換を土台に置くことは、マルクスへの原点回帰でもある。
　こうして彼は、下部構造に、貨幣経済が軸の「経済的生産」ではなく、貨幣経済以外の形態も含めた「経済的交換」を置き、世界史を次の4つの交換形態の変遷として記述する —— この重大な作業は交換論的転回といえるだろう。その歴史的変遷とは、まず氏族社会で生まれた、A：共同体と共同体、人と人との間で行われる、友好関係や連帯を生み出すための、金銭によらない交換を指す「互酬的交換」（ネーション）の出現、次に封建制で主軸となる、B：被支配者たる民が支配者たる国家に年貢や税を納め、支配者は軍や公共事業・福祉により民の生命や健康を保護する、国家と国民の間で行われる「略取・再分配」（ステート）の出現、そして現在の資本制が依拠する、C：何らかの財や貨幣を得るために、物々交換ないし、貨幣と商品を交換する「商品交換」（資本）の出現である。C：商品交換が発達していくと、貨幣は万能な力を持つがゆえに、利益（貨幣）獲得が社会の軸となり互酬は衰退する。さらに、Cの浸透に

よりB国家もCの形式を装うようにもなる。

　柄谷は、世界史とは、AからCへと新たな交換形態が生まれていき、複数の交換形態が重層的に並行して存在しつつも、次第にAからBへ、BからCへと、主要な交換系が変遷し（他が副次化し）ていく過程だと主張する（詳細は、香川, 2018c参照）。そして、歴史を経て、「資本（Capitalist）＝ネーション（Nation）＝ステート（State）」（以下、CNS）という三連構造が完成すると、その後の多様な世界情勢はあくまでCNSの範疇で動く。たとえば、Cが強ければ新自由主義的になるが、階級格差が生じるとAが共同性と平等性を要求して、B国家が規制や再配分を強め福祉国家主義的になるという。

　そして、このCNSの完成後に、4つ目の交換形態として彼が提案するのが、D：アソシエーションである。Dとは、CNSの輪を抜け出したもので、「商品交換の原理が存在する都市空間で、国家や共同体の拘束を斥けるとともに、共同体にあった互酬性を高次元で取り返そうとする運動」（柄谷, 2006, p.179）を指す。「高次元での回復」とは、A：互酬交換が、B：略取・再配分とC：商品交換により一度否定され解体されたのちに、それを回復することを意味する（柄谷, 2014）。A〜Cが、歴史上存在するのに対し、Dは、まだ見ぬ世界、つまりカントの「統制概念」に相当する。

　柄谷の交換論といえばこの4類型が著名だが、それだけでなく彼は、A：互酬誕生以前の時代にあたる遊動的狩猟採集時代にも着目している（柄谷, 2014）。遊動民時代とは、定住せず、家族も含め集団の成員が固定的でなく、大型獣が主食でそれを食べきれないため、誰でも食料を平等に再配分し、その対価・返礼は期待しない「純粋贈与」がメインの社会で、財の備蓄や所有の概念がない時代だった。ゆえに遊動民時代はいつでも他人との関係を切断できる最も自由な時代でもあった。ところが、次の互酬に基づく氏族社会では、贈与の義務（他律）により、人間関係が束縛され、各人の自由の否定により平等が達成される。そして、A互酬の誕生以降、いかなる時代でも、遊動民時代にあった「自由の相互性」を回復しようとする欲動が働くようになるという。

　この遊動時代を含めることで、D：アソシエーションの特徴がより見えてくる。Dとは、BとCがいったん否定したA：互酬を回復することではあるが、次の意味で、単に互酬の復古ではない。第一に、互酬よりさらに以前の、遊動民時代にあった「自由の相互性」を回復しようとする欲動に基づくこと。第二に、この自由の相互性は、「各人は他者を単なる手段としてのみならず同時に目的（自由な存在）として扱え」というカントの道徳法則に相当するが、道徳

法則といえども、宗教あるいは親や共同体の規範を内面化するような、外から課される「他律的な」ルールではないこと。むしろ、Dとは、それに抗う「自律的な」もの、つまり義務的贈与‐返礼に基づく互酬交換を超えるものである。こうした互酬の高次元の回復とは、人の欲望や意志を超えて強烈な危機状況から立ち現れる「欲動」に基づく。A～Dの4類型のみ見ていては、この点を見過ごす。

そして、BとCは、国家や企業（資本家）が権力を持つこと、経済資本を得ることを目的化する点で、アウグスティヌスがかつて「神の国」論で述べた、「地の国（ポリス）」の「自己愛」に基づく。これに対し、Dとは、BとCの支配を超え、他への贈与を基礎とするA互酬交換を「高次元で回復」したもの、つまり「神の国（コスモポリス）」の「隣人愛」に基づく。

3　贈与論

獲得よりむしろ贈与に、商品交換中心社会に代わる世界の可能性を見出す議論は他にも見られる。たとえば、荻野（2006）は、少子化問題を取り上げ、それが過度に損得の経済的合理性により説明されていることを問題とした。そしてむしろ、結婚、恋愛、出産、子育ては本来、子に対する「贈与の論理」に基づく、不等価で不確定性に賭ける活動であり、貨幣経済的な等価交換とは区別しなければならないとした。少子化問題とは、単に経済問題ではなく、むしろ他への「贈与の意識の希薄化」、つまり市場原理と贈与原理の錯そうこそその源にある。そして、荻野は、そもそも「純粋な贈与は可能か」を問う。たとえば、芸術活動、特に芸術至上主義や純粋美学の立場は無償の行為であり、また子育てとは、子が親孝行（返礼）を期待しないのに子に関わるため、デリダがいう「見返りを期待しない純粋贈与」に該当する。そうして、個人が私欲（個人消費）に基づき行動することが、そのまま社会秩序（需要の誕生と経済活性化）となり公益となる社会を、「奢侈の論理」に基づく社会とし、自分以外に財を気前よく与える「蕩尽の論理」こそ、少子化問題の解決などの公共性の構築に必要と結論付ける。

また、人類学者の岸上（2016）は、モース（2014）の贈与論とは、実際には強制力や利害関係に基づくものとして贈与を位置づけていたことに言及しつつ、

さらに他の贈与・交換論を概観した上で、施しを受け取る人を気づかずに侮辱してしまう、「偽善的贈与」を回避した、「与える利他的なよろこび」に基づく純粋贈与こそが人間社会の構成に重要と結論づけた。パフォーマンス心理学の祖ニューマン（Newman, 1994/Newman & Goldberg, 2010）もまた、ゲット社会に対しギブの重要性を論じ、一見、これも類似の主張にみえる（詳細は他の機会で論じたい）。しかし、商品交換的な財の獲得・所有ではなく、互酬ないし他者へ贈与する社会へ転換せよ、という議論には、次の疑問が浮かぶ。第一に、そもそも、一見、一方向的の贈与に見えるものでも、敬意、称賛、権力の承認などの返礼が生じることは頻繁に論じられてきた。荻野が、「無償の行為」とした芸術至上主義や純粋美学も、やはり周囲からの称賛や敬意等の獲得が生じるだろう —— しかし、後述するが芸術に着目したこと自体は鋭い ——。いずれにしろ、情動や敬意といった無体物も含めれば、まったくの「無償の贈与」を見出すこと自体が難しい。第二に、モース（2014）の贈与論は、競覇型の儀礼的な活動から論を取り出し、伝統的な規範が贈与を導いていた。万一、見返りなき贈与なるものが行われるにしても、では、何が一体それを駆動するのか。そう考えると途端にまた、宗教的な規律や贈与を重んじる共同体の規範といった、柄谷が退けた他律性が顔をのぞかせる。第三に、一見、直接的には利害関係に基づかない贈与であっても、モースや岸上が言う「意図せざる侮辱（贈与の偽善性）」を招いたり、獲得者側からは利用の対象とされたり過度の贈与による疲弊の可能性もあろう。

　以上の問題はいずれも、贈与概念が、結局は、「一方の側から他方の側へのモノや感情の移動（あるいは行き来）」というトランスファー（移送）の世界観を背負ってしまっており、経済論理的な所有・獲得の概念と、コインの裏表関係になってしまっていることに由来するのではあるまいか。これを超えるには、経済論理や国家のテリトリー化（デュラン&ベルニュ, 2014）が招いた個体主義的観点、つまり、皮膚や集団の境界による所有区分の概念を明確に超える必要があろう。

　それでは、以上の贈与論の諸課題をどう乗り越えるか。そのヒントは、しばしば、互酬や純粋贈与の代表例としてあげられてきた親子関係の位置づけへの批判的検討にある。この作業は、贈与論が伝統的に継承してきた移送メタファを見直すことにつながる。こうして、獲得か贈与かに代わる概念として、次の創造的交歓が構築される。

4　創造的交歓論

　創造的交歓は、交換を下部構造に置く柄谷の世界観を継承し、Dの交換のあり方を具体化する一方で、柄谷が批判したネグリ&ハート（2004）のマルチチュード、心理学者ヴィゴツキーらを源流とする関係論、さらに他の資本制を問い直す諸議論、そして現実の諸実践、それらを発展的に結合させていく中で発達する、変化の渦中にある未完成の概念である。すなわち、マルクス哲学を〈共〉としつつ、それら特異な諸理論、諸実践を接合させる持続的試みである。

　マルチチュード（Negri & Hardt, 2004）については紙幅上簡単にはなるが、触れておく。ネグリ&ハートは、列強が外国に国民国家の主権を拡張していき、英米の覇権国家(ヘゲモニー)による帝国主義時代から、大企業や主要諸国家が形成する超国家レベルのネットワークが新たな権威となる〈帝国〉時代への変化を論じた。そして、〈帝国〉に対抗するオルタナティブなネットワークとして、「マルチチュード」の萌芽を論じた。マルチチュードとは、集権的管理による集団や社会ではなく、各々特異な人々が〈共〉（たとえば、共通のシンボル）を通して結びつき形成する流動的なネットワークである。個々の特異性とは、〈共〉により共同体中に溶解するものではなく、むしろ、〈共〉の中でますます自由に拡張されていくという、螺旋的増幅関係にある。

　柄谷は、ネグリらのマルチチュードを、国家権力に対抗する下からの運動にすぎず、結局国家の強化に帰結するとして退けた。そうして、彼はDの実現のため、上から変革を導く国家間関係論を試みた。しかし一方で、自身のブログや雑誌（たとえば、柄谷, 2011; 2015）では、反原発デモのような社会運動や地域通貨運動、農村協同組合など、下からの運動にもDの萌芽を感じているようだ。したがって、一方で、柄谷は下からの運動を排除していない ── 実際、上下の連動が必要と主張 ── 。また、そもそもマルチチュード概念は、集権的管理を指す〈公〉と、個人や民間の経済的利害の領域としての〈私〉に対し、これらトップダウン－ボトムアップの二元論を超えうるものとして〈共〉を位置づけていた。つまり柄谷のネグリらへの評価は、上からの国家間連合に対して、下からの運動がマルチチュードと位置づける二元論的解釈によってはいまいか。これらを踏まえ、本章では、むしろネグリらの議論と柄谷の議論とは相

補関係にあるものと位置づける方向に可能性を見出してみたい。

　さて、創造的交歓は、移送メタファに依拠した、経済的利益の獲得・所有を軸とする獲得的交換モード、および贈与が軸の贈与的交換モードに対する、第三の交換モードである（香川, 2018a；香川, 2018c）。獲得モードであっても贈与が存在しないのではなく副次的に存在するし（得るために与える）、贈与モードも獲得が副次的に存在する（与えることで得る）。創造的交歓も、獲得、贈与のモードが副次的には存在する。ただし、贈与論は他者への移送的贈与を描くことで限界を抱えたが、創造的交換は、「間の活動（の発達）への創造的贈与」を軸にする。以下、内容を述べていく。

　第一に、創造的交歓は、第三の交換モードでありながら、他に先立つ原初的交換形態である。創造的交歓の礎となる交換のメタファとは、生命の誕生であり子の発達である。子（生命）は、生物学的な遺伝子（自然）はむろんのこと、身体、言語、情動等、父母のあらゆる特異性の交換によって誕生する、新たな〈共〉である。[1] 子は親の遺伝的、社会歴史的な分身であるという点で、親子の間には自己と他者の間の境界がない。しかし一方で、互いにとって自己そのものではなく、他に代えのきかない「唯一の特異な存在（自分ではないもの）」である。人、生命は、根源的に関係的存在である。

　誕生後の親子関係もまた、創造的交歓の基盤である。親子関係について柄谷は、2006年の著書では、親から子への面倒という贈与であり、子が親に感じる恩や債務感が返礼であるとし、A互酬交換の代表例と説明していた。また、先述のとおり荻野は子育てを「見返りを期待しない純粋贈与」に該当するとし、柄谷も2014年の著書にて、親子関係を純粋贈与と見なした。

　しかし、そもそも子育ての核とは、親から子への一方的な贈与や、子が親孝行や債務を負う互酬の形態だろうか。いやむしろ、子は誕生したばかりの新生児期から、親に間断なく与えられ続け、親に与え続けている関係にある。各段、子が孝行めいたことなどせずとも、親は子とただ接するだけで可愛さや生命を感じる歓びが喚起され続ける。吸啜する、泣く、這うようになる、喃語を発する、このきわめてありきたりな子の動きが、親への間断なき贈与である。むろん、子は生命の維持、発達のため親から母乳をはじめさまざまな養育を受け続けなければならない。相互に間断なく与え－与えられ続ける関係。このように「間断ない交換」だということは、そもそも与える（贈与）／得る（獲得）の間のタイムラグ、区分、境界がないことを意味する。そうして、一方から他方への感情やモノのトランスファーではなく、「（創造的）関係性」それ自体が出発

5章 所有、贈与、創造的交歓　63

点となる。
　そして、父母の間（あいだ）で育まれる子の発達こそ、親の歓びであり、関わりあう根源的動機である。すなわち、親は、「子の変化・発達」に向けて関係し、子も自らの発達に向けて親と関係する。そのプラクシスの過程で両者の関係性は変化し続ける。したがって、（交歓という種類の）交換の軸は、獲得でも贈与でもなく、「生み出す歓び」、「発達する歓び」である。
　この生命の創造、子の発達に向けた原初的交換が土台となり生まれるのが、人びとが、あるいは人と自然とが、活動の創造・発達に対して贈与する創造的交歓である。他者ではなく、生命＝子＝間（あいだ）＝活動（の発達）へ贈与する。贈与論は、贈与の対象を他者としたから、移送言説や個体主義を招き入れた。活動とは自己も他者も分離できない関係運動であり、活動の発達への贈与は相互反映的に活動から返礼を招く。創造的交歓こそ、人、生物、自然にとって本来、普遍的で原初的な交換原理である。しかし、資本制は国家と共謀し、境界画定（テリトリー化）、尺度化、規格化を進めて勢力を拡大し（デュラン＆ベルニュ, 2014）、物、知識、能力、感情、あらゆるものを個人や組織の所有物と化し、そうして、移送的贈与交換の世界観、個体主義が常識となり、創造交歓モードは完全に背景化した。創造的交歓とは、皆例外なく経験したはずの、母胎内にあった過去への憧れ（回帰）の運動である。以上、まず、移送的贈与・交換のメタファを脱する視点を取り出した。
　創造的交歓の第二のポイントは、特異性の交歓である。自己の特異性を他者というより、間から立ち現れていく「〈共〉的な活動・オブジェクトの発達」に向けて投与（創造的に贈与）する。つまり、単に所有物の行き来でも、他者への贈与でも、そして既存のもののシェアでもなく、各個人に還元できない、〈共〉的なあいだを新たに共同創造していく過程が創造的交歓である。こうした相互投与は自己の分身としての活動への愛着ともなり、他者との親和関係も副次的に発達する。このとき、特異性とは、個々の歴史的発達にて培われると同時に、その都度、出会ってみて、具体的文脈を相互構成していく中で、その都度立ち現れる。したがって、出会う人、構成しあう文脈、やりとり、あるいは〈共〉が異なれば、同じ人物であっても（同じ人物同士であっても）、立ち現れる特異性や創造のリソースは変化する。つまり、特異性とは唯一絶対性ならぬ唯一相対性である（高木, 2001 参照）。「それぞれ育ててきたがしばしば眠ったままの特異資源」を模索し発掘しあう中で（香川, 2015；2016）、当初思いもよらぬ活動、オブジェクトすら生まれ育っていく。どのように特異性が結合し、

何が生まれていくか、何が〈共〉的オブジェクトの発達への創造的贈与になりえるかは、まさに不明の、「tool and result」的な（Holzman, 2009）過程といえる。創造的交歓は、純粋贈与と同様、所有概念誕生以前の自由な贈与だが、純粋贈与が食料配分・シェアという枠内にとどまる点で、そうした純粋贈与の枠を超える。
　そして、特異性は微々細々なものも含めて変容しながら結合し、その都度特異な間‐特異性（インターシンギュラリティ）を通して、他者や生物を含む自然と共に、従来の資本制や集権制が課してきたさまざまな制約や規範を打ち破り、あるいは副次化させていきながら、新しい生活スタイル、働き方、コミュニティ、ネットワークが創造されていく。そうして、元の特異性のあり方を相互に克服する。言い換えれば、異質な歴史と歴史が結合し互いの限界を超克する新しい特異な〈共〉を生み出す、間‐歴史的（インターヒストリカル）な過程である。
　第三の点として、こうした創造的交歓では、創造される活動は特定人物の所有物でもなく特異な人びとの「間」から生まれ、変化を続けるプロセスそのものであるがゆえに、自己の領域や所有の境界が、コミュニティや自然といった〈共〉的なものに分散・融合し、それらの変化・発達と自己の行為・変化とが一体化した感覚、自己や他者が分散した共感覚が広がっていくことになるだろう。たとえば、農薬を使い利益を出すことを軸とする商業的な一品種・大量生産型の農業とは異なり、自然環境と人間生活との関係を問いながら自然農法により多種共生的に農作物を作り自給自足生活を行う「パーマカルチャー」に参加した参加者は、20数名の年齢や職業も価値観もバラバラな他の参加者と環境デザインに取り組む中で、特異性が結合することで独力での制限を超えて可能な領域が拡大していくこと、誰と考えるか（どの特異性がどう結合するか）によって同じ場でも違うデザインが生まれること（つまり、〈共〉的アイデアは自分のものでも他人のものでもないこと）を実感する（香川, 2018c）。それは、この人たちとなら、何か新しい可能性が生み出せそうだという集合的拡張感覚、ネットワーク的（関係論的）主体性の発達でもある。
　第四に、互酬交換が人と人との親和関係のための交換を意味し、純粋贈与も人への贈与であるが、これと同じ筋で、創造的交歓も人間同士の交換に限定していては資本制の限界は突破できない。一方、柄谷がマルクスの原点から取り出したように、そもそも若きマルクスは、生産とは、人間と自然との間の「交通」（＝交換）としていた。自然との交通を交換に含めるならば、柄谷がいう「互酬の高次元の回復」には、人と人だけでなく、人と自然との親和関係、あ

るいは、人間もまた自然の一部と見なせば、自然と自然との交換も積極的に含めていくべきだろう。人間中心主義、資本制の枠内での環境保全、禁欲や他律性、偽善性を帯びない形での自然との交換を生み出さねばならない。つまり、「人、あるいは生物が活動すればするほど、自然環境が発達していく交換」こそ、資本制的環境保全の枠を超えうる。これは、パフォーマンス心理学を含め、人間社会の関係を主に扱ってきた従来の関係論では議論が弱かった点だろう。

パーマカルチャーの実践はこの点について示唆を与えてくれる。日本に最初にパーマカルチャーの実践を導入した一人であるNPO法人代表設楽清和氏（60代前半男性）は、微生物の住む健康な土では、健康な食べ物が育ち、人を含めそれを食べる生物も健康になり、土にいる虫も健康になるという。このような土壌の（生物ないし自然関係の）発達には、自然からのメッセージを受け取り、土や植物や生物と対話する中で、自らその都度、答えを出す形で自然と関わっていかねばならない。毎回、「最高の答え」を出そうとするが、「8割は間違っている」という。したがって、自らは答えを「何も知らない」という謙虚さが増大する。そうして、自然や生物は、「自分自身を成長させてくれる機会を与えてくれる」。

すなわち、生物・微生物が生きる土（自然）を身体で感じながらそれと対話・交歓するパーマカルチャーでは、人が活動すればするほど自然が破壊される資本制とは異なり、人が活動するほど、人も自然も活動力が増大していくという志向性、つまり、「人と自然との発達的で創造的な交歓」が学び取れる。自然環境と共発達を起こしていくその過程で「自然への敏感さ」、つまり野性的でかつ人間としての特異な感性や知識もまた発達していく。すなわち、経済的利益による商品交換が副次化し、代わりに土やパーマカルチャーという〈共〉的なオブジェクトや活動の発達が主軸であり、諸生物の特異性と人間の特異性とが発達的に交歓結合する。にもかかわらず、設楽氏が言うように、「果たして自分が（環境を）壊しているか、壊していないかさえも、今、解答はまだ出てない」、つまり、「無知の力」が発達していく。

第五が自由（liber）である。新自由主義で言う自由とは市場原理主義、つまり競争の自由であり、資金獲得の方法の自由であった。これに対し、スピノザは、人間を外から規制する道徳、価値規範、制約（イマギナチオ）への恐れを打破していくこと、他者とともに、よろこびという活動力ないし情動を増大させていくことができる人間を、「自由人(homo liber)」とした（浅野、2006）。柄谷もまた、太古の遊動時代にあった自由への欲動が、アソシエーションを突き

動かすとした。

　さらに、イリイチは、「コンヴィヴィアリティ（共愉）」とは、宴会気分のような楽しさではなくむしろ、「節制ある楽しみ(エウトラペリア)」だとした。節制とは、人よりもむしろ、道具（たとえば、科学技術、工場や教育などの施設やシステム）に適用される。「人間の代わりに働く道具」ではなく、「各人の自由の範囲を拡大するような道具」(p.38)、「それを用いる各人に、おのれの想像力の結果として環境をゆたかなものにする最大の機会を与える道具」(p.59)が、コンヴィヴィアルな道具である。すなわち、「人々は、おのれの活動が創造的である程度に応じて、たんなる娯楽とは正反対のよろこびを感得」(p.58)する。イリイチもまた、他者（人）ではなく、道具（活動）を軸とした点に着目しておきたい。

　以上を踏まえれば、獲得のよろこびへの偏重から、しかし単に贈与へと裏返すのではなく、自己と自然環境・社会環境との関係性が発達していく創造の歓びを軸にすること。「経済交換それ自身の充足のための経済交換」というマスターベーション的な交換から、「社会自然環境の発達を軸とした（生命を生み育む）経済交歓」というインターコースへと転換させていくこと。それは資本制を完全に捨てろとか、非効率な道具の使用や古代の狩猟時代に戻れといった復古論ではない。そうではなく、創造的交歓において、企業、商品、テクノロジーは、財の獲得のために創造されるものではなく、自然環境、社会環境の発達のために創造される道具へと転換され、片や、既存の資本制の維持・拡大に寄与してきた従来の諸組織、諸技術、諸商品は、資本制拡大への従属から自由になり、自然／社会環境（活動）の発達に贈与するアクターへ becoming するよう次々と開放（転換）されていく。

　他方、新自由主義の「自由」はむしろ、資本制という枠や統制を強化し疎外を生んだ。よって、創造的交歓における自由（liber）とは、経済的競争の自由ではなくむしろ、その巨大な流れ・枠（制約）を創造的に開放していく自由(共由)なのである。

　第六に、創造的交歓は、獲得モデルや贈与モデルをまったく排除・禁止するわけではない。創造的交歓であっても、獲得モードと贈与モードが時に入れ替わり主要化する場合もあり、現実には諸モード間の主要－副次の関係は複雑に運動する。獲得モードは、資源所有のように自己の境界に閉じようとする志向性を持ち、贈与モードは獲得よりは他者や外界にオープンになろうとする志向性がある。したがって、獲得モードの力が強く、創造的交歓が十分発達していない場においてはまず、あえて他者への贈与を演じることで境界開放の契機と

なり、創造交歓に発展していく可能性が開かれうる。我々は、こうした主要化－副次化の複雑な運動を検討していく必要がある。

　最後に、創造的交歓は、芸術的な共癒（セラピー）＝感情浄化（カタルシス）の過程（ヴィゴツキー, 2006）を伴う。ヴィゴツキーは、小説や詩、演劇を題材に、芸術作品で表現され読み手に喚起される情動矛盾を論じた。たとえば、ある短編小説において、本来、死が含まれる沈鬱な情景が、「鮮やかな粘土色の盛り土の墓地」といった描写のように、真逆の明るい言葉とメロディのように連ねられる。このような形で、矛盾した言語が配置され、それが散りばめられていくことで、水が酒へ発酵するかのように、物語全体としては、質的転換（情動矛盾が生む感情のスパーク）が発生し、「開放感、やわらかさ、生活の自由と完全な明澄さ」(p.204) が感じられる。そして、レオンチェフが同書の序で述べるように、ヴィゴツキーが目指していたのは、文学や舞台作品を超えて、「社会的－歴史的存在としての人間の生活の中に、芸術の機能をとらえようとすること」(p.7) だった。

　ヴィゴツキーの情動論を、「次の社会構造」との対話の場に置くなら、国家および資本制の交換形態における抑圧感情と、遊動時代の自由への回帰の欲動との間に、情動的矛盾の芸術的な開放や浄化（スパーク）（カタルシス）を視ることができるのではないか。

　次の事例は、このような情動スパークの要素を含め、これまで述べてきた創造的交歓の議論に、現実的なヒントを提供してくれる活動である[2]。

5　相模原市藤野地区のファーマーズマーケット

　藤野周辺地区のファーマーズマーケット「ビオ市」に出店する専業農家の真鍋豪氏は、以前は都内で旅行会社に勤務しその後独立し経営者としてネット販売を行っていたが、まるで客がパソコンとでも話しているかのように自分と接するという、いわば自己（身体）の機械化を感じていた。その中、3.11の震災を契機に、「国の嘘ばかりのしくみとお金の成り立ちが気持ち悪く思え」、都心から相模原市の地方に移住し、有機農家を始めた。

　今の農業では、収入は減ったが、農作業やビオ市等での活動を通してむしろ随分と豊かになった感覚があり、「儲けに興味はない。年収150万あれば十分」という。そして、「誰かに託して売るのは嫌。自分で売りたい。その辺の野菜

と一緒の扱いをされるぐらいなら売らない」と語るように、より多くの利益のために大量生産し価格を競う「一般商品」ではなく、氏ならではの「特異性の表現された野菜」を、客と会話し親和関係を構築しながら売って客を愉しませること（で自分も愉しむこと）を主軸とする。真鍋氏は自分の野菜に対し「（一般）商品」というより「（特異な）作品」という意味づけを行う。

このように、農家らが特異性を軸に共同構成するビオ市は、農家ではない土屋拓人氏らが2015年に企画した活動である。土屋氏も、元の都心での商業主義的ビジネスやリーマンショックを経て、経済優先社会に疑問を持ち移住した。ところが、移住当初、わずか数万円の収入で困窮し心も病んだ。そのような中、知り合った地元の無農薬有機農家から100個の白菜を無償で譲り受け、それを自宅前で無人販売し、地域通貨「萬（よろづ）」の参加者が登録するMLに告知したところ、すぐに売れた。この経験をもとに、他の農家たちと一緒に、現金とともに地域通貨の「萬」も使用可能な野菜の無人販売「土屋商店」を始めて成功すると、このようなスタイル、つまり、農家ではない家庭にて、地元の有機農家の野菜を無人販売し、経済的に裕福とまではいえない有機農家たちの収入を助ける場が、他の家庭でも模倣され広がった。さらに、この活動をもとに、今度は、地元の農家たちが直接集まり有人販売するファーマーズマーケット「ビオ市」の企画に至った。

ビオ市は、真鍋氏の事例からうかがえるように、単に野菜を売買する場というより、出店者と客とはもちろんのこと、地元の客同士の間や藤野地区以外から来る客同士でも会話や交流が活発に行われ、社交場の如く親和関係形成の場としても構成しあっている点が特徴的である。また、場所は、地元の農業法人「藤野倶楽部」が運営するレストラン「百笑の台所」から無償提供され、活動の実現と継続を支える。一方、ビオ市により、（資本制が通常引き起こす、地域から中央（都心）への経済の流れではなく）地域内で、年間5～600万ほど、経済が動くようになり、土屋氏自身もこれらの企画運営に携わり収入の1割を得て生計に当てられる。さらに、氏が体調を崩してビオ市の運営に携われなくなれば、今度は、「氏一人に任せずみんなで分担しよう」という動きが周囲で自発的に起こり、共同運営の形態へと変化した。

このビオ市はさらに、地元スーパー「まつば」の一角にある野菜コーナーに派生する。ここに、ビオ市に参加する複数の農家が野菜を出展するのである。ユニークなのは、このコーナーが、農家以外の近隣住民のボランティアも参加して共同運営される点である。たとえば、ある住民ボランティアが、コーナー

の様子を写真で撮り、FBのメッセンジャーグループに送信して在庫状況を知らせ、農家が野菜を補充する。さらに、客側も、野菜をきれいに並べかえたり、在庫が見えやすいようにしたり、出品者の顔も内情も家族も知るため、古くなった野菜からわざわざ買う。

　以上の事例から、第一に、土屋氏は、それまでの低収入の仕事や無償の地域通貨活動で培った、地域の農家等との親和的、互酬的つながりを土台に、廃棄物と化す可能性があり贈与された白菜を「土屋商店」という新しい場の創造に活用（翻訳）した。これは、農村部でよく見られる、野菜等の食材を近所から無償で譲り受ける贈与交換を超えた交換（交歓）といえる。またこのとき、完全に無償で野菜を配る（贈与する）のでも、単に土屋氏個人の〈私的な〉経済的利益獲得の場を作ったのでもなく、複数の農家たちの収益にもなる〈共〉的な場（農家と非農家との互助活動）を共同で創出したのであり、さらにその手法は他の人たちの間でも波及した。このように、リソースないし ── アクターネットワーク論（上野・ソーヤー・茂呂, 2014 参照）的に言えば ── アクター（余った野菜）の価値や地位を他の諸アクター・リソース（複数の有機農家、さらにビオ市やまつばでは、藤野倶楽部、地域通貨、周辺住民等）を転換させながら動員し、それらを新たな〈共〉的活動（土屋商店、スーパーの一角、ビオ市）の発達・創造に向けて共同で贈与、つまり交歓した。第二に、土屋氏は都心ビジネスにてもともと「人集めのうまさ」に定評があったのだが、その土屋氏の、元は都心の商品交換領域で発揮されていた特異性が、ビオ市をはじめ、地域経済の循環および互酬関係を活性化するための資源へと転換されている。

　第三に、スーパーまつばの事例では、店（〈私〉）の一角（資源）が、周辺住民と農家たちと土屋氏との間の共同販売・運営コーナーへと転換されている。こうした〈共〉への転換とともに、単に客は金を払い、より良い商品（特異性の除去された「野菜」）を買うだけの「一般消費者」ではなく、各農家の個別の事情や顔やストーリーを知り、「購入者」と「販売者」という通常の境界を曖昧にして、客自身も運営管理にすら参加する「特異な生産消費者プロシューマ」というアクターに変化している。野菜自身もまた、「一般商品としての野菜」を超えて、真鍋氏の事例にもあったように、客が各々の農家の生活状況やストーリーを知り感じ取る「特異な野菜シンギュラル・アクター」へと転換されている。「特異な作品としての野菜」というポジションが、まつばやビオ市という活動と相互構成されているといえよう。通常、資本制において、（一般商品としての）野菜というアクターは、誰がどのような過程を経て生産したか、どのような思いや意味をその野菜に込

めているかの特異な物語はブラックボックス化され、価格という尺度のもとで一様化され抹消すらされるが、真鍋氏らの野菜は、特異な客との会話を通して、特異なアクターとして振る舞う。

　第四に、土屋氏が体調を崩すと、今度は、氏が他者と創り続けていた、いわば「贈与のネットワーク（あるいは善意のインフラ）」から返礼が発生した。しかし、この善意のインフラは、それ以上に、活動の発達を引き起こした。つまり、ここでは「ビオ市の共同運営」という仕組みへとバージョンアップされた。要するに、土屋氏らが発達させた贈与のネットワークとは、単に既存の慣習の下での他律的贈与関係ではなく、「創造のネットワーク」と呼ぶのがより適切であり、何らかの障害や問題が生じた際、次なる創造を通して乗り越えようという集合的傾向が駆動する。おそらく単に土屋氏個人の手助けのためだけではなく、ビオ市という活動を継続させ、さらに盛り上げたいという、活動発達への動機が、彼らを駆動したのではあるまいか。そして、いったん発達した「創造のネットワーク（関係性）」は、次から次へと別の創造を駆動し続け、分散的、連鎖的に波及していく。そうした、「何か面白いもの、新しい価値観が一緒に創れそうな地域だ」「自分の特異性を発揮し発達できそうな場だ」という発達可能性感覚をコレクティブに生成し続けていることがまさに藤野周辺地区の特徴であり、いまや賃貸物件に空きがないほど、人びとを惹きつける。

　土屋商店 → ビオ市 → スーパーの販売といった、コンヴィヴィアルで〈共〉的な活動の発達は、単に土屋氏個人から発せられたアイデアではなく、土屋氏と数々の農家、藤野倶楽部等との親和的で創造的な結合と不可分である。また、真鍋氏や土屋氏など各々異なる歴史を歩みながらも、C：利益中心主義あるいはB：国家の抑圧への疑問・抵抗という〈共〉的感情（あるいは欲動）をもとに結合していったこと、さらに、百笑の台所、スーパー、野菜、国家通貨、地域通貨等の諸リソース、諸アクターが、当初の、あるいは資本制での一般的な意味や地位を転換させながら創造的に動員され結合すること、これらを通して起こった。逆に言えば、商品も国家通貨も、それ自体の問題ではなく、関係性を変えることで、C商品交換を前景化させる通常のアクターから、むしろアソシエーションを発達させるアクターへと変化しうる。さまざまな諸リソースやアクターが従来と違う形に転換されながら再結合・再編成され交響することで、Dアソシエーション的な諸活動が創造され波及していく。

　以上は、Cの商品交換およびBの国家から生み出される一般商品化、人格の機械化、利益獲得中心化、集権化、一様化、周辺から中央への財の集中…と

いった、枠への抑圧から発生する自由への欲動が、それらの枠内へ引き戻そうとする商品交換の動きに抵抗して、作品化、特異化、共愉化、分散化、多様化、地域経済の循環化を志向する場やしくみを現実に創造させている様子（この意味で抵抗運動を超える）がうかがえる。この矛盾が、藤野周辺のさまざまな人びとが経験しているような抑圧からの解放感、つまり感情浄化（カタルシス）となる。

　藤野周辺地区では、こうしたパーマカルチャー、ビオ市、その他にも廃材エコヴィレッジ、藤野電力など、多種の共愉的かつ共癒的で、自然・社会発達志向の諸活動が、互いに影響を与えながら自律分散的に創造されている。その過程で、獲得と贈与、あるいは、商品交換と互酬の間から、「情動矛盾の芸術的スパーク」が発生する。ただ、そのスパークは、特定の筆者による、言語的、物質的諸配置を通してではなく、驚くべきことに、分散的、並行的に運動する歴史的諸アクターが、その従来のポジションや意味を転換・変容させつつ見事に交わることによる。言い換えれば、ビオ市や藤野周辺地区という活動（メロディ）自体が、特異な諸アクターにより、アーティスティックに演奏されている（発達し続ける動的）作品といえよう。特異性を創造的に結び合わせて、B国家やC資本制の抑圧を乗り越えていくこと。それは芸術的な過程である。よって、次の社会構成にはアーティストが活躍し始める。都市部の亜周辺であり、アートのまち藤野地区で、創造的交歓が活発に発生しているのは単なる偶然ではない。ネクスト－資本制においては、さまざまなジャンルにアーティストが生まれ、全員がアーティストに becoming していく。つまり、オール・アーティストの時代となるだろう。

　諸アクターの自律分散的共生運動とそれらの重奏を通して発生する、経済と互酬、贈与の制約を超える創造的交歓の発生、そして、自然／社会環境を発達させる世界システムの萌芽（可能性）が、これらの事例から読み取れる。したがって、ここでの議論を、「ある一つのファーマーズマーケットの実践事例にすぎない」として狭く解釈してしまうなら、従来の関係論の水準に追いやりその発達を妨げることになる（香川、2018c 参照）。あるいは逆に、「どこにでもある野菜マーケットだ」などと位置づけては、場の特異性、抑圧から解放への特異な彼らの歴史性、そして同じくそれらのポテンシャルを低めることになりかねない（事実、同じように見える「地域の市場」でも、場ごとに特性や歴史性はかなり異なる）。過剰資本制社会からのエクソダスには、資本制から逸脱しながらも結果的に資本制をますます強化する（デュラン & ベルニュ，2014）「資本制発達領域（Zone of Capitalistic Development：ZCD）」から、「下部構造転換領域

(Zone of Associational Development：ZAD)」へ、つまり資本制、国家、互酬の間の諸矛盾の芸術的スパークが必要となり、その議論が求められる。創造的交歓論の創造とは、贈与交換論の制約からの、パフォーマンス心理学（関係論）がもたらす解放であると同時に、パフォーマンス心理学の制約からの、交換論による解放なのである。

6　関係論の静かな解散へ

　上記で取り上げられなかった活動も含め藤野周辺地域の人たちは、経済優先社会の限界を明確に意識し、別の社会構成を自覚的に試みている点がきわめて特徴的である。これは、「経済的貧困＝弱者」という価値づけや、その下での貧者への贈与的支援、そして、格差是正の議論に見直しを迫る。
　もし、資本制の強化とともに、創造の自由や共愉感情が後退していくなら、高所得者であろうともむしろ、「自由人としての歓び」を失う者（歓びの貧困者）と言わざるを得ない。逆に、経済的貧者ほど、あるいは、国家や経済資本社会による危機状況を経験した者（たとえば、原発事故を体験したたくさんの人びと）ほど、商品交換による抑圧を強烈に強いられた者であり、それゆえ、「自由人としての歓び」を発達させていく潜在力を持つ。事例の人びとは、もはや経済的量的指標という同一尺度の下では、経済的な貧者に分類されるかもしれないが、貧者＝弱者というラベリングは全く的外れだろう。むしろ、ネグリら（2004; 上p.217）が言う、創造性に富む「強力な行為体（エージェント）」であり、次の社会の先端者と呼ぶにふさわしい。こうして、勝者としての資本家という地位や価値観は、実際的に転覆する。次の時代を創るのは、激しく抵抗する革命的主体ではなく、しなやかで創造を愉しむ「歓びの関係体（ネットワーク）」である。その志向性とは、目的化した経済的利益を〈共〉たる自然・社会環境全体の発達の手段として副次化させていき、互いの特異性を創造的に交歓し続けることである。
　私たちがこの活動に加わるには、たとえば、地球を我が子、我が親、我が愛する誰かと見なして、地球との交歓を演じてみてはどうだろう。人は特異性（あなたならでは、あなただからこそ）を必要とされたときに歓びを感じる。地球にあなたは不要だ、毒だといわれるのではなく、あなただからこそ関わりたいと感じられるようなパフォーマンスとはどういったものだろうか。あらゆる

テクノロジー、商品交換の諸資源を、自然や社会環境の発達に飲み込んでいく世界システムを生成することはできないか。それには、あらゆる特異な分野や実践が創造的に再結合していく必要がある。

インターコース（交歓論）的転回を引き起こすクリエイティブ・ソーシャル・ムーブメントの波が到来する。つまり、メディア、アート、ランドスケープデザイン、パーマカルチャー、エコロジー、情報、農業、建築、経済、環境といった諸分野、諸実践と、フィールドの心理学、マルクス哲学は新しい形で芸術的に結合する。その動きは、「関係性から構成される個体主義社会」から、「関係性から生まれる関係論的社会」への移行である。実際いまや、関係論的センスや発想自体は、直接言及がなくとも、多ジャンルの土台として浸透しつつあり、その意味で、関係論はよりいっそう解散（分散）の方向に向かっている。関係論の次のステージ（未来）とは、その静かな解散を意味する。

【注】

[1] 親子関係は〈私〉ではないかとの問いに対しては、第一に、本稿の議論はメタファであること（ここでは、子は他者という位置づけではなく、活動のメタファである）、第二に、そもそも子育てとは今も原始社会に見られるように、親族でもない他人が自分の子の養育にふつうに関わる共同保育が原初であることをあげておく。わが国でも、経済資本の拡大と共に失われていった、自然環境の中での異なる親同士の共同保育を回復する「自主保育」活動は象徴的である。

[2] 本章では、香川（2018c）では取り上げていない、ビオ市発生前後の発達的変化過程に焦点化し、アクターネットワーク論的解釈を行った。

【文献】

浅野俊哉 (2006)『スピノザ：共同性のポリティクス』洛北出版

デュラン, R. & ベルニュ, D. J.／永田千奈（訳）(2014)『海賊と資本主義：国家の周縁から絶えず世界を刷新してきたものたち』阪急コミュニケーションズ

Hardt, M. & Negri, A. (2004) *Multitude: War and democracy in the age of empire*. Penguin Press.〔ネグリ＆ハート／幾島幸子（訳）／水嶋一憲・市田良彦（監修）(2005)『マルチチュード（上）（下）：〈帝国〉時代の戦争と民主主義』NHKブックス〕

Holzman, L. (2009) *Vygotsky at Work and Play*. London & New York: Routledge.〔ホルツマン／茂呂雄二（訳）(2014)『遊ぶヴィゴツキー：生成の心理学へ』新曜社〕

Rifkin, J. (2015) *The Zero Marginal Cost - Society: The internet of things, the collaborative commons, and the eclipse of capitalism*. Griffin.〔リフキン／柴田裕之（訳）(2015)『限界費用ゼロ社会：モノのインターネットと共有型経済の台頭』NHK出版〕

イリイチ, I.／渡辺京二・渡辺梨佐（訳）(2015)『コンヴィヴィアリティのための道具』ちくま学芸文庫

香川秀太 (2015)「越境的な対話と学びとは何か」香川秀太・青山征彦（編著）『越境する対話と学

び：異質な人・組織・コミュニティをつなぐ』新曜社
香川秀太 (2016)「『創造的評価』の重要性：非公式な学生コミュニティがインターンシップを変える」田島充士・中村直人・溝上慎一・森下覚（編著）『学校インターンシップの科学』(pp.143 - 170) ナカニシヤ出版
香川秀太 (2018a)「越境論へ、そして分散ネットワーク型学習論へ：社会的交換の一次モードと二次モード」青山征彦・茂呂雄二（編著）『スタンダード心理学　学習心理学』(pp.81 - 108) サイエンス社
香川秀太 (2018b)「共愉の世界：震災後2.0」『教養と看護』(http://jnapcdc.com/LA/kagawa/)（最終閲覧日：2018.10.15.)
香川秀太（2018c)「『未来の社会構造』とアソシエーション、マルチチュード、活動理論：贈与から創造的交歓へ」『実験社会心理学研究』早期公開　https://www.jstage.jst.go.jp/article/jjesp/advpub/0/advpub_si4 - 5/_article/ - char/ja/#article - overiew - references - wrap（最終閲覧日：2018年12月20日）
柄谷行人 (2006)『世界共和国へ：資本＝ネーション＝国家を超えて』岩波新書
柄谷行人 (2011)「反原発デモが日本を変える」(2011.6.17『週刊読書人』ロングインタビュー）柄谷行人公式ウェブサイト http://www.kojinkaratani.com/jp/essay/post - 64.html（最終閲覧日：2018年12月20日）
柄谷行人 (2014)『帝国の構造：中心・周辺・亜周辺』青土社
柄谷行人 (2015)「柄谷行人インタビュー（後篇）神の国・超自我・非戦について」（聞き手加藤好一）『社会運動』No.419.
岸上伸啓 (2016)「『贈与論』再考：人類社会における贈与、分配、再分配、交換」岸上伸啓（編著）『贈与論再考：人間はなぜ他者に与えるのか』臨川書店
水野和夫 (2014)『資本主義の終焉と歴史の危機』集英社新書
モース, M.／森山工（訳）(2014)『贈与論：他二篇』岩波文庫
荻野昌弘 (2006)「贈与の論理、経済の論理」富永健一（編著）『理論社会学の可能性：客観主義から主観主義まで』(pp.156 - 175) 新曜社
Newman, F. (1994)/ Newman, F. & Goldberg, P. (2010) *Let's Develop!: A guide to continuous personal growth*. Castillo.〔ニューマン＆ゴールドバーグ／茂呂雄二・郡司菜津美・城間祥子・有元典文（訳）(2019)『みんなの発達！：ニューマン博士の成長と発達のガイドブック』新曜社〕
髙木光太郎 (2001)「移動と学習：ヴィゴツキー理論の射程」茂呂雄二（編著）『実践のエスノグラフィ』(pp.96 - 128) 金子書房
上野直樹・ソーヤーりえこ・茂呂雄二 (2014)「社会－技術的アレンジメントの再構築としての人工物のデザイン」『認知科学』21(1), 173 - 185.
ヴィゴツキー, L. S. (2006)『新訳版　芸術心理学』学文社

【付記】本稿は、科研費若手研究B 研究課題15K21355（研究代表香川秀太）、基盤研究C 研究課題18K03013（研究代表香川秀太）の補助で行われた。

6章 放課後コミュニティの形成
── 子ども・若者支援のための新しい「パフォーマンス」

広瀬拓海

1 はじめに

　日本では最近、経済的な格差や貧困の問題が社会的な課題となっている。その中でも、特に注目を集めているのは「子どもの貧困」の問題である。日本の子どもの貧困率は、2016年の「国民生活基礎調査」によると13.9%と、高い水準にあることがわかっている。阿部（2008）によると、日本の子どもの貧困率は1990年代前半から高くなっており、他の先進諸国と比べてもアメリカ、イギリス、カナダ、イタリアなどに次ぐ高い位置にあるという。

　貧困は、単にお金がないことにとどまらず、家庭の経済状況が関わる衣食住や、医療、余暇活動、日常的な養育・学習環境といった生活のさまざまな局面で不利をもたらすといわれている（子どもの貧困白書編集委員会, 2009）。こうした生活環境の不利は、貧困の子どもの発達機会を制限するとされ、たとえば、貧困による低学力や（たとえば、国立教育政策研究所, 2013）、適応感の低さ（たとえば、敷島・山下・赤林, 2012）などの問題が知られている。つまり、子どもの貧困は経済的な問題や、再分配に関わる政策的な問題であると同時に、子どもの発達に関わる問題なのである。

　本章で注目するのは、以上のような子どもの貧困と、それがもたらす発達の問題にまつわる人びとの動きである。具体的には、身近な貧困の子ども・若者をケアするために動き出した地域住民のコミュニティビルド活動を取り上げる。まだそこまで広く知られていない動きかもしれないが、後でも見ていくように、最近の日本では、貧困の子どもたちの上述した不十分な発達環境を補うために勉強や食事、生活面でのサポートを提供する新しい地域コミュニティが生み出されつつある。

　パフォーマンスとは、すでに他の章でも説明されてきたように、今までのあ

り方を超えた新しい活動を創造すること、それができる環境を共同で作り出すことである。子どもの貧困という急速に現れて来た社会的課題に対して、それらを良い方向に導いていくために地域住民が協力して新しいコミュニティを生み出そうとする努力は、たとえそれがいかに素朴なものであったとしても、パフォーマンスだといえるだろう。本章では、貧困の子ども・若者支援のコミュニティビルド活動（＝パフォーマンス）の事例について、それが現在の日本においてどのように生まれつつあるのかを検討していく。これにより、私たちが社会を変えていくための力であるパフォーマンスが、実際の社会的な文脈の中でどのように準備されていくのかについての知見を深めることが期待できるように思われる。

2 交換様式からとらえるコミュニティビルド

　ところで、本章では以上の検討のために一つの補助線を導入する。それは、「交換」の観点である。柄谷（2010）によれば、交換には「贈与」、「収奪と再分配」、「商品交換」、そして「アソシエーション」の4つの様式がある。
　「贈与」は、共同体の中でのお返しの互酬性のことである。これは、歴史的には農村共同体において支配的なものであったが、現代においても家族の愛や、民族（ネーション）としての感覚の中に存在している。次に、「収奪と再分配」は、共同体の接触によって生じる暴力的な強奪のことである。この交換は、歴史的には封建国家と農村共同体の間に存在していたが、現代でも国家機構による徴税と再分配という形で存在する。また、「商品交換」はあらゆる商品の価値を独占的に表す貨幣という媒介を通してモノやサービスがやりとりされる交換様式であり、私たちの慣れ親しんだ資本制市場経済に特徴的なものである。最後に、「アソシエーション」は、相互扶助的であるが、贈与の共同体のように閉鎖的ではない交換様式（と、それに支えられる社会構成体）であり、資本主義的市場経済の後に実現されていくものだとされる。
　柄谷（2010）は、以上の交換の観点から現代社会を分析し、それが「贈与」、「収奪と再分配」、「商品交換」の3つの交換様式とそれに支えられる社会構成体の三位一体として、つまり「資本＝ネーション＝国家」として成立していることを示した。そして、そのような体制に対抗していくためには、新しい交換様

式であり、社会構成体である「アソシエーション」を組織していくことが必要なのだと指摘している。このように、柄谷 (2010) において交換の観点は、あくまで世界史レベルでの社会分析のために用いられていた。

その一方で、上野・ソーヤー・茂呂 (2014) は、この観点をより具体的な私たちの活動におけるつながりを見ていくためのリソースとして用いることを提案している。上野らは、文楽をテーマとした小学校と地域コミュニティの共同授業の事例の分析に、交換の観点を導入している。文楽の共同授業には、学校、地域コミュニティ、芸術団体というステークホルダーが関わっていたのであるが、それらの間のつながりを交換という観点から見ることによって、この授業が単に経済的関係（「商品交換」）だけでなく、文楽の街という「想像の共同体」における「贈与」を含むハイブリッドな交換をもとにしてこそ成り立っていたことが見えてくるのである。

パフォーマンスとは、今までのあり方を超えた新しい活動とコミュニティを創造（ビルド）するプロセスである。そして、コミュニティビルドとは、それまでつながりのなかった人やモノとの間に新しいつながりを結ぶことや、既存のつながり方を転換することを含んでいる。そのため、コミュニティビルドの分析に交換の観点を導入することは、そのプロセスを豊かに描き出す上で有益なものだと考えられる。本章では、すでに述べた貧困の子ども・若者支援の放課後コミュニティが生まれつつある様子を、特に交換の観点から見ていくこととする。

3　子ども・若者支援の新しい放課後コミュニティ

3-1　調査フィールドと調査対象について

著者らは、子どもの貧困の実態について明らかにするために、2013年から現在 (2018年8月) まで東京都足立区においてフィールド調査を続けている。足立区は、2006年1月3日の朝日新聞の記事によると、就学援助（経済的理由によって就学困難と認められる児童や生徒の保護者に対して、学用品代や給食費等を援助する制度）の受給率が全国の市区町村の中でも突出して高い地域であり、2004年度の全国平均が12.8％のところ足立区は42.5％であったという（朝日新

聞, 2006)。また、この値は現在でも34.2％と全国平均のおよそ2.3倍となっており、2015年からは「未来へつなぐあだちプロジェクト」という貧困対策の取り組みも始まっている（足立区, 2017）。

　著者は、以上のように貧困問題への注目と、それに対する取り組みが生まれつつある足立区において、小中学校や地域の人びとを対象とした調査を行ってきた。そして、この調査を進める中でわかってきたことが、困難な背景を持つ子どもたちの多くが、地域住民の手による放課後コミュニティを居場所として利用しているということであった。この放課後の居場所こそが、本章で注目する貧困の子ども・若者支援のコミュニティビルド活動である。

　この発見を受けて以来、著者はこれまでに足立区内の2つの活動に定期的に訪問してきた。[1] ひとつは、「ともだち勉強会」であり、これは足立区在住の新聞記者の女性（タナカ氏）が自宅の一部を開放して、近隣の小中学生を対象に放課後を過ごす場所および、勉強の支援、食事の提供を行う活動である。そして、もうひとつは「こどもファミリー」である。ここでは、10年以上にわたって足立区で子ども支援に携わってきた女性（ヤマダ氏）が、足立区の施設を借りて毎月2回、休日の遊び場と食事の提供を行っている。2つの活動の詳細について、表1にまとめた。

表6-1　2つのコミュニティビルド活動の詳細（調査時点）

	ともだち勉強会	こどもファミリー
活動場所	タナカ氏の自宅の2部屋。	地域の公共施設の4部屋。
活動スケジュール	週に1回、平日の放課後16時頃から21時頃まで。	毎月第3、4日曜日の午前10時（施設の予約状況によっては正午）から午後5時まで。
主な活動内容	参加者は、雑談や遊び、勉強など好きなことをして過ごすことができる。活動の途中には、食事の時間が設けられており、主催者が準備した夕飯が無料で提供される。	参加者は、施設のパソコンの使用や、ボランティアが持参したお菓子を食べることができ、雑談や遊び、勉強など好きなことをして過ごすことができる。お昼には、ボランティアが準備した昼食が提供される。また、隔月で1回、調理体験のイベントが実施される。
主な参加者	周辺地域の中学校に通う中学3年生8名。	周辺地域に住む小学生6名、中学生3名、高校生3名が常連としてほとんど毎回参加。時々参加する子ども達や、偶然近くを通りかかって参加する子ども達もおり、毎回の参加人数は20名前後。
運営に関わる主な人びと	タナカ氏および、タナカ氏の夫、社会人ボランティアの男性1名。	ヤマダ氏に加え、地域の主婦6名、もともとは活動の参加者であった若者3名が、ボランティアとして協力。

3-2　コミュニティビルド活動はどのように成立したか

　早速、以上のようなコミュニティビルド活動が、日本においてどのように生まれつつあるのかを見ていく。2つの活動は、実は表1で見た形で行われる以前から活動を続けていた。ただし、2つの活動はどちらも、代表者によるともともとは貧困支援を目的とした居場所づくりではなかったのだという。「ともだち勉強会」は、学童保育の対象を外れる子どもたちの居場所づくりのために、「こどもファミリー」は、ジュニアリーダー[2]の活躍場所を作るために設立された活動であった。

　しかし、どちらの活動においても活動を継続するあいだに、生活に困難を抱えた子どもたちの参加が多くなっていった。日本ではひとり親家庭の貧困率が特に高いことが知られているが（母子家庭で66％、父子家庭で19％：阿部, 2008）、たとえば、ともだち勉強会に定期的に参加する子どもは、タナカ氏によると、7割以上が経済的な困難を抱えた母子家庭の子どもであった。このような困難を抱えた子どもたちとの出会いを経て、次第に2つの活動では、食事の提供や、勉強のサポートという困難を抱えた子どものための支援が行われるようになったのだという。この話からは、貧困の子ども・若者を支援する新しい放課後コミュニティが、困難を抱えた子どもたちとの出会いによって、もともとあった活動の内容を次第に変化させるプロセスを経ることで作られてきたことが読み取れるだろう。

　それでは、この活動において子どもたちとコミュニティビルダーの大人はどのようにつながっていたのか。2つの活動は、どちらも参加費は無料である。そのため、交換様式の観点からすると、そこに「商品交換」を読み取ることはできないだろう。また、2つの活動は自治体によって提供される活動ではないので、それは「再分配」でもないと考えられる（ただし、こどもファミリーの活動が地域の公共施設を会場にして実施されていたように、それらの活動が成立する上では、「再分配」に基づくつながりも必要なものとなっていた。同様のことは、「商品交換」についてもいえるかもしれない）。子どもたちとコミュニティビルダーの大人のつながり。それは「贈与」、つまりお返しの互酬性に基づくものとして理解することができるだろう。

　「こども"ファミリー"」という名称や、著者がインタビューを行った際のタナカ氏による活動への参加者の呼び方（「"うち"の子どもたち」）から読み取れ

るように、2つの活動はコミュニティビルダーの大人にとって、「家族（ファミリー）」に似た（あるいは、それをイメージした）活動＝コミュニティとして意識されていた。この家族というイメージをもとに、大人たちは子どもに食事や勉強のサポートを提供する。そのため、子どもたちにもそれらのサポートをただ受け取るだけでなく、その「お返し」に食事の準備や、活動で企画するイベントのお手伝いを行うことなどが求められるのである。実際、著者が活動に参与する中でも、子どもたちが食事を準備する際にご飯をよそう姿や、ホットプレートを使った簡単な調理をする姿、あるいはイベントで受付けをする姿などが自然なものとして見られた。以上のことを踏まえれば、コミュニティビルド活動において、子どもと大人は、一つの「家族」的なものとして、「贈与」つまりお返しの互酬性に基づくつながりを形成していたということができるだろう。

4　子どもたちとの出会いとその背景

4-1　きっかけとしてのドリフティング

ところで、すでに述べたコミュニティビルドのきっかけ、すなわちコミュニティービルダーの大人と困難を抱えた子どもたちとの「出会い」はどのように生じたものなのだろうか？　新しいパフォーマンスが、「実際の社会的な文脈の中でどのように準備されていくのか」というこの章の最初に立てた問いを思い出すならば、コミュニティビルド活動（＝新しいパフォーマンス）が生まれるきっかけであった、この「出会い」について検討することは重要なことのように思える。

著者が調査において出会った多くの困難を抱えた子どもたちに共通して見られた最大の特徴は、学校が終わった後の放課後や休日にすることがないと語り、その時間を持て余していたことであった（このことは、彼らの言葉では「暇だ」と表現された）。そして、彼らの多くはこの「暇」な時間をなんとか過ごすことができる場所を探し求めて、身近な生活圏の中を漂う、いわば「ドリフティング（漂流）」する動きをしていたのである。この動きの中で、子どもたちは、たとえば児童館や、ゲームセンター、近所の公園で遊んでいた（場合によって

は、外出せずに主に家で過ごす子どももいた)。子どもたちが、タナカ氏やヤマダ氏のようなコミュニティビルダーの大人と出会うことになったのは、まさにこの「ドリフティング」を通してなのであった。

4-2 ドリフティングの背景

　ここで、子どもたちがドリフティングをしていた（あるいは、しなければならなかった）背景を考えてみたい。第一に、ドリフティングの背景には、子どもたちの家庭での保護者とのつながりが大きく関係しているようであった。つまり、困難を抱えた子どもたちの多くが、保護者と放課後や休日に十分な関わりを持てておらず、また彼らは塾やその他の放課後活動に参加する機会もなかったようなのである。

　このような指摘をすると、そこに子どもの教育に価値をおかない貧困層の文化といった類のものを想定したくなるかもしれない。確かにそのような文化の存在も完全には否定できないが、困難を抱えた子どもやその家族を間近で見てきたタナカ氏やヤマダ氏の話を踏まえれば、多くの場合保護者は子どものケアにまったく関心がないわけではないようである。それよりも、保護者は単純に、そうした取り組みをするだけの時間的な余裕を失ってしまっているようなのであった。タナカ氏は特に、「ともだち勉強会」の参加者の多くを占めていた母子家庭の母親（すでに述べたように、日本では母子家庭の貧困率が突出して高いとされる）の多くが、自分で働いて生活費を得ているものの、その雇用形態は時間給のパートタイマーである場合がほとんどだということを教えてくれた。パートタイマーとして働く人びとは、仕事を休んだり、働く時間を減らしたりしてしまえば、当然その時間の給与を得ることができない。そのため、彼女らは生活を維持するだけの給与を得るために、多くの時間を仕事に費やさざるを得ないのだという。

　たとえば、「ともだち勉強会」に通っていたある母子家庭の母親は、タナカ氏から見ても子どものことを常に気にしている人物であった。しかし、彼女は子どもが放課後の時間を自分で過ごさなければならないことについては、「さびしくたって、しかたがない。がまんしてもらわないと」と語り、生活のために遅くまで働いていたのだという。このような不安定な就労形態を背景とする母親の多忙さが母親の子どもへのケアを難しくしており、それによって子どもたちが、放課後や休日をドリフティングして過ごさなければならない状況が作

られていたと想定できるだろう。

　また、子どもたちのドリフティングの背景として、もう一つ考えられることがある。それは、子どもたちと学校とのつながりに関することである。困難を抱えた子どもたちの「ドリフティング」においては、学校という公的な教育機関に頼る様子がほとんど見られなかったのである。中学校や高校では、放課後や休日に、部活動という形で子どもたちが参加可能な活動が提供されている。しかし、著者らが出会った子どもたちの多くは、学校の授業には出席していたものの、参加が強制されていない部活動からは離脱してしまっている場合が多く見られた。つまり、彼らのドリフティングは、学校における放課後活動への不参加を背景としていたのである。

　彼らの多くは、学校を嫌っている様子であり、その背景には教師への拒否感が見られた。たとえば、ともだち勉強会に参加するある中学三年生の男子は、教師のことを「うまく言葉にできないけどウザい」、あるいは「自分たちのいいところを見てくれない」存在として語っていた。

　とはいえ、本当に教師は貧困などの問題にまったく理解を示さず、何のケアもしない存在なのだろうか？　先行研究では、そのような仮定とは、まったく異なる教師の姿が描かれてきた。たとえば、盛満（2011）は、日本の学校には親の経済力や家庭の状況によって良くも悪くも子どもたちを特別扱いしない文化があるものの、そういった中でも、貧困家庭の子どもたちに対して教師個人が学校の方針を超えてさまざまな援助をしてきたことを述べている。たとえば、クラブの遠征費の立て替えや、昼食代の援助、破けた衣服の修繕の申し出など、通常の業務の範囲をはるかに超えたケアが教師個人の善意によって行われてきたという。[3]

　盛満（2011）の記述からは、ともだち勉強会の参加者が語ったこととは正反対に、自分の職務の範囲を超えてまで貧困の子どもたちのために奔走する教師の姿が見えてくる。また、ここからは学校が公的な「再分配」の場であるだけでなく、子どもたちが自分にケアを与えてくれる家族以外の他者と出会うことができる「贈与」の場（本章では、これを「中間コミュニティ」と呼ぶこととする）としても機能してきたことが読み取れるだろう。しかし、著者らの調査の中では、学校の以上のような機能を観察することがあまりできなかった。中間コミュニティとしての学校がうまく機能していなかったことが、子どもたちのドリフティングのもうひとつの背景として存在していたといえるだろう。

4-3 新自由主義という歴史的文脈

　母親の不安定な就労、そして中間コミュニティとしての学校がうまく機能していなかったこと。ドリフティングの背景としてあげられたこの2つは、どちらも一つの歴史的な文脈の帰結として理解できるように思われる。その文脈とは、「新自由主義」のことである。

　新自由主義とは、一般的には私的所有や、自由市場、自由貿易を特徴とする制度的枠組みを準備し、その中での個人の企業活動の自由と能力の無制約の発揮を保証することが、人類の富と福利を最大化すると主張する政治経済実践の理論だとされている。ただし、以上のような説明は、その実態と大きく乖離していることもたびたび指摘される。たとえば、ハーヴェイ（Harvey, 2005/2007）は、現実の新自由主義が、経済発展や人びとの幸福をもたらさなかったばかりでなく、それが常に経済成長が行き詰まったことで富と権力の確保が困難になった経済エリートの復興のみに貢献してきたことを指摘している。

　新自由主義は、資本主義が停滞しつつあった1970年代以降の世界各国で、[4]
社会福祉の多くの領域からの国家の撤退や、規制緩和、民営化といった政策によって進められてきたが、その政策がもたらしたのは人類全体の幸福ではなく、富と収入の不平等な再分配とそれらの大企業や富裕層への集中であったという（Harvey, 2005/2007）。実際、日本においてもこの時期に格差が拡大したことを示すデータが見られ、たとえば日本の実質中位所得は、1992年をピークとしてほぼ一貫して下がり続けており、2013年には1985年と比べておよそ10パーセントも低い水準になっている（太田, 2016）。

　以上のことを踏まえるならば、そもそも本章で注目した「子どもの貧困」という現象自体が、急速な新自由主義化によって格差が拡大したことと切っても切れない関係にあると考えられるだろう。そして、ドリフティングの2つの背景についても、この文脈から考察できるように思われる。

　まず、困難を抱えた子どもたちの保護者が不安定な就労状況に置かれていたことは、新自由主義化によってもたらされる雇用の非正規化の影響として理解できるだろう。日本では、1990年代以降に新自由主義化が進められていく中で、規制緩和政策の一環として、さまざまな業種における派遣労働、つまり雇用の非正規化が認められるようになったのだが、こうした変化は正規雇用の労働者を減らし、企業にとって使い勝手の良い低い収入と社会保障などに乏しい

不安定な立場の労働者を多く生み出してきたとされる[5]。

　また、中間コミュニティとしての学校がうまく機能していなかったことについては、新自由主義による教育の経済的解釈が関係しているかもしれない。フーコー（Foucault, 2004/2008）は、アメリカ新自由主義の特徴として、これまで経済的ならざるものと見なされていた領域が、厳密に経済的な観点からまるごと再解釈されるようになることをあげている。鈴木（2016）は、この議論を参照しながら、新自由主義化した社会においては教育という営みまでもが、「投資」に対していかなる見返りが得られたのかを常に経済的な指標、つまり数値で示すことが求められるようになることを指摘している。

　すでに述べたように、足立区では2015年より「未来へつなぐあだちプロジェクト」が始まっており、ここでは子どもの貧困に関する24の指標を設定してその数値変化を確認することで、施策の実施状況や効果を検証することが決められている（足立区, 2017）。足立区は、貧困対策を先進的に進めている自治体である。しかし、以上の試みの中には教育の経済的な解釈が顔をのぞかせてしまってはいないだろうか？　著者らの調査の中で、中間コミュニティとしての学校の機能が観察できなかったのは、ひょっとすると以上のような試みを通して、貧困の子どもへのケアが従来の中間コミュニティにおけるものから、求められている指標の改善へと移行しつつあることが関係しているのかもしれない。

5　応答としてのパフォーマンス

　本章では、貧困の子どもを支援するコミュニティビルド活動が、困難を抱えた子どもたちとの出会いをきっかけに、「贈与」のつながりに基づく家族的なものとして形成されていたことを述べた。また、子どもたちとコミュニティビルダーの大人との出会いが「ドリフティング」を通してもたらされていたことも示した。そして、ドリフティングの背景にあった母親の不安定な就労および、中間コミュニティとしての学校がうまく機能できないことが、新自由主義化という歴史的な文脈から理解できる可能性を指摘した。

　最後に、本章の結論として、新しいパフォーマンスが「実際の社会的な文脈の中でどのように準備されていくのか」という本章の最初に設定した問いにつ

いて改めて考えて行きたい。

　子どもの貧困や、あるいはドリフティングの背景にあると考えられた新自由主義は、経済的ならざるものと見なされていたさまざまな領域を、経済的な観点からまるごと再解釈するものであった（Foucault, 2004/2008）。これは、柄谷（2010）の交換様式の観点から言えば、あらゆる場面において「商品交換」が全面化することを意味しているといえるだろう。母子家庭の母親の多忙さの背景にあった雇用の非正規化の進行は、これまで「贈与」の空間としても機能してきた日本型の企業（たとえば、村上・公文・佐藤, 1979）を、純粋に「商品交換」的なものへと変質させたと考えられる。このような変化に伴って母親が多忙化したことで、家庭という困難を抱えた子どもたちにとっての「贈与」の空間が失われつつあることはすでに述べたとおりである。さらに、教育の経済的な観点からの再解釈は、中間コミュニティという学校における「贈与」の機能を消し去っていくと考えられるだろう。

　以上の整理を踏まえるならば、新自由主義化が進行する中で貧困の子どもたちの周りからは「家庭」、そして「中間コミュニティ」としての学校という2つの「贈与」に基づく共同体が衰退しつつあったことがわかる。子どもたちは、そのような中でドリフティングを行い、コミュニティビルダーの大人と出会ったことから、家族をイメージした「贈与」に基づく新しいコミュニティを創造していたのである。

　コミュニティビルド活動という新しいパフォーマンスは、どのような社会的な文脈の中で準備されたのか？　それは、「商品交換」を突き詰めた結果として発生した問題や、ひずみへと応答する形においてであったといえるだろう。新自由主義化の中で、「商品交換」が極地まで行くことによって、「贈与」に基づく共同体が貧困の子どもたちの周りから衰退していく。これは大きな問題であるが、それは同時に子どもたちのドリフティングという新しい動きを生む。そしてこの動きが、それまで学校外で子どもたちのために独自の活動を展開していた大人と、困難を抱えた子どもたちというまったく異なる文脈にいた人間を出会わせて、失われてしまった「贈与」に基づく共同体の再生というパフォーマンスを要請したと考えられる。新しいパフォーマンスは、「商品交換」が全面化する中で一度は失われてしまった「贈与」を新しい形で回復させたのである。

　以上のことから、私たちが現実に行うパフォーマンスは、何かそれ自体として突然に現れてくるものというよりも、歴史的な交換様式の変化の中から生じ

た問題への応答として現れるものであるといえるかもしれない。もちろん、本章で取り上げたコミュニティビルド活動が、子どもの貧困に立ち向かう唯一のパフォーマンスではないし、また今のところはそれが決定的な貧困問題への解決をもたらしているわけでもない。しかし、本章で行った検討からは、私たちが実際に行っているパフォーマンスが、コミュニティそれ自体の歴史を持つということだけでなく、新自由主義のようなより広い社会編成の中での歴史を反映していることを示すことができたように思える。ローカルなコミュニティビルディングや、ソーシャルセラピーの実践を行い、またそれらを研究することはもちろん重要である。しかし、どれほど小さな活動であったとしても、それらはより広い社会編成の諸条件とは切り離せない関係にあるのであり、そこで求められるパフォーマンスもその条件と結びついている。パフォーマンスは、そうした歴史的諸条件に応答するときにこそ、真の価値を持つといえるだろう。

【注】
[1] 2つのコミュニティビルド活動および、コミュニティビルダーの名称は、仮名である。ただし、「こどもファミリー」については、後の議論に関係するため、「ファミリー」の部分のみ、実際の名称のままにしてある。
[2] ヤマダ氏によると、足立区には「ジュニアリーダー養成講座」というプログラムがあり、小学校4年生から6年生を対象に、リーダー育成を目指した研修会（アイスブレイクのゲームを教えるなど）が行われているという。
[3] ただし、盛満（2011）の狙いは、このような援助が他の生徒との差異を見えなくするものであり、むしろ日本の学校において貧困が表面化することを妨げてきたと批判することにあった。
[4] 日本では1990年代以降、特に2000年代初頭の小泉内閣において本格化したといわれている（渡辺, 2007）。
[5] ただし、母親の不安定な就労の背景には、新自由主義化に加えて日本における女性の社会進出の遅れという別な問題も複合的に関係していると考えられる。

【文献】
阿部彩 (2008)『子どもの貧困：日本の不公平を考える』岩波書店
足立区 (2017)「未来へつなぐあだちプロジェクト」Retrieved from https://www.city.adachi.tokyo.jp/sesaku/miraihetunaguadachipurojekuto.html (2017.9.27)
朝日新聞 (2006)「就学援助4年で4割増」『朝日新聞』1月3日, p1.
Foucault, M., Davidson, A., & Burchell, G. (2008) *The Birth of Biopolitics: Lectures at the Collège de France, 1978 - 1979*. London: Palgrave Macmillan.〔フーコー／慎改康之（訳）(2008)『ミシェル・フーコー講義集成〈8〉生政治の誕生（コレージュ・ド・フランス講義1978 - 79)』筑摩書房〕
Harvey, D. (2005) *A Brief History of Neoliberalism*. Oxford: Oxford University Press.〔ハーヴェイ／渡辺治（監訳）(2007)『新自由主義：その歴史的展開と現在』作品社〕
柄谷行人 (2010)『トランスクリティーク：カントとマルクス』岩波書店

子どもの貧困白書編集委員会（編著)(2009)『子どもの貧困白書』明石書店
盛満弥生 (2011)「学校における貧困の表れとその不可視化：生活保護世帯出身生徒の学校生活を事例に」『教育社会学研究』88, 273 - 294.
国立教育政策研究所（編著）(2013)『生きるための知識と技能5：OECD 生徒の学習到達度調査（PISA）2012年調査国際結果報告書』明石書店
村上泰亮・公文俊平・佐藤誠三郎 (1979)『文明としてのイエ社会』中央公論新社
太田智之 (2016)「衰退を続ける日本の中間層：中間層衰退が示す構造改革の『担い手』不足」Retrieved from https://www.mizuho-ri.co.jp/publication/research/pdf/research/r160401point.pdf (2017.11.9)
敷島千鶴・山下絢・赤林英夫 (2012)「子どもの社会性・適応感と家庭背景：『日本子どもパネル調査2011』から」樋口美雄・宮内環・C. R. McKenzie・慶應義塾大学パネルデータ設計・解析センター（編）『親子関係と家計行動のダイナミズム：財政危機下の教育・健康・就業』(pp. 49 - 79) 慶應義塾大学出版会
鈴木大裕 (2016)『崩壊するアメリカの公教育：日本への警告』岩波書店
渡辺治 (2007)「日本の新自由主義：ハーヴェイ『新自由主義』に寄せて」Havey, D.／渡辺治（監訳）(2007)『新自由主義：その歴史的展開と現在』(pp.290 - 329) 作品社

7章 パフォーマンスとしての社会的企業と交換
――『空と大地と』の事業の開始と展開

北本遼太

1 はじめに

　新たな働き方を見つけたり、今までとは違った形で働くことは、人間の生涯にわたる発達と学習において重要なイベントである。本章では、さまざまな働き方の中から、特に社会的企業と呼ばれる、社会的課題の新たな解決策の模索を目指しながら自分たちで自分たちの働く場を作る実践に注目する。その上で「今までのあり方を超えた新しい活動の創造とそれを可能とする発達環境を共同で作り上げる実践」であるパフォーマンスについて、人びとの間で行われるさまざまなモノのやりとりである交換とその交換の持つ「力」という観点から議論していく。

　本章では、社会的企業の具体的な事例として、障害者支援事業を行う『特定非営利活動法人　静岡福祉総合支援の会　空と大地と』[1](以下『空と大地と』)の事業の開始と展開を取り上げる。『空と大地と』のホームページによれば、「障害を持つ方や、お年寄り、子どもたちが地域社会の中で幸せに暮らしていけるように一つひとつ真剣に考え一人ひとりを丁寧に支援」することを活動の基本理念としている（空と大地と, 2017）。この基本理念のもと、地域の住民や他の支援施設といったさまざまな人や団体との交流の中で障害を抱えた利用者への支援に取り組んでいる団体である。そして、これらの取り組みの中で、利用者への支援に関する制度・法律・慣例といった既存の枠組みを乗り越える新たな障害者支援を行おうとしている。この事例を交換の「力」という観点から見ることを通して、パフォーマンスとしての社会的企業のあり方について議論していくことを本章の目的としたい。

　なお、本章で用いる交換の「力」とは、具体的なネットワークを形成する中で発揮される、人びとの振る舞いをさまざまな形で方向づける動きのことであ

り、ネットワークを形成することとは切り離すことのできないものである。社会人基礎力（経済産業省、2006）やコミュニケーション力のような形で一般的に流布している、具体的なネットワークと切り離した形で個人に内蔵される静的な能力では断じてないということは強調しておきたい。

2　パフォーマンスとしての社会的企業という働き方

　社会的企業について中川（2005）は、財およびサービスの生産と供給を継続的に遂行する事業体でありながら、その事業と経営は利潤の最大化ではなく「人びとの労働と生活の質」と「コミュニティの質」の双方を向上させるという目的によって行われるものとして位置づけた。また、谷本（2006）は、社会的企業の特徴について以下の3点をあげている。① 現在解決が求められる社会的課題に取り組むことを事業活動のミッションとすること。② 社会的課題を解決するというミッションをビジネスの形に表し継続的に事業活動を進めていくこと。③ 新しい社会的商品・サービスや、それを提供するためのしくみを開発し活用すること、またその活動が社会に広がることを通して新しい社会的価値を創出すること。以上の中川や谷本の議論を踏まえると、社会的企業とは、サービスや商品の提供という経済活動を継続的に行いつつも利潤の最大化を目的とせず、社会的課題の解決に向けて新たな解決策の提案や新たな社会的価値の創出を行い、人びとの生活をより良いものにすることを目指した働き方であるといえる。

　では、パフォーマンスとしての社会的企業について議論していくためには、どのような点に注目する必要があるのだろうか？　ニューマン（Newman, 1994/Newman & Goldberg, 2010）は、「与えること（＝ギブ）」と「得ること（＝ゲット）」の関係性という観点から、発達や新たな生のあり方、つまりはパフォーマンス、について議論している。その議論において、より少ないギブでより多くのものをゲットすることが目標として設定される「ゲットゲーム」に則りながら生活の多くの部分を営んでいることが、私たちの発達やより良い生の探求を妨げていることを指摘する。その上で、「ゲットゲーム」に対して、ギブを指針にするような活動やそうした活動のための環境づくりに発達の可能性があることを説く。このようなニューマンの議論を参考にすると、新しい

社会的商品・サービスや、それを提供するためのしくみを開発し活用すること（谷本, 2006）のような「新たな形で行われるギブやそれを可能にする環境づくり」に特に注目することが、パフォーマンスとして社会的企業をとらえるにあたって必要である。

3 交換の持つ「力」

前節では、ニューマンの言葉を借りながら、パフォーマンスとしての社会的企業をとらえるにあたっての方向性としてギブとゲットを、素朴ではあるが、述べた。本節では、この方向性について柄谷（2001, 2010）の交換形態論を紹介しながら議論をさらに深めていく。

柄谷（2001, 2010）は、現在主流な社会編成である資本制の中で行われる貨幣と物やサービスのやりとりである「商品交換」だけでなく、共同体内で行われる感情を含めたさまざまなモノのやりとりである「互酬的交換」、国家による国民からの租税の徴収という収奪と国民への富の再配分である「収奪と再配分」、前述の3つの交換のように実在するものではないが、我々が今後目指すべき理念として位置づく「未来の交換形態X」という4つの「交換形態」に着目した独自の世界史の解釈を行った。柄谷によれば、さまざまな歴史的変遷を通して現在の社会編成の中で「商品交換」が支配的に位置づいてはいるが他の2つも現存しており、3つの交換形態が相互に補完しあう「三位一体」として現代社会は形成されている。そして、この「三位一体」を超える形で「未来の交換形態X」が現れる。

この柄谷の交換論で、特に注目すべきなのは、それぞれの交換形態から生じる「力」が人間の振る舞い方を方向づけることを指摘している点である。まず、互酬的交換においては、共同体における掟としての「互酬性の力」が存在する。共同体の一員として掟に従うと、無償で善意に満ちたもののように見える贈与に対しても贈与された側には返礼しなければならないという強制力が生じるということである。続いて、収奪と再配分においては、法律に基づいた暴力とそれに対する自発的な同意である「国家の力」が存在する。つまり、異なる共同体が支配−被支配の関係を結び国家が成立するためには、相手を従わせ収奪するための暴力が必要であると同時に、支配側が恒常的に収奪するための被支配

側の自発的な同意が必要である。この暴力と自発的な同意は、封建制という社会編成体において支配的であったが、資本制が広まった近代国家では、法律の下で行われる納税と再配分として形を変えて行われている。そして、商品交換は、共同体や国家のような強制力や暴力とは異なる自由な合意に基づいた交換である。しかしながら、貨幣がいつ・どのような商品とでも交換可能であるのに対して、商品は必ずしも貨幣と交換可能ではないという不均衡によって貨幣を持つものが圧倒的に有利に立つという「貨幣の力」が存在する。この「貨幣の力」により、報酬を支払うことで他者に労働を行わせるといったように、強制することなく同意に基づく交換によって他者を使役することができる。最後に、未来の交換形態Xに対応する「力」については、人間の願望や自由意思を超越し人びとに働きかけるような普遍宗教における「神の力」として出現している。ユダヤ教の成立と関係しながら出現した「神の力」は、国家の出現や貨幣が流通する市場経済の台頭といった歴史的変遷の中で抑圧されているが、このような「神の力」を3つの交換形態を超えて回帰することによって未来の交換形態Xは実現されるという。以上の議論を踏まえると交換から生じるさまざまな「力」によって我々の振る舞いは時に駆動され、時に制限されるということが考えられる。

　以上の交換形態論をもとに、上野・ソーヤー・茂呂（2014）は、小学校における文楽を題材とした授業をめぐり形成されたネットワークと、そこで生じた学習について検討した。上野他は、小学校・プロの文楽演者・NPO・近隣住民の間で物質的リソース・知識・技能を贈与し、その返礼として、地元の一体感や所属感を受け取るという互酬的交換と、通常の商品やサービス提供による商品交換という2種類の異質な交換が混ざりあいながら、文楽の授業をめぐるアレンジメントが形成されることを示した。また、そうしたアレンジメントの中で、子どもたちに「早く文楽を学びたい」という思いが生まれるなど、文楽の学習に関するエージェンシーが生じていた[2]。この事例は、文楽の学習に関わる子どもたちの思いを引き出すような「力」がハイブリッドな交換の中で生じた事例であると考えられる。

　以上の柄谷の交換形態論やそれを受けた上野他の議論を考慮すると、社会的企業も経済活動として商品交換を行いながらも、さまざまな交換やその交換と関係する「力」に基づきながら開始し、展開する営みであると考えられる。そのため具体的な事例を記述しながら、パフォーマンスとしての社会的企業をめぐりどのような交換が行われているか検討する必要があるだろう。

4 『空と大地と』の開始と展開

　それでは、具体的な事例として『空と大地と』がどのような法人であり、どのような形で事業の開始と展開が行われてきたかを見ていこう。なお、本章の記述は、2016年3月から8月にかけて行った法人の関係者へのインタビューとフィールドワークおよび法人のホームページの内容をもとにしたものである。

4-1　『空と大地と』の概要

　『空と大地と』は、2004年から、障害者の生活支援事業および就労支援事業を静岡県で行っている法人である。調査時は、主な事業として障害者就労移行支援、就労継続支援（B型）、生活介護を行っていた。これらのサービスの実施に伴い、障害者総合支援法に基づいた形で利用者数に応じて行政機関から給付金が支払われている。これらの給付金を経済的な基盤として県内に2か所ある事業所の維持や常勤・非常勤併せて約30名の職員への給与の支払いが行われている。

4-2　理事長のライフヒストリーと法人設立の経緯

　『空と大地と』の理事長である大橋氏は、法人の設立の経緯を自身の幼少期における印象的な出会いを振り返りながら語る。その出会いとは、重度の知的障害を持ちながらも近所の住民や家族に支えられることで日常生活を支障なく送るさっちゃんという女性との出会いである。こうした、さっちゃんとの出会いの中で、障害者という存在やそうした人びととの生活に興味を持つようになった。その後、大学では福祉を専攻し、卒業後は、既存の障害者支援施設に職を得た。就職先の施設は山奥に作られたものであり、そこに勤めながら人家から隔離された施設で行われる支援を目の当たりにすることで、「さっちゃんが当たり前にできていた地域の中で暮らすことを、なぜこの施設の利用者はできないのだろうか？」という疑問を持つようになる。この疑問をもととして、地域社会から隔離された形で行われている支援の現状を変えたいという思いが生ま

れた。そして、その思いを実現するためには既存の施設に勤めるだけでは限界があると感じ、自分自身で法人を作ることで地域とつながりをもった支援を行う道を選択する。

4-3　施設の開所に伴う奔走と、そこで生まれた事業の軸となる交流

　このように法人の設立を行うべく動き出した大橋氏らであったが、山奥のような隔離された場所ではなく近隣に人が住む場所に法人の施設を開き、地域に開かれた施設を作るために、さまざまな奔走が必要であった。そのひとつとして、自分たちの事業に対して地域住民に理解を得てもらい、『空と大地と』の施設に対して生じた誤解や偏見を解くためにさまざまな対策を講じる必要があったことがあげられる。具体的には、障害者支援施設と称した施設を作り、法人の立ち上げのために集まった仲間たちが出入りすることで、地域住民の間に「裏のある宗教団体ではないか？」という噂が立っていた。そうした噂への対応として、地域の行事の役員を引き受け、職員が持つPC技能を生かして地域の行事に関する書類を作成するなど『空と大地と』の持つ人的な資源を提供しながら、地域の一員としての地位を得た上で自分たちの事業への理解を得ようとしていた。また、別の対応として、自分たちの施設を開放し、大橋氏をはじめとする施設の職員や利用者と地域住民が交流可能な場を設けることを行っていた。

　この施設の開放が生み出したさまざまな交流の中でも特に印象的な交流を、自分たちの事業の軸として大橋氏は語る。その交流とは、子どもたちと重度の知的障害を持つ利用者との間の交流である。事業を始めてから施設を開放していたために、『空と大地と』の施設は、利用者へのケアを行いながら、同時に近所の子どもたちがお菓子を食べに遊びに来るような場となっていた。当初、重度の知的障害を持つ利用者がお菓子や飲み物をこぼす姿を子どもたちは気持ち悪いというふうに見ていた。しかし、何度も何度も交流を重ねるうちに、子どもたちが利用者を愛称で呼ぶようになり、利用者がこぼした食べ物を拾ってあげるようになるなど、子どもたちと利用者の関係は変化した。この関係の変化を目の当たりにすることは、大橋氏にとって自分たちが地域に開かれた形で障害者支援をしていることに対する自信を与えるものであった。また、この関係の変化こそが自分が作りたい地域に開かれた障害者支援を体現する、事業における軸であったと大橋氏は語る。

4-4　新たな支援の展開とその可能性としての見知らぬ人びととの出会い

　このような経緯で地域に開かれた形で支援事業を行ってきた『空と大地と』では、障害者総合支援法の中で規定された支援事業を行っている。そうした支援事業を行うにあたって利用者の通所に行政の認可が必須であり、施設の防災基準を満たすための耐震工事が必要になるといったように、法律に基づいた指導によってどのようなサービスを実施可能かが大きく左右されている。その一方で、行政の制度に基づいて行われるサービスの実施の枠を広げ、さまざまな支援を『空と大地と』は展開させつつある。たとえば、普段の支援の中では利用者があまり経験することができない真剣勝負をしながら楽しむ機会として、プロチームと協働したフットサル大会を実施している。

　フットサル大会の発起人である施設長の市川氏は、自分自身がもともと趣味としてやっていたフットサルを通して利用者に真剣勝負の楽しさを経験させてあげたいという思いとともに、独特の形で生じた人びととの出会いの中で見出した可能性を織り交ぜながら大会の開催の経緯を語る。その出会いとは、とある精神障害者の団体がプロチームの名前を冠したサッカー大会を開催したことを報じた新聞記事を読むという形で生じたまったく面識のない精神障害者の団体との出会いである。市川氏は、新聞記事を通した出会いの中で、自分たちにも同じように地元のプロチームをはじめとするさまざまな人びとを巻き込んで、今まで行ってきた支援とは別の形で利用者に楽しんでもらえる新たなイベントが実施できるのではないかという可能性を見出す。

　この可能性に基づきながら、近隣の施設からの有志による実行委員会の組織やプロチームとの調整を行うなど、通常の業務の外で大会開始に向けた奔走が行われた。その結果、6つの施設、市役所、社会福祉協議会が参加する大会の開催につながった。この大会は、利用者にとって普段は会えないプロ選手と交流する場であり、通常の支援の中では味わうことが難しい真剣勝負を楽しむことのできる場であった。また、そのような場の中で利用者が喜ぶ姿を見ることで自分自身をはじめとする職員も楽しめたと大会の成功を市川氏は語る。

5　パフォーマンスとしての『空と大地と』の実践

　以上の事例から、『空と大地と』では、既存の枠組みの中で行われてきた支援を乗り越えた新たな支援の取り組み、つまりはパフォーマンス、を行っていることがうかがえる。では、『空と大地と』の事例からパフォーマンスについてどのようなことが読み取れるのだろうか。具体的な事例を振り返りながら、この点について見ていこう。

　まず、大橋氏が最初に就職した施設において目の当たりにした事業としての障害者支援は、地域から隔離された場所で行われているものであった。さっちゃんという幼少期から身近にいた女性が当然のように地域で生活できていたことを思い浮かべることで、大橋氏が目の当たりにした支援の状況に対して「疑問」を生じさせていた。この「疑問」が契機となり、地域住民との関わりを持った支援という当時の障害者支援の枠組みを突破する新たな支援が始まっていた。このように契機となる「疑問」を与えるという形で大橋氏が幼少期に出会ったさっちゃんという女性の存在は『空と大地と』の実践の中に位置づいていることがうかがえる。

　こうして始まった『空と大地と』の実践ではあるが、施設に対する近隣の住民からの誤解や偏見といったさまざまな障壁があった。障壁を取り除くためにさまざまな対応をとる中で生じた利用者と子どもたちとの交流が『空と大地と』が目指す障害者支援の「軸」やそうした支援に対する「自信」として語られていた。このように、利用者と交流を持った子どもたちは、実践の中で重要なものとして位置づく「軸」や「自信」を与える存在であったことがうかがえる。

　また、『空と大地と』の実践は、法律の中で規定された支援とは別の形で行われたフットサル大会の開催という新たな展開を見せていた。発起人である市川氏がまったく見ず知らずの団体が行ったサッカー大会の記事から独自に「可能性」を読み解くことで、新たな支援としてのフットサル大会の開催が実現していた。この事例からは、新たな支援の「可能性」を見ず知らずの団体から受け取っていたことがうかがえる。

　ここまでで見てきたように、地域から隔離された場所で行われてきた支援に

対して地域住民との関わりを持った支援を実施し、法律によって規定された支援とは別の形で真剣勝負を楽しんでもらえるようなイベントの開催という支援の実施していた。このように既存の障害者支援についての枠を超えた新たな支援を実施するという自分たちの働き方におけるパフォーマンスを『空と大地と』は行っているといえる。そして、こうしたパフォーマンスは『空と大地と』のネットワークに独特な形で位置づく存在によって支えられていることがうかがえる。つまりは、幼少期に近所に住んでいたさっちゃん・利用者と交流した近所の子どもたち・見ず知らずの団体といった存在を独自に読み解くことによって、「疑問」、「軸」,「自信」、「可能性」といったパフォーマンスを支えるさまざまなモノを受け取っていた。

6 新たな支援を切り開く交換の「力」

　これまで見てきたように『空と大地と』の実践においては、さまざまな形で取り結ばれる交換とそれに付随するネットワークがあった。それには、サービスの実施に対して支払われる金銭的報酬のような商品交換に基づく経済的なネットワーク、サービスの実施をめぐり認可という形で法的な根拠が与えられる代わりに指導という形である種の制限が加えられているような「収奪と再配分」に基づく行政とのネットワーク、地域参入時に生じた職員の労力や技能の提供に対して地域の一員としての地位を得るという「互酬性」に基づく地域とのネットワークが含まれていた。また、施設の維持と職員の雇用に関わる「貨幣の力」、支援実施に関する法的根拠とそれに付随する制限という「国家の力」、地域共同体への人的資源の贈与による地域参入という「互酬性の力」といった交換の「力」によって『空と大地と』の支援は下支えされていた。以上のように柄谷の交換形態を当てはめて考えることができる交換も確かに存在していた。

　しかしながら、幼少期に近所に住んでいたさっちゃん・利用者と交流した近所の子どもたち・見ず知らずの団体といった存在との交換は交換形態ではどのように考えればよいのだろうか？　こうした存在との交換の中から新たな支援を切り開く「力」が生じていることを考えると、パフォーマンスとしての社会的企業の実践を支える環境づくりを考えるためには、これらの存在との交換についての議論が必要であろう。そして、この交換については、柄谷の交換形態

7章 パフォーマンスとしての社会的企業と交換　99

論の当てはめではない形で実践を見ていく中で浮き彫りになるのではないだろうか？

6-1　日常生活に遍在する交換の萌芽とその「読解」

　幼少期に近所に住んでいたさっちゃん・利用者と交流した近所の子どもたち・見ず知らずの団体といった存在は、大橋氏や市川氏の経験した日常的な出来事の中に位置づく存在であり、その交換は独自にそれらの存在を読解することで生じていると考えられる。
　たとえば、大橋氏の幼少期の日常生活において周囲にいた存在であるさっちゃんを事業開始のきっかけとなる「疑問」を与える存在として読み解きながら自分たちの実践に位置づけている。また、利用者と子どもたちが交流した意味を大橋氏が読み解く中で実践の「軸」を得たように、日常生活の中での出会う存在であった。そして、見ず知らずの団体との間で行われた交換は、見ず知らずの団体が自分たちで行ったサッカー大会の開催についての新聞記事を読むという些細な生活の一場面から「可能性」を読み解くことで生じたものであった。このように、アプリオリに定まった価値に基づいたやり方でモノをやりとりするのではなく、日常に遍在する些細な出来事を独自に自分たちの実践の中に位置づく形で読解することによって、こうした存在との交換は成立している。
　柄谷（2010）は、人びとの自由意志を超越した普遍宗教という「神の力」と対応する交換形態Xに次の社会編成体の有り様を求めた。それとの対比で本事例を解釈すると、神や宗教といった超越性に対置されるような日常生活の経験的で具体的な出来事の中からパフォーマンスを支える交換が生じていた事例であると考えられる。そして、それらの何気ない日常の存在は『空と大地と』を取り巻く利害関係のネットワークからすれば最周辺に位置づくような存在であった。そうした何気ない日常の存在の意味を読み解き、自分たちの実践の中に位置づけるという営みの中にこそ、既存の関係性を何か新しいものに作り直す「力」があるのではないだろうか。

6-2　何気ない日常の存在との交換とパフォーマンスの
　　　相互補完的関係

　では、この交換はパフォーマンスとどのような関係を持つのだろうか。まず、

考えられるのは、これまで述べてきたように何気ない日常の存在との交換を通して新たな支援を駆動するようなさまざまなモノを与えられ、そうしたモノに基づいてパフォーマンスが生じているという関係である。このように、何気ない日常の存在との交換を通して形成されたネットワークは、大橋氏や市川氏にとってパフォーマンスを駆動するための「力」を発揮するものであると考えられる。

加えて、『空と大地と』のパフォーマンスを振り返りながらその背後にある出会いの意味を読み解くことが交換を成立させるために必要だったということも考えられる。たとえば、さっちゃんの存在は大橋氏にとって地域に開かれた支援を行う上で契機となる疑問を与える存在であったが、さっちゃんの存在のそうした意味は大橋氏が今までの自分たちが行ってきたことを振り返った際に改めて見えてくるものであると考えられる。つまりは、この交換が成立するにあたってパフォーマンスを振り返ることが必要であるという関係としても考えられるため、何気ない日常の存在との交換がパフォーマンスを駆動する「力」を一方的に持っているという単純な関係としてみるべきではないだろう。

以上を踏まえると、何気ない日常の存在との交換がパフォーマンスを駆動する「力」を持つと同時に、この交換が浮き彫りになるためにはパフォーマンスを振り返り、そうした存在の意味を改めて自分たちの実践の中で読み解くことが必要になっているといえる。このためパフォーマンスと何気ない日常の存在との交換は、お互いの成立にお互いが必要であるような相互補完的な関係であると考えられる。

7 おわりに

本章では、働き方をめぐるパフォーマンスとして社会的企業に注目した。その具体的な実践として、既存の枠に基づいた支援だけでなく、さまざまな新たな支援を行っている『空と大地と』の開始と展開を見てきた。その中では、サービスの実施に対して支払われる金銭的な報酬という「商品交換」、法人の人的資源を贈与する代わりに地域の一員としての地位を返礼される「互酬的交換」、サービスの実施をめぐる制度に基づく認可と指導という「収奪と再配分」といった異質な交換とそうした交換に基づいたネットワークが織り混ざりなが

ら実践が展開されていた。その中でも特に注目すべき交換として、『空と大地と』が行う新たな支援、つまりはパフォーマンス、と相互補完的な関係を持つ、何気ない日常の存在の意味を読み解くことで成立する交換を見出した。そこでは、既存の枠組みを突破し新たな支援を行うというパフォーマンスだけでなく、その支援において生じた日常の存在の意味を新たに創造するというパフォーマンスも含まれているだろう。このように、新たな支援といった事業の創出だけではなく、そこで生じた関係性の組み換えも含めることがパフォーマンスとしての社会的企業のあり方を考えるにあたって重要であるだろう。

　また、これまで見てきたように、今までのあり方とは違った形で働くためには、さまざまな交換の「力」が必要である。それは、施設を維持し職員を雇用し続けるための経済的な基盤である「貨幣の力」をはじめとする柄谷が指摘する既存の3つの交換形態に当てはまるような交換の「力」も、もちろんのこと含まれている。しかしながら、現在の社会編成の中では最周辺に位置づく存在との交換を通して、既存の枠を超えた新たな働き方とそれを可能にする環境づくりが行われており、既存の枠を超えてパフォーマンスすることは既存の交換形態とは異質で独特な交換に根ざしているといえる。そして同時にパフォーマンスによって、既存の交換形態とは異質な交換が浮かび上がっている。このようにパフォーマンスとは、交換のあり方を新たな形で再編成する実践としてもとらえることが可能である。

【注】
[1] 本章では、『空と大地と』の理事長である大橋妙子氏の「今までの活動やその理念・思いを発信したい」という希望を受け、実際の法人名および関係者の氏名を表記する。なお、内容については、事前に『空と大地と』の職員の方に確認してもらい、大橋氏からの許可を得た上で公表している。
[2] アレンジメントおよびエージェンシーとはアクターネットワーク論と呼ばれる理論的枠組みの重要概念である。アクターネットワークとは、生命体および非生命体を含めた一連の異種混交の要素によって構成されるハイブリッドな共同体である。その共同体を構成する要素をアクターと呼び、共同体を構成するアクター同士の配置をアレンジメントと呼ぶ。そうしたアレンジメントを形成するにあたってアクターはエージェンシーと呼ばれる能動的な主体性を持ち、同時にさまざまなアクターがエージェンシーを発揮することでアレンジメントは形成されるという相互補完的な関係を持つ。

【文献】
柄谷行人 (2001)『トランスクリティーク：カントとマルクス』批評空間
柄谷行人 (2010)『世界史の構造』岩波書店

経済産業省 (2006) 社会人基礎力に関する研究会:「中間取りまとめ」http://www.meti.go.jp/policy/kisoryoku/chukanhon.pdf （2017年12月18日）

谷本寛治 (2006)「ソーシャル・エンタープライズ（社会的企業）の台頭」谷本寛治（編）『ソーシャル・エンタープライズ：社会的企業の台頭』(pp.1-45) 中央経済社

特定非営利活動法人静岡福祉総合支援の会空と大地と (2017) 基本理念　特定非営利活動法人静岡福祉総合支援の会空と大地と公式ホームページ http://soradai.sakura.ne.jp/our_philosophy （2018年8月3日）

上野直樹・ソーヤーりえこ・茂呂雄二 (2014)「社会−技術的アレンジメントの再構築としての人工物のデザイン」『認知科学』21, 173-186.

中川雄一郎 (2005)『社会的企業とコミュニティの再生：イギリスでの試みに学ぶ』大月書店

Newman, F. (1994)/ Newman, F. & Goldberg, P. (2010) Let's develop!: A guide to continuous personal growth. Castillo.〔ニューマン＆ゴールドバーグ／茂呂雄二・郡司菜津美・城間祥子・有元典文（訳)(2019)『みんなの発達！：ニューマン博士の成長と発達のガイドブック』新曜社〕

8章 交換が生まれる場を作る
―― 多摩地域のコミュニティスペースにおける活動のデザイン

小池星多・篠川知夏・青山征彦

1 はじめに

　本章では、コミュニティスペースにおける活動のデザインについて、東京都多摩地区での実例をもとに論じてみたい。現在、多摩地区には住民主体で設立されたコミュニティスペースが数多くあり、人びとはコミュニティスペースを拠点としてさまざまな地域活動を行っている。これらのコミュニティスペースは、カフェやファブリケーションスペースなど業態はさまざまであるが、人びとが集まり、交流することを目的とした場である。

　こうしたコミュニティスペースは、さまざまな人が、自らの所属するコミュニティを越えて集う越境（Engeström, Engeström, & Kärkkäinen, 1995）のための場として、デザインされている。そのため、コミュニティスペースは、地縁とは異なる新たな地域ネットワークを生み出す場になっており、新たな活動や仕事も生み出されるなど、これからのワークスタイルや、地域コミュニティにおける経済活動のあり方を考える上でも、示唆に富む活動が行われている。本章では、こうした多摩地区の先進的なコミュニティスペースを事例として、地域活動のデザインについて、柄谷による交換様式（柄谷, 2010）や、ホルツマンによる発達論（ホルツマン, 2014）を踏まえながら検討してみたい。

　なお、本稿の内容は、第二著者の修士論文（篠川, 2017）をもとに、著者の間で議論を重ねながら構成したものである。そのため、各コミュニティスペースの状況は、2016年に行われた調査時点のものである。

2　コミュニティスペースにおける活動の実際（1）
　──　工房を中心としたネットワーク

　まず、東京都国立市にあるコミュニティスペース「Chika-ba」での事例を検討する。駅近くのビルの地下1階にある Chika-ba は、シェアキッチンを中心としたキッチンスペースと、レーザー加工機などが設置された工房スペースからなる（図8-1を参照）。

　工房スペースは「工房長」というシステムで運営されている。会費を支払えば Chika-ba のスペースと設置されている機材を「工房長」として自由に使用することができる。また、新たにスペースに機材などを持ち込み、設置することも許されており、利用者は自由にスペースをアレンジし、共有することができる。このスペースには常駐の管理者はおらず、利用者がいるときにだけオープンするという方法で運営されている。代表者はいるものの、運営は主に利用者に任されているため、新規訪問者があった際に、スペースや設置されている機器を説明するなどの対応も、利用者が行っている。

　また、Chika-ba にはものづくりスペースがあることから、ものづくりに関心のある人びとが集まり交流している。現在では、ものづくりをする人びとが月に1度定例会を開くようになり、Chika-ba での近況報告や、それぞれが最近制作しているもの、出店したイベントなどの報告、出店予定のイベントへの共同出店者募集などが行われる。この場で作品のアドバイスをしあったりイベントでの展示方法の工夫を共有したりするなどの情報共有を通して、ものづくりをする人びとが互いに作家として活動を発展させている。

　ここで活動しているメンバーの一人が、40代の男性Sさんである。Sさんは、週に3日から多いときは6日通い、Chika-ba にあるレーザー加工機を使用して、革をメインに扱う作家としてパスケースやアクセサリーなどの作品を制作し、販売することを仕事としている。

　Sさんは以前はモックアップを制作する会社に勤めていたが、怪我をきっかけに退職し、以前から関心のあったものづくりを個人で行うことに決めた。そして、多種の素材を加工でき、自由度の高いレーザー加工機に興味を持った。Chika-ba に落ち着くまで、Sさんはものづくりをするための拠点を転々とし

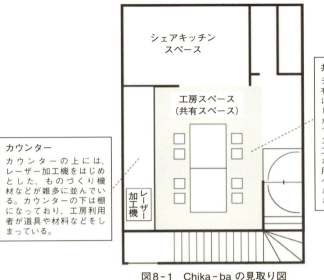

図8-1 Chika-baの見取り図

ている。

> S:（最初に通っていたカフェでは）データを渡して、お店の人が加工する。ただそれだとなんか自分でものづくりをしてる感覚というのが薄らぐんですよね、やっぱり。で、友人の工場に機械を入れてもらって。（略）ただそこは大田区だったので通うのに1時間とかかかるっていうので、どっかほんとに家から近いところでどうにかできないかなっていうので、たまたま友人から国立にレーザー加工機置いてあるところが国立にあるよって言われて、それで探したのがChika-baだったんですね。Chika-baに来たらChika-baはほんとに放置プレイな感じだったので、ほんとに全部自分でやらなきゃいけなくて、そういう意味ではすごく良いところに巡り会えたなっていうか、入り込めたなっていうか。

レーザー加工機は出力調整をすることでさまざまな素材に加工ができるようになっているが、その技術は初心者にとっては複雑なものとなっている。最初のカフェでは、運営者が利用者からデータを預かり加工するしくみだったが、Sさんは作品の制作だけでなく、試行錯誤しながらレーザー加工機の技術を修得していくことを含めて「ものづくり」として考えていたことから、自身で

レーザー加工機の設定を調整できる友人の工場へと場所を変えた。しかし、工場では一人で黙々と作業することが多いことや、場所が自宅から離れていることから、近場でレーザー加工機が設置されている場所を探し、Chika-baと出会った。
　Sさんは、他の利用者との交流から影響を受けることや、「工房長」として責任を持つことで感じる「自分の工房」のような居心地の良さに魅力を感じ、Chika-baを拠点としてものづくりをするようになったと語っている。

　　S：まず第一条件がやっぱりレーザー加工機があるっていうのが一番大きかったんですけど、まあ通うとなってくると、そこでつながる、人とつながって、新しい仕事につながったりとか、自分が思いもしないような発想をされる方が周りにいるので、そういう影響受けたりとか。それとあと、Chika-baのコンセプト的にもなんですけど、工房長ってシステムで自分がそこを責任持ってメンテナンスしたりとか、来客の方を応対したりとか、そういう自分の工房感というか、そういうところもやっぱりここに来てる要因なんだと思います。

　また、Chika-baに通う人びとの多くは、それぞれさまざまなイベントに関わっていることから、マーケットへ出店しないかと誘われるなど、自身のものづくりに黙々と専念するのではなく、他の利用者と交流することがSさんにとって価値のあるものとなっている。
　また、イベントに出店、または顔を出すだけであっても、新たなつながりができ、自身の作品が販売できる場所の情報や、新たな知識を得ることができるとSさんは述べている。

　　――Chika-baにいて自分のものづくりにつながる人が増えた？
　　S：増えましたね。なんかこう、Chika-baの話ばっかりになっちゃってるんですけど、いろいろな人が出入りしてて、その人たちがみんな何かしらのイベントに絡んでいて、それに顔を出すことで、また新しいつながりができて、自分が物を売れる場所だったり、新しい知識を得る場所だったり、仕事には関係ないけど楽しいことができるっていうのは、たぶん全然無駄なことでなくて、すごい必要なことだと思ってて、全然自分に関係なくても顔を出すっていうのは、後々で何かしらにつながるっていうのはすごい思いますね。

――それは別な人が人をつないでくれる？

　S：そうですね。たとえばそのときはそんなこと思いもしなかったことなんだけど、後々でこういうものを作りたいって思ったときに、「あ、あの人そういう技術持ってた」っていうのにつながったりとか。技術的なことも、自分の知らないことを知っている人がいて、自分の思いもしない発想をする人がいて、一人だと絶対そんなことに広がっていかないので、そういう点では人のつながり、いろんなイベントに顔を出すっていうのはすごい大事だなって思ってます。

　このように、自身の仕事に関係がなくとも楽しいことができるというのは、無駄なことではなく、後に自身の活動につながることとして必要不可欠であるとSさんは考えている。

　現在は革製品を主に制作しているSさんだが、ものづくりを始めた当初から特に素材にこだわっていたわけではなく、以前はアクリルやスズなどを用いていた。しかしいろいろな素材で試作した結果、レーザー加工の奥深さという点や、商品として販売できるレベルのものを作れるといった、作家としてのスタートのしやすさから革素材をメインとして扱うようになった。

　また、Chika-baで長い時間を過ごしていることによって構築された地域ネットワークでの関わりの中で、Sさんは革だけでなくさまざまな素材の加工技術を新たに身につけていった。たとえば、コミュニティスペースでつながった他の活動者に誘われ、都内へレーザー加工機の技術講習を受けに行くなど、木工を始めとする多様な素材の加工技術を身に着けている。そして、こうした技術を活かし、「木工で屋台を作りたい」という活動者の技術サポートを無償で行っている。その後、このことがきっかけで、屋台を制作している活動者が企画している新たなファブリケーションスペース立ち上げの技術的サポートの仕事を頼まれるなど、Sさんの技術を頼りにした仕事が増えていった。

　――それ（新たなものづくりスペースを設立するにあたり技術サポートを依頼されたということ）はレーザー加工機に詳しいということがつながってる？

　S：そのデータの作り方は変わるんですけど、基本平面のものを加工して、2.5Dで作るイメージなので、たぶんそれは活かせると思うんですよね。あとは革と違って、固定の方法がネジだったりとか、接着剤だったりとかっていうのが変わるくらいだと思ってるので。

8章 交換が生まれる場を作る

——普通だったら革製品と木工で家具を作るのは違うように見えるが、データという意味ではつながる？
　　S：そうですね。また家具を作るってなったときに、自分は革をやってるじゃないですか。そうすると、椅子なんかは革張りにできたりとか、またそういうのでまた活きてくると思うんですよね。

　Sさんは、普段の活動として、他のChika-ba利用者の技術サポートなどをボランティア的に行っている。たとえば、キッチンスペースを利用している主婦が、手作りのキムチなどを商品として売る際に使用するはんこを作りたいという話を聞き、Sさんが、「はんこくらいだったらデータを少しいじるだけだし、簡単なので作りますよ」と無償ではんこを作成した。
　こうして、自分のできることが拡がっていくことは、Sさんにとっても手応えになっているようである。

　　——どんどん自分のできることを拡張している？
　　S：その点では、（前に所属していた会社で）働いているときに人のデザインをもらって、それを形にするだけに比べると全然楽しいですね。

3　コミュニティスペースにおける活動の実際（2）
　　——シェアハウスと出版がつなぐネットワーク

　次に、同じ国立市内にあるコミュニティスペース、「コトナハウス」での事例を検討する。コトナハウスは商店街の一角にある、「こども」と「おとな」をテーマとしたシェアハウス兼シェアスペースである。2階はシェアハウスとして住人が入居しており、1階部分のスペースとキッチンがシェアスペースとして利用者に開放されている（図8-2を参照）。シェアスペースは月会費を支払うことで利用者が自由に使用することができ、現在は子ども食堂や英会話教室などが開かれている。利用者は主に主婦やその子どもが多く、休日には子ども達が集まりさまざまな活動をしている。
　また、このスペースは商店街の中にあることから、商店街の他の店舗との交流も生まれており、商店街を巻き込んだ活動も行われている。

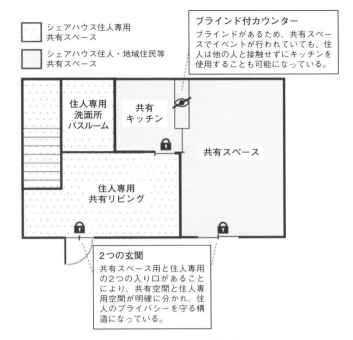

図8-2　コトナハウスの見取り図

　コトナハウスの代表は、Oさんという20代の女性である。Oさんは出版社に勤め、編集の仕事をしながらコトナハウスの代表として地域で活動している。大学時代に子どもに国語を教える塾の先生をしていたことから、寺子屋のような子どもの学びの場を作りたいと思うようになった。場所探しをしている中で、まちづくりに特化した不動産業者に出会い、今のコトナハウスのオーナーを紹介してもらい、不動産業者・オーナー・Oさんの三者共同のプロジェクトとして誕生したのが、このコトナハウスである。

　コトナハウスは、シェアハウスでもあるため、他のコミュニティスペースとは違い、周辺の住民との距離が近くならざるを得ない。このことの狙いについて、Oさんは以下のように語っている。

　　O：子どもと大人をテーマにしたときに、やっぱり子どもは一人で来るわけにはいかないから、大人に来てもらわなきゃいけない。子どもが来る場所になるためには信頼されなきゃいけないっていうところで、やっぱり愛されないとやってけない場所なんですよね。しかも住んでるし。住んでなかったら、なん

8章 交換が生まれる場を作る　　III

かよくわからない、得体の知れない団体でいいんですよ。(略)私がやりたいのはもっと密着型の、まちを大事にした、人を大事にした場所ってのを作りたくて。だから住むって勇気のいることをやってるのもやっぱり人を大事にしたいみたいなところがあってなので。

また、コトナハウスはシェアハウスであることにより、住人も入れ替わる。そのことは、コトナハウスの活動が変化するきっかけになるようである。

　O：ここ、シェアハウスっていう特殊な特性があって、住人が入れ替わるんですよ。最初から住んでるのは私と、Yちゃんっていう、24歳の女の子、だけで、後はこう、ぐるぐるぐるぐる、出たり入ったりしてるんですけど、来た人によってカラーが変わる。何をやりたいかとか、ここのコトナハウスの雰囲気もガラッと変わるので、(略)住んだ人が自分で、じゃあこういうことをここでやってみようかなとか、企画をしてやってくれてるのを見てるのも、私はそれが見たくてやってるってのが今は一番大きくて、ですね。なんか変わり続けてる感じです、コトナハウスは。

一方、Oさんは会社とコトナハウスでの地域活動を両立しながら、個人で出版社「小鳥書房」を立ち上げて、活動を開始した。Oさんが地域で活動をする中で、本を出版してみたいという人と多く出会ったが、所属している出版社としては利益が見込めず、企画として提案できずにいた。そこで、地域の人の力を結びつける形で、コストを下げて出版をする方法を考えたという。

　O：たとえばまちの知り合った人が、こういう本出したいんだよね、みたいな話をもらうことが結構あるんですよ。だけど、出版社の人間としてはそれはどうやったってお金にならないから、もうどうせ、私が良いと思っても、会社に言うことすらできないんですよね。だから、その企画はその時点で死んでしまう、っていうのを何回も何回も繰り返してくうちに、私はもう耐えられなくなって、じゃあその想い、著者の人の想いが詰まったその本を死なせたくないって、かたちにしたいって思い始めて、じゃあ作ろうって思ったのが「小鳥書房」なんですね。(略)私は、一番敷居の低い出版社、お金の面で敷居を低くして、楽しく作る喜びを著者の人に、教えてっていうか一緒に楽しみたいなと思って、そうするためには人手が必要、っていうのもあって、じゃあって考

えたときにまちを、こうふっと目線をやると、本好きな人っていっぱいいるんですよね。（略）だったらその人と、著者を結びつけるしくみを作れたら、すごくお金も、節約というか、著者の人にとっては多額のお金は必要ないし、想いの共有で、できるんじゃないかなと思って。

　小鳥書房は、Oさんが培ってきた出版の知識やノウハウと、コミュニティスペースでの活動によってできた人とのつながりが重ね合わされた活動といえる。2016年12月には初めての本も刊行することができた。その後、Oさんは、もっと地域活動をしたいという気持ちから会社を辞めることを選択した。

　　O：何の不自由も会社になかったんですけど、ずっと居てもいいくらいだったんですけど、だけど私だったらもっと、（コトナハウスのある）ダイヤ街商店街を面白くできるって思ってるので、コトナハウスも面白くできるし。だったらそれをもう全力でやってみたいなっていう気持ちに勝てなかったというか。

　　——この場所（コトナハウス）を始めたことが独立することに影響があった？
　　O：そうですね、ありましたね、やっぱり。この場所をもっと大事にしたいって思う気持ちが、もうなんか両方やってたらダメだって思ったのにつながったのはありました。

4　コミュニティスペースにおける活動のデザイン

　以下では、これまで紹介してきた2つの事例から、コミュニティスペースにおける活動がどのようにデザインされていたかを検討したい。コミュニティをさまざまな側面から検討するために、以下では3つの観点で分析を試みる。1つ目は境界的なオブジェクト（Star, 1989）、2つ目は柄谷による交換様式（柄谷, 2010）、3つ目はホルツマンによる発達論（ホルツマン, 2014）である。これらは、いずれもコミュニティに着目した議論ではあるが、コミュニティのどのような側面に着目するかが異なる。そのため、組み合わせて分析に用いることで、コミュニティスペースをさまざまな側面から分析することができる。

4-1　人びとを結びつける境界的なオブジェクト

　アメリカの社会学者スターは、異なるコミュニティの間で共用されることによって、人びとを結びつける存在のことを、境界的なオブジェクトと呼んでいる（Star, 1989）。境界的なオブジェクトには、4つの種類が提案されている。1つ目は、「入れもの」であり、さまざまなものを標準化されたインデックスによって整理する図書館や博物館がこれにあたる。2つ目は、「理想型」であり、現実を抽象化して示した地図のようなものである。3つ目は、「偶然同じ境界を持つ領域」であり、人によって意味合いが違うとしてもカリフォルニア州という領域は同じ、といった例を指す。4つ目は、「用紙やラベル」であり、病院の問診票のように、それを医師が見るか、研究者が見るかによって意味は違うものの、用紙は同じといった例のことである。いずれも姿を変えることなく、複数のコミュニティの間で共用されることにより、それらのコミュニティの間の協働を支える存在となっている点が特徴的である。

　上の2つの事例では、コミュニティスペースそのものが、境界的なオブジェクトとしての役割を担っていると言えるだろう（図8-3）。コミュニティスペースは「偶然同じ境界を持つ領域」のようなものであり、そこに集うメンバーにとっての目的は必ずしも同じではないが、コミュニティスペースを共用することで、新しい出会いが生じたり、当初は考えてもいなかったプロジェクトが始まったりする。小鳥書房も、Oさん、書きたい人、本作りを手伝いたい人という、関心の異なる関係者を結びつける存在になっている。

　コミュニティスペースだけでなく、Chika-baに置かれたレーザー加工機をはじめとする工作機械も、やはり境界的なオブジェクトになっていると考えられる。Chika-baの他のメンバーから見たレーザー加工機と、Sさんから見たレーザー加工機は、違う意味を持っていたかもしれないが、レーザー加工機そのものは同じである。

4-2　コミュニティ内での交換

　このように考えると、コミュニティスペースがあったり、工作機械や小出版社があったりすれば、おのずと人が集まるように思えてくるが、実際はそうで

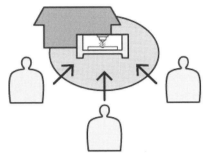

図8-3 人びとを結びつける境界的なオブジェクト

はない。境界的なオブジェクトが、関心の異なる人びとを結びつけるとしても、その結びつきが維持されるかどうかは、別の問題である。

柄谷（2010）は、世界史を理解するために、4つの交換様式を提唱している（図8-4）。交換様式Aは、贈与と返礼による互酬的交換である。何かを贈与されたら、返礼するという結びつきであり、古代国家にも見られる。交換様式Bは、国家による略奪と、その富を再分配するという交換であり、封建制に特徴的である。交換様式Cは、貨幣と商品の交換を指す。現代では支配的な様式であるが、富が不平等に分配される。交換様式Dは、交換様式Aへの高次元においての回復であるとされる。贈与と返礼の原理に基づく一次的共同体から独立した、二次的共同体によってなされるものであり、新しいアソシエーショニズムとも位置づけられる。

これらについて、柄谷（2001）は以下のように述べている。

> そこで、この3つの交換（注：交換様式A～Cのこと）でないような交換の原理、つまり、アソシエーションによる交換が重要となってくるのです。つまり、諸個人の自由な契約に基づき、相互扶助的だが排他的でない、貨幣を用い

図8-4 交換様式（柄谷, 2010）

B	略奪と再分配 （支配と保護）	A	互酬 （贈与と返礼）
C	商品交換 （貨幣と商品）	D	X

8章 交換が生まれる場を作る

るがそれが資本に転化しないような、交換です。（柄谷, 2001, p.152）

　上の事例で見たコミュニティスペースは、ここで言うアソシエーションに近い性質を持っていることがわかる。参加は個人の自由であり、相互扶助的なしくみで、お金も用いられるが、そこから資本ができたりはしないからである。
　また、城間と茂呂（Shiroma & Moro, 2011）は、大阪の小学校で行われた文楽の総合学習をめぐる地域における活動を、交換様式の観点から分析している。総合学習には、学校だけでなく、プロの文楽師、NPO、地域住民などさまざまな人が関係していたが、そこでは、ものや知識、技能、ボランティアに必要な時間などが贈与され、地元との一体感、所属感、アイデンティティといったものが返礼であったと考えられる。いわば、学校を中心として、感情も交えた交換が生じていたという見方である。
　Chika-baでのSさんの事例を振り返ると、無償で作成したはんこをプレゼントしたことで、感謝されていた。ここでは、はんこ、あるいは、はんこを作る技能が贈与され、その返礼として感謝の言葉や、お礼の品が贈られている。これは、交換様式A（互酬）そのものである（図8-5）。
　ここで注意したいのは、お金やものだけでなく、感謝といった感情も交換される対象になるという点である。Sさんは、はんこを作ったという贈与によって、感謝されるという返礼を得た。そして、このような交換が続いていくことが、コミュニティスペースをより豊かな場にしていくことは、想像に難くない。
　あるいは、交換されるのはものなのか感情なのかといったことよりも、交換が続いていく場があることのほうが重要なのかもしれない。コミュニティスペースでは、上で見たように多様な交換がなされているが、そうした交換の多くは、コミュニティスペースができてはじめて可能になっている。Chika-baでは、定例会や共同出店するイベントによって、交換が生じやすい機会が作られている。コトナハウスは、シェアハウスであることそのものが、住民同士のつながりを作り出している。小鳥書房の出版企画も、本をめぐって地域住民の交換を作り出す機会になっている。
　そもそも、さまざまな人びとが越境してくるコミュニティスペースは、新たな交換が生じやすいのかもしれない。エンゲストロームら（Engeström, Engeström, & Kärkkäinen, 1995）は、越境の中で、水平的学習と呼ばれる学習が生じると考えている。水平的学習とは、何かの技能に熟達するような垂直的学習ではなく、自らとは異なる他者やものに触れることで、新しいものの見

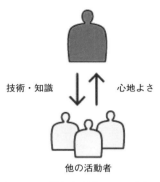

図8-5 贈与と返礼による交換

方を学ぶような学習を指す。コミュニティスペースでは、さまざまな人が越境してくることにより、水平的学習が次々に生じている。たとえば、SさんがChika-baへと越境することで、レーザー加工機の技術がもたらされ、他のメンバーによってもたらされた技術によってSさんも変化する、というのが水平的学習である。コトナハウスに住むメンバーが変化すると、コトナハウスでの活動が変化するのも、こうした水平的学習につながる。これらはもちろん、交換様式A（互酬）にあたる。

4-3　個人の発達と場の発達

このように考えると、そうした場をどのようにして作り出すことができるか、ということが次の問いになるだろう。これは難しい問いである。

しかし、ホルツマン（2014）による、道具と結果の方法論（tool - and - result methodology）に基づく発達へのアプローチが、大きなヒントになるだろう。ホルツマンは、ヴィゴツキーの再解釈から、個人の発達を、場の発達と切り離せないものとして再定義する。いわば、個人とともに場も発達する、という発想である。それゆえ、個人とともに発達するような場を作り出すことが重要になる。フリードマン（本書3章）も、同様の指摘をしている。

　　発達は、自分でない人物をパフォーマンスすることで、自分が何者であるかを創造する活動となる。これはソロではなくアンサンブルのパフォーマンスである。ヴィゴツキーの発達の最近接領域は、能力の領域ではないし、社会的足

場掛けでもない。パフォーマンスの空間であり、同時にパフォーマンスが作る活動でもあるのだ。(ホルツマン, 2014, p.28)

　私の同僚、ロイス・ホルツマンは、次のように述べる。「私は、私たち人類が自らの発達を創造すると信じている —— 発達は、私たちの身に降りかかってくるものではない。私たちは、自分たちの成長をパフォーマンスすることができるステージを創造することによって、発達を創造する。したがって、私にとって、発達のステージ（developmental stages）とは、私たちがどこにでも —— 家庭や仕事場や、至る所で —— 設営できるパフォーマンス空間のようなものである」(Holzman, 1997)。それこそが、パフォーマンス・アクティヴィストたちが行ってきたことだ —— 彼らは、人類が遊びパフォーマンスするとともに、そのプロセスの中で、成長し発達できるようなステージ（文字通りステージであることもあるが、多くの場合そうではない）を作り上げる。(本書, 3章 p.33)

　Chika-baに集う人は、自分の技術を他のメンバーに教えたり、アイデアをもらったりするやりとりを通じて、自らのできることを増やしていく。たとえば、Sさんは、他のメンバーから木工の技術を教えてもらっている。このようなやりとりの中で、Chika-baに集う人びとは発達しているが、Chika-baという場も、利用者同士を結びつける定例会を始めるなど、変化し続けている（図8-6）。

　同様に、Oさんの「なんか変わり続けてる感じです、コトナハウスは」という言葉にもあったように、コトナハウスに集う人たちも、それぞれが発達しながら、コトナハウスという場を変えていく。小鳥書房は、本を出したい人の想いと、本作りをしてみたい人とをつなぎあわせて、両方の人びとが変化していく可能性を持っているし、Oさん自身も、大きな出版社ではできなかった仕事に挑戦することになった。こうした変化によって、コトナハウスや小鳥書房をめぐるネットワークも変化していくだろう。いずれのコミュニティスペースもまだできて間もないが、これからも豊かな場になっていくことを祈りたい。

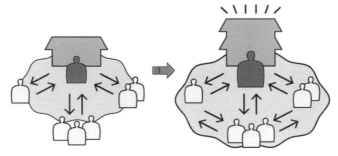

図8-6　参加者の発達と場の発達

5　コミュニティスペースの困難、そして可能性へ

　このように考えると、境界的なオブジェクトをめぐる越境をきっかけとした交換が続いていく環境を作り、参加者とともに発達し続けることが、コミュニティスペースが長く続いていくために必要なことなのではないかと考えられる。
　とはいえ、コミュニティスペースを作るのは決して楽なことではない。たとえば、Chika-baでは、オーナーがレーザー加工機などの工作機械を用意した。コトナハウスの場合も、オーナーがリフォーム等の費用を負担することで、スタートすることが可能になった。こうした資金面の問題がクリアできなければ、コミュニティスペースをスタートすることすら難しい。
　また、継続的な活動には、経済面での安定が必要だが、採算があう運営は容易なことではなく、活動には時間も労力も使うことになる。コミュニティスペースの関係者は、地域での活動により仕事を作り出してはいるものの、生活を支えられるほどではないのが現状である。
　とはいえ、働き方が多様化しつつある現在、地域の中で生きていくという選択肢を選ぶ人が増えるのは、想像に難くない。Oさんの次の言葉は、こうした現状に示唆を与えてくれるように思われる。

　　　O：別に会社にいることが悪いとは全然思わないんですけど、でも楽しく生きてくためには、暮らしと仕事を結びつけるってのは必要なんじゃないかな。

8章　交換が生まれる場を作る

（略）ただただ、自分の時間とお金を交換してるだけじゃ、たぶんやってけないと思うんですよ。そういう人は会社にいるのがたぶん合ってる人で。能力がないとかそういうことじゃなくて、会社っていうしくみが合ってる人。そういうことじゃないとこで働きたいなら、時間とお金の交換じゃない、もっと自分だけの価値みたいなものを身につけていかないと、一人でやってくのは厳しいんじゃないかなと、思っていて。

【文献】

Engeström, Y., Engeström, R. & Kärkkäinen, M. (1995) Polycontexuality and boundary crossing in expert cognition: Learning and problem solving in complex work activities. *Learning and Instruction, 5*, 319-36.

Holzman, L. (2009) *Vygotsky at Work and Play*. New York: Routledge.〔ホルツマン／茂呂雄二訳 (2014)『遊ぶヴィゴツキー：生成の心理学へ』新曜社〕

柄谷行人 (2010)『世界史の構造』岩波書店

柄谷行人 (2001)『NAM 生成』太田出版

篠川知夏 (2017)「東京都多摩地区のコミュニティスペースにおける活動のデザインに関する研究」東京都市大学大学院環境情報学研究科修士論文

Star, S. L. (1989) The structure of ill-structured solutions: Boundary objects and heterogeneous distributed problem solving, In L. Gasser & M. N. Huhns (Eds.), *Distributed Artificial Intelligence* Volume II (pp.37-54). London: Pitman. San Mateo: Morgan Kaufmann.

9章　異文化理解と交換

岸磨貴子

The truly creative work in any discipline takes place at the border.
（どの領域においても、本物の創造的な活動は文化の境目で生まれる）
ケネス・ガーゲン（Gergen, 1999）

1　はじめに

　私は2015年からトルコの家族省と連携して、トルコに居住するシリア難民とホストコミュニティとの社会的結束（social cohesion）のための実践に取り組んでいる。双方には文化的、言語的な壁があることから、それぞれに対して偏見や誤解がひとり歩きし、争いにつながることもある（山本, 2016）。
　欧米など移民・難民の割合が多い社会では、お互いがそれぞれのコミュニティをよく知らないため相手に対して恐怖心を抱き、それが非寛容、差別、暴力を生み出すことがある（安達, 2008）。その、異なるコミュニティ間をつなげる社会的結束（Cheong et al., 2007）の必要性が訴えられてきた。トルコでは、社会的結合を進める上で次の2つの点において課題を抱えている。第一に、「越境」（香川・青山, 2015）はそう簡単には起こらない。現地の国連機関や現地NGOは、双方が知り合える機会を設けてきたが、政治的、経済的、社会文化的背景から両者ともに積極的に関わろうとしない現状がある。トルコ人とシリア人の生徒がともに学んでいる学校でも社会的結合の取り組みとして異文化理解のための機会を設けているが、文化に関する知識を得るだけではなかなか結束は生まれない。以下は、トルコの公立学校に通うシリア人生徒（中学生）の語りである（2017年11月のフィールドワークより）。

　　学校で私たち（シリア人）がシリアのことを紹介することになったわ。でも、発表をしていても、（トルコ人の生徒は）シリアについて興味がないので、

やっても意味がないと思った。(中学生・女子・トルコ4年目)

　お互いのことを知ろうと先生が言って、みんなが自己紹介をしたの。名前と(シリアの)どこから来たのか、趣味は何かとか。一人ずつ話したわ。それでお互いのことを理解しあったとは思えない。(中学生・女子・トルコ3年目)

　以上の語りからもわかるように、文化についての情報交換だけでは相互理解や両者のつながりは生まれない。これが第二の課題である。
　社会的結合は、それぞれの差異への理解を深めつつも、それを越えた集団間・個人間の結束を生んでいくことである。異文化間の人と人をつなぐものは何だろうか、異文化間の人が協働する活動はいかに生まれてくるのだろうか、また、それをどのように創出することができるのだろうか。その鍵を見つけるため、本章では「交換」に着目する。交換というのは、日常生活においてどこでも行われている人間の基本的な活動で、情動性(emotionality)を伴う。交換は、社会構成体を形成する原理でもある(柄谷, 2010)。本章では、筆者が過去に取り組んだ2件の事例を「交換」の観点からとらえ直し、異文化間の協働的な社会構成体としての活動がいかに生み出されたかについて読み解きたい。

2　インターネットを活用した異文化間の協働実践

　本章で紹介するのは、インターネットを活用した異文化間の協働実践である。はじめに、なぜインターネットを活用したのかについてその背景を概説する。15年前の2002年から2011年のシリア危機が始まるまでの9年間、私はシリアの難民キャンプで、国連パレスチナ難民救済事業機関(UNRWA)との共同研究として、パレスチナ難民のための教育開発に関わってきた。当時シリアには40万人(全体では500万人)を超えるパレスチナ難民が生活をしていた。1948年イスラエルの建国宣言を受けて第一次中東戦争が勃発し、70万以上のパレスチナ人が周辺国に逃れ、約70年にもわたり難民として周辺国で生活をしていた。シリアのパレスチナ難民は三世代、四世代にあたるため、シリアで生まれ育っているが、パレスチナ人としての強いアイデンティティを持っている。その背景には、パレスチナ難民に対する政治的構造が関係している。パレ

スチナ人をホスト国で帰化させず難民とし続けることで、イスラエルに対抗する社会構造を維持するためである。そのため、彼らはシリアで生まれ育ちながらもシリア国籍を持たず、パレスチナ難民として生きてきた。

　難民キャンプといってもテント村などではなく、商店が並び、マンションが建つ町である。しかしさまざまな社会的、制度的制限をうけるパレスチナ難民に対してUNRWAは教育、保健、福祉、救急などのサービスを提供してきた。当時、私が活動していたダマスカス市のヤルムーク難民キャンプにUNRWAがインターネットに接続されたパソコンを導入した。隣接する複数の学校が共有して使う図書館（Learning Resource Center）に設置し、放課後に教師や子どもが使えるようにした。その背景には児童中心型教育（Child Centered Approach）の推進があり、教師は子どもの実生活に即した資料収集や教材作成をすることを、子どもは調べ学習など自主的学習をすることが期待された。

　難民キャンプへのインターネットの導入は、予想以上のインパクトを与えた。インターネットに接続されたパソコンが導入されると、毎日のにように放課後、教師と子どもが集まった。そして、自分たちの祖国パレスチナについてGoogle Earthや画像検索で情報を集めた。彼らがテレビを通して日常的に手に入れる祖国の情報は暴力的で破壊的なニュースばかりであったが（そうでなければニュースにならない）、インターネットの情報は、パレスチナ難民が世代を通して語りつながれてきた祖国とつながるリソースになった。

　そんな中、我々教育関係者は、地理的に移動が制限されているパレスチナ難民の子どもたちを世界とつなげる試みを始めた。それが事例1のインターネットを通した絵本制作の実践である。

【事例1】パレスチナ難民生徒と日本人生徒の文化交流イベントの実践

　最初に紹介するのは、日本人児童とパレスチナ難民生徒のICTを活用した絵本制作の実践である。岡山市の小学校児童とヤルムーク難民キャンプの中学校生徒の間で、2007年12月から2008年3月末の4か月間にわたって実施した。

　最初の2か月間、児童生徒は自己紹介、絵本に登場するキャラクターづくり、絵本の素材となる写真の収集を行った。各学校を代表する3人のキャラクター（イブンバットゥータ・さくら・サムラン）が、シリアから日本へと複数の国を一緒に旅する設定である。児童生徒はそのキャラクターの「視点」を通して、写真を舞台とした想像上の世界を舞台に、仮想的な自己を派遣し（宮崎・上野, 2008）会話をしながら旅をする（図9-1）。オンライン上での会話をもと

に物語を作成し、その結果97ページにわたる絵本を完成させた（岸ら, 2009）。

観察された様子①　見たこと、考えたこと、感じたことの交換
　絵本の制作プロセスにおいて、児童生徒はさまざまな写真を舞台とした想像上の世界について、見たこと、考えたこと、感じたことを交換し、そこから生まれてくる問いや驚きをきっかけとして相手のことや文化に関心を広げ深めていった。たとえば、パレスチナ難民生徒が日本の運動会の写真を見て「なぜ学校の帽子は白と赤で裏表分かれているの」と質問すると、日本人児童は紅白帽の歴史や意味について調べ始めた。また、将来の夢を語り合う場面でパレスチナ人生徒が「僕の将来の夢は兵士になることです」と答えると日本人児童は驚き、その言葉をきっかけとしてパレスチナとイスラエルの現状および歴史的背景について理解するようになった。
　また、児童生徒は感じ方にも驚きを見せた。たとえば、掲示物も何もないパレスチナ難民生徒の学校の教室を見た日本人児童は「何もなくて寂しい」と感じたが、パレスチナ難民生徒は「余計な情報がなく集中しやすい」と述べ、感じ方にも文化的に違いがあることを知った（詳細は、岸ら, 2011を参照）。

観察された様子②　偶発的で相互作用的な関わり
　図9-1は、物語の最初のページである。シリアでよく見られるバスの写真があり、日本人児童はその写真を見て感じたこと、わかったことをまず書き出し、そこから会話をスタートした。最初はワークシートに書き出していたが、吹き出しにしたほうが会話している感じがすると児童から提案があり、吹き出しを使った会話にした。また、会話から物語にしていく際「いきなりバスの話はおかしいから空港に到着してからスタートしよう」とパレスチナ難民生徒から提案があり、物語は空港到着の場面からスタートした。

　写真を見てそれぞれはオンライン上で即興的な会話を始めた。ある程度会話が進んでくると、シリア訪問の物語は日本人児童が、日本訪問の物語はパレスチナ難民生徒が、それぞれ作り始めた。そして、その過程で物語に必要な情報を交換しながら物語を完成させた。図9-2（左）は電子掲示板での子どものやりとり、図9-2（右）は物語に対するパレスチナ難民生徒からのコメントである。オンラインでの会話をもとに物語が創られている様子がわかる。
　さらにシリアから日本を旅する物語にするためにいろんな国をたどっていこ

図9-1 児童生徒が制作した絵本(一部)

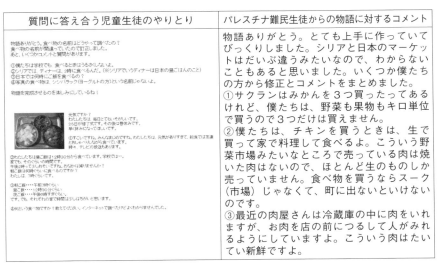

図9-2 物語制作における子どもの会話
質問に答え合う児童生徒のやりとりとパレスチナ難民生徒からの物語に対するコメント

うと生徒が提案し、シリアを出てからパレスチナ → イラク → イラン → インド → ミャンマー → カンボジア → ベトナム → 中国 → 日本と旅する物語を作ることになった。次ページの抜粋はそのうちのパキスタンの物語(一部)である。子どもたちは3枚の写真を土台に即興的な会話を生み出し、そこで感じた驚きや尊敬など情動を交換し物語(意味作り)を展開している。

9章 異文化理解と交換 125

パキスタンを旅する物語（一部）
三人はイスラマバード国際空港に到着。
　（中略）
「すごーい！これ何？」
さくらちゃんがびっくりしていると
「これは、パキスタンだけじゃなくて世界で最も大きいモスクなんだよ。キング・ファイサルモスクというのだ。ファイサル王がこの土地を訪れた1996年に建てられたよ。」
イブンバットゥータは詳しいのね。旅に出る前に調べたの？
イブンバットゥータは、旅行雑誌を見てしっかり調べてきたようです。
「モスクのデザインを競うコンテストがあってね…」
　（中略）
二人はイブンバットゥータの話を聞いてびっくり。

　物語の世界は、彼らがいつもの自分とは違う自分をパフォーマンスする舞台（stage）になった。パレスチナ難民生徒は、世界を旅するイブンバットゥータになって世界を見ている。イブンバットゥータは、探検家で史上最も偉大な旅行家の一人として知られている。国籍がなくパスポートがない彼らは海外に出ることはできない（皮肉にもシリア内戦により、再び難民として国外に出ることになったが）。彼らはイブンバットゥータの目で、写真の世界に入り込み、さくらとサムランとの会話を楽しみながら旅をしていった。
　吹き出しを使った会話の形態は、会話を方向づけ「教えてもらう」だけではなく、それを「受け止めて、自分の考えや気持ちを伝える」やりとりを促した。その一例として、「（ラマダンは）イスラム教徒の義務のひとつなんだよ。断食ではラマダンの月の日の出から日の入りまでの間、飲食を絶つんだよ」「ふぅん。そうなんだ。みんな宗教を大事にしているんだね」「ねぇ、サムラン。いろいろ宗教のことについて教えてもらったから私たちもお祈りをしようよ」という場面がある。児童生徒は単なる文化についての情報を交換しているのではなく、Yes, And というつながりを通して会話を作り出す生産者となっていた。
　物語制作の活動が終わった後も、筆者は日本とシリアの学校間で映像制作や壁画制作などICTを活用した協働的な異文化間の実践を継続的に行ったが、2011年にシリア危機が起こり、UNRWAと連携した教育実践研究は打ち止めとなった。その後は、パレスチナ難民の教育実践研究を通して得た知見をもとに、

2016年からトルコに避難するシリア難民（注：トルコにおいてシリア人は難民ではなく、一時的に保護されたシリア人（Syrian Under Temporary Protection）と位置づけられる）と日本人生徒との間で交流実践を行うことになった。

【事例2】

　2016年12月から2017年3月までの3か月間、大阪府の高校生とトルコに避難するシリア人生徒の交流を放課後活動として実施した。本実践は日本の生徒らがチャリティコンサートで集めたお金をシリア難民支援に使いたいと筆者に連絡があったことから始まった（詳細は、岸, 2017）。そこで、日本の高校生と同世代のシリア人生徒が一緒になり、トルコで最も脆弱な立場のシリア人たちを支援するプロジェクト活動を行うことになった。生徒らは、まずペアでFacebookのチャット機能を使ってトルコにおけるシリア難民の現状について意見交換し、何が問題で、どのように協働で何ができるかについて話し合った。シリア人生徒はトルコでは脆弱な立場にいるが、このプロジェクトにおいては、支援される側ではなく、日本人生徒と一緒に支援をする側として参加した。

観察された生徒の様子①　非同期型のチャットを通した会話

　交流を始めて1か月後、生徒たちは（1）社会的に孤立したシリア人女性の支援としての職業訓練、（2）トラウマを持つ子どもへのカウンセリング、（3）子どもたちの学習支援、（4）緊急物資の配布という4つのアイデアに意見をまとめた。その後、トルコ側では学校の教員や保護者、日本側では在日シリア人、有識者からフィードバックをもらい、実施可能性や意義を一つひとつ検討していった。たとえば、緊急物資の配布に関して、使用説明書が日本語であればシリア人は読めないことやテログループに渡る可能性があること、防災グッズを郵送するのにコストがかかることから取り下げた。検討の結果、子どもたちへの遊びを通した学習支援にプロジェクトとして取り組むことを決定した。

　その後、日本人生徒はチャリティコンサートの準備を、シリア人生徒は子ども向けの学習支援のための教具・教材について情報収集を行った。双方が進捗状況を報告しあい、その度、肯定的な反応を交換しあうことが、活動への動機になっていた。

　日本人生徒とシリア人生徒はこの計画と準備のプロセスで信頼関係を深めた。交流の初期では、プロジェクトに関する意見交換が中心であったが、双方は徐々にプライベートの話もするようになった。年末年始には、日本人生徒が正

図9-3　OriHime と会話するシリア人生徒

月のおせち料理や初詣でについて話題に出すと、シリア生徒も年末年始の過ごし方について答え、ヒジュラ暦のことやイスラム教の祭りや行事について話が展開されていった。他にも、学校のこと、将来のこと、家族のことなどパーソナルな話もするようになっていった。

観察された生徒の様子②　分身型ロボットを通した"お出かけ"
　非同期型のチャットでの会話をしているうちに相手のことをより知りたいと双方から要望があった。そこで、筆者がトルコに滞在していた3月11日と12日の2日間、分身型ロボット OriHime を利用し同期型でつなぎ、ワークショップを実施した。OriHime は、図9-3の写真にある形のロボットで、ロボットの上半身（首と腕）をユーザーが遠隔で操作できる。ユーザーは、「はい」「手をあげる」などいくつかのメニューからロボットの動作を選び、ロボットでうなずいたり、拍手したり、反応をすることができる。また、タブレット画面を使ってロボットの首（目線）を上下左右に動かし、見たい場所に顔を向けたり、相手と目線を合わせたりして会話をすることができる。1日目に、シリア人生徒は分身型ロボットを通して日本（神社）ツアーに参加したり、和太鼓キットを組み立てたり、和太鼓の演奏を聞いたり、日本料理を体験したりした。「日本が好き」「日本に行きたい！」「日本は素敵ね」と日本文化に関心を持つと同時に、それが刺激となり、日本人生徒にシリアのことも好きになってもらいたいと意欲を高めた。シリア内戦が始まって7年が経ち、10代の彼女たちには平和なシリアの記憶は多くはないが、家族や友人から聞いた母国の話や内戦前の写真や映像を集めたりして紹介した。

〈フィールドノートより〉2017年3月12日
　シリア人生徒は、スマートフォンで写真を見せながら日本人生徒に自分の街を紹介する。「私の町には世界遺産があって、ここから見える景色は本当に美しいの」と言うと、同じ街出身の生徒が「モスクも紹介しなきゃ！」と横から口を出す。言葉でうまく伝えられないとき、インターネットで写真を検索しようとするがすぐに見つからず、校長や情報担当職員に助けを求めてなんとか伝えようとしていた。伝えたいことがたくさんあるようだった。日本人生徒が「行ってみたい」「いいね」と反応すると、嬉しそうな表情を見せた。
　当日は、生徒の保護者が数名参加しており、「子どもたちがシリアのことについて知ろうとしてくれて嬉しい」と述べていた。

　日本人生徒と交流することを通して、シリア人生徒の自国や自文化に関する語りに変化が見られた。最初は「戦争をしている」「シリアは終わった」「すべて破壊された」「家族や友だちを失った」という否定的な発言が多かったが、日本の生徒たちとの交流では、彼女たちはシリアのことや家族との思い出、学校のことについて楽しそうに話していた。そして「いつかシリアに来てほしい」「シリアの美しいところをもっと伝えたい」と心情にも変化が見られるようになった。これは、日本人生徒とシリア人生徒との肯定的なやりとりが、彼らの考えや行動に影響を与えたためであろう。
　彼らの環境が変わることで彼らが使う言葉が変わり、思考や行動にも影響したと言える。言語と生活環境は深く結びついているため、一時的とはいえ、彼らが置かれる環境が変わったことによって、彼らの自国や自文化にも関心を向けるようになった。

3 「交換」の観点から見えてくるもの

　次に「交換」に着目して、事例を考察する。2つの事例から、贈与と返礼としての交換をいくつか確認することができた。交換によって異文化の理解が深まるとはどういうことかについて、以下の4つの観点——世界の見方、意味の構築、やり方の創造、創造による喜び——について考察する。

3-1　交換によって広がる世界の見方

　私たちは、自分たちが世界についてすでに知っていること、経験してきたことを枠組みとして、世界を理解し経験する。しかし、知識も経験も変化し続けるものである。よって、私たちも自分の知識や経験を発展させ、世界を見る枠組みを発展させていくことができる。本事例を通してわかったことは、文化についての当事者の物語を交換することで、双方の世界を見る枠組みが変容したことである。以下は、事例2に参加した日本人生徒の振り返りである。

　　〈高校3年生　女子〉
　　　S（シリア人）が「私は猫が好きなんだけど、猫を飼えないの」と言ったとき、私は、「内戦で危険だから、そういう余裕がないのかな」「金銭的なものなのかな」って思った。でも、実際に聞いてみると「お父さんが嫌いだから」という理由だった。そのとき私は、「聞いてみないとわからないな」と反省した。勝手に自分の思い込みだけで考えるのではなく、ちゃんと聞いていくことが大切だと思った。

　日本人生徒は、相手が「難民」「危ない状況」「余裕がない」という枠組みで相手の言葉を理解したが、会話を進める中でそれが自分の偏見や誤解だということに気づいた。相手の語り（物語）に参加していく中でそれに気づき、その後は新しい気づきをもとに会話がつくられていった。

3-2　交換による意味の構築

　次の事例は、非同期型オンライン上での日本人とシリア人の会話である。

　　〈オンラインでの会話：J 日本人　S シリア人〉
　　J：将来何をしたいの？
　　S：シリア人の女性たちは手に職をつけて自分で稼げるようになりたくて、裁縫とかを学ぶけれど私は裁縫ができないけれど、絵を描くのが好きだから、絵を描いていきたいな。
　　　（Sが描いたイラストのファイルを送る）

J：すごいね！　この絵！　自分で描いたの？　かっこいいね。
S：（絵に描いた）彼はかっこいいけど、実際の男性は、知ってのとおり、醜い（ugly）よ。
J：そんなことないよ。この（絵に描いた）男の子、かっこいいよ！
S：絵にかいた男の子はかっこいいけど、現実の男性は違うよ。
J：ははは
S：現実の男性は好きじゃないわ。でも、いつか私も結婚しなくちゃいけないんだよね。
　　　嫌だな:')
　　　彼らは悪魔だわ。
J：同じ年の男の子のことを言っているの？
S：彼らは他の人の気持ちなんて考えない。それは同じ年齢の男の子だけじゃないけどね。
J：それはかわいそう。
S：私は彼らにかわいそうだとは思わないわ。彼らは石みたいよ。彼らは女性のことをすぐに泣くと言ってくるし。私は彼らに話しかけられても無視するの。彼らが存在してないように。
J：そうなの。ああ。あなたは強いのね。私も同じように独立していきたいわ。私も夫に頼らず生きていきたいから、あなたの気持ちも考えもわかるわ。
S：ありがとう（ハートと笑顔の記号）

　上記の事例は、シリア人のパーソナルな語り（物語）を、相手（日本人）が受け取り、会話を展開させている。シリア内戦下では性的暴行も多発し、また避難先では早期結婚や職場でのハラスメントなどが問題となっていることから、男性に対して恐怖感や嫌悪感を持つシリア人女性も少なくない。上記のような会話は、そういった彼女たちの背景を知るきっかけになったが、この会話は深刻な展開にはならず「独立した女性」として会話が展開された。そしてその言葉を受けたシリア人生徒は、「独立した女性」として共感してくれた相手に対して感謝を示している。これは共に理解を創造する一場面である。
　事例1においても、写真の世界で感じたこと、知っていたこと、気づいたことを声に出せば、必ずそれに対して誰かが考えを加えてくれる。最初のうちは、インターネットや書籍でも得られる一般的な文化についての情報の交換が多い

が、即興的な会話を通してそれぞれの日常の物語と出会い、双方の文化に対する理解を協働的に作り上げていった。お互いに相手の語り（物語）に参加し関わることで、相互理解につながる物語が完成していったといえる。

3-3　交換を通したやり方の創造

　作り出されたものに教師も児童生徒もさらに触発されていく。やり方がわからないことはとりあえずやってみて、誰かが良いやり方をしたら、それを認めて模倣する。事例1では、会話形式での物語の進め方やページのレイアウト、事例2では、OriHimeの使い方がそれにあたる。活動を進めるうちに、共通のルールが生まれ、そのルールに基づいて活動が進んでいく。事例1では、物語ができてくると、チームごとで作っている物語を接続する部分が必要になり、グループ間での即興的な会話が始まった。それぞれの物語にイラストを入れると区切りがわかりやすいと各国の物語の前にイラストを入れることになった。このように部分を作りながら全体が作られ、全体が見えてくると、部分を具体的にしていった。事例2では、分身型ロボットの有効な使い方がわかると、生徒たちは自分たちが会話しやすいようにロボットの位置を変えたり、目を合わせて話したりするなど自分たち自身で関わりやすいように場をつくっていった。また先に神社のツアーに連れて行ってもらった経験をもとに、シリア人生徒はロボットを連れて行って学校のことを紹介したりもした。

3-4　交換を通した創造に伴う喜び

　本章で紹介した2つの事例はいずれも児童生徒に限らず、大人（教師や保護者を含む支援者）も純粋に活動を楽しんでいた。ギブすることで誰かが付け加え、それが形になっていく。活動の創造（生産）に自分自身が関わっているという実感は、純粋に活動を楽しみ、喜びとなっていた。人間の本質をとらえる前提としてマルクスは、人間は本質的に創造することを好むことを示すため「ホモ・ファベル（Homo Faber）」という概念を出している（プラサド, 2018, p.131）。マルクスは、仕事とは創造的実践（creative praxis）であり、人は仕事を通して経済活動以上のものを生み出すと考えた。本実践においても、児童生徒にとって活動は、成果を出すこと以上の意味があり、それは、アイデンティティ、尊厳、喜び、希望、可能性の主な源であったといえる。

以上に示すように、本章で取り上げた2つの事例から、相互理解は「文化についての知識」の交換ではなく、即興的な会話から生まれた動きや言葉、感情、アイデア、そして葛藤を交換することによって促された。交換されたものは受け入れられ、それに付け加えていくことで会話が作られ、異文化間の協働的活動となった。子どもは、相手から問いを受け取ると、集合的にそれにどのように応えていこうかと考え行動した。そして、交換を通して新たな関係、新たな活動、そしてともに前に進むための新たな方法を創造していった。それは、集合的に新たな可能性を生み出すことにもつながっていた。

4　コミュニティを創造する異文化理解の実践とその特徴

　2つの事例を、異なる文化的背景を持つ者同士が、自国や自文化について教えあうという点だけで見ると、冒頭で紹介したトルコ人とシリア人が学校で文化について紹介しあうことと変わらない。しかし、交換の観点で読み解くことで少なくとも次の5つの特徴を捉えることができる。
　第一に、「相手（異文化）を理解すること」は、結果であると同時に道具でもある。生徒は、活動を通して言葉や感情、イメージを交換し相互の理解を深めていったが、それと同時に、その理解（気づき）をもって会話を始め活動を発展させていった。それは、最初から計画された予定調和的な文化理解ではなく、相互作用的で創造的な文化理解であると言える。事例1で紹介したパレスチナ難民生徒と日本人児童の会話で出てきた「僕の将来の夢は兵士になることです」の言葉がその一事例である。言葉は社会的なもので、それぞれの文脈で社会的・歴史的に定義された概念である。異なる文化間で交わされる言葉には、彼らを理解するきっかけが含まれている。日本人児童は、パレスチナ問題について知ることで「僕の将来の夢は兵士になることです」が示す意味が、彼らの愛国心であり、また家族への愛であり、大切な人を守るための仕事であることを知り、暴力的な意味としてとらえた「兵士」の意味とは違う視点でとらえることができるようになった。このように、相手から情報を受けとるだけではなく情動的な反応や問いを返していく意味の探究プロセスを通して相手への理解を深め、自分の見方や考え方について意識を向けるようになった。
　第二に、これらの実践は、"やりながら考え、やり方を覚えて、（対象を）創

り出していく"という、まるで"遊び"（ホルツマン, 2014）のような活動であったことである。両事例ともに事前に大まかな流れは想定していたが、その詳細については何も決まっていなかった。実際、担当教師らは「やりながら考えていこう」というスタンスであったため、活動を進めながらやるべきことを考えた。児童生徒は偶発的に起こるハプニングを即興的な会話につなげて楽しんでいた。たとえば、事例2で、日本人生徒が教えてもらいながらシリア料理のひとつファラーフェル（ひよこ豆のコロッケ）を作ったときのことである。事前に必要な材料は伝えられていたが、作り始めると必要な香辛料や器具が足りなかった。シリア人からすれば、クミンやコリアンダーなどの香辛料はどの家庭にもあるだろうと考え事前に相手に伝えなかったのである。材料や器具がない中でどうにかしようとみんなで必死に考え、「台所にあるものはなに？」「どんな香辛料ならある？」と会話しながら、日本人生徒はなんとかファラーフェルらしい食べ物を作り上げた。形はどうであれ、双方は大笑いしながらそのプロセスと結果を楽しんだ。このように児童生徒は「なんとかしていこう」という自由な発想で大人たちと一緒になって（対象を）創り出していた。

　第三に、パレスチナ難民生徒もシリア人生徒も難民という政治的、社会的制限を感じずに、インターネット上に構築された想像の空間の中で自由に振る舞えたことである。インターネット上の想像の空間で、彼らは新しい人たちと「いつもと違う自分になりきって」楽しんでいた。難民の生徒たちは、現実社会では「当たり前のように誰もが知っているイスラム教徒の習慣」でさえ、日本人児童生徒は関心を持ち尊敬を示してくれるため、教えることに喜びを感じ、もっと教えることができるようになりたいと自主学習に取り組んだ。交流前、日本人児童生徒はパレスチナやシリアについて決していいイメージを持っていなかった。また「難民」という言葉から、「かわいそう」「苦しい」「虐げられている」「孤立している」というイメージを持っていたが、彼らとの関わりを通してそのイメージは代わり、「物知りだ」「案内役のよう」「優しい」と感じるようになり（岸ら, 2009）、尊敬の気持ちを持ち、それを積極的に交流の中で示した。

　また、これらの活動は彼らの才能を発揮できる舞台にもなった。子どもらは自分のできることを積極的に提案し、多様な才能を発揮、発達させた。このような環境は、子どもの才能をパフォーマンスする機会を生み出した。新しく会う相手、新しい活動だからこそ、自由に振る舞い、挑戦できたといえる。

　第四に、児童生徒の活動を支えるために大人もゆるやかなつながりを生み出したことである。活動の最中、予期せぬトラブルや自分たちの技術・知識では

対応できないことが常に起こった。誰もが経験したことのない実践であったため、予測しないことが起こるのは当然のことである。問題が起こると学校の外へ支援を求め、保護者、地域、専門家、大学生、NGO/NPOのスタッフなどが活動に関わるようになった。教師と児童生徒は彼らが自分たちを支援しやすいようにふるまい、感謝の気持ちと結果を伝えると、それが次のつながりへと発展し、助け合いの環境が作られていった。

　教師および児童生徒が経験したことがないこと、やったことがない実践では、こういった現象がおこりうる。今野（2017）は、インドと日本の異文化理解の実践において、教師や児童が自分たちだけではできないことがあると、学校外に支援を求め、その返礼として彼らに活動の報告や感謝の気持ちを返していくことで、自分たちの活動を支援してもらうための環境を作り上げていることを明らかにしている。

　最後に、即興的な会話がパーソナルな物語を生み出しやすいということである。会話の始まりは断片的で不完全な知識（uncompleted knowledge）であっても、それを誰かが受け取り次につなげていくことでパーソナルな物語が生まれてくる。それが相互の文化への関心や理解へとつながる。これは、ヴィゴツキーの「話し／思考することには弁証法的な統合があり、そのプロセスで、話すことは思考を完成させていくthinking/speaking are a dialectical unity in which speaking complete thinking」（Holzman, 1999）の具体的な事象であるといえる。先に示したトルコの公立学校における文化紹介の実践は、「相手の文化を理解すること」が目的であり、そこで交換されるのは一般的な文化に関する情報である。一方、事例1と2では、文化理解を目的とするのではなく、活動を生み出すことと文化を理解することは同時に起こっていた。相互の関わりを通して文化に関する当事者を含む物語が交換され、双方は文化に対する理解を深めていた。即興的に会話しながら、物語を生み出す中で文化に対する理解と成果と同時に創り出していった点において、本実践は、社会的完成活動（ホルツマン, 2014）といえる。

　このような一緒に活動を生み出す（creating a joint activity）体験をした者（私を含め）は、まるで不可能なことは世の中にはないという気持ちにさえなる。「今の自分」にはできなくても、誰かが付け加えていくことで完成していく実感は、自分が社会の一員であり、コミュニティの一部である気持ちになる。まさにこれが冒頭で述べた社会的結合ではないだろうか。

5　おわりに

　本章で紹介した2つの事例から、異なる文化的言語的背景を持つ人たちをつなげるものを「交換」の観点から読み解いた。一般化された知識の交換ではなく、活動を通して即興的会話から生まれる問いをつなげていくことによって、両者は関わりを生み出し、彼らの物語に出会い、その物語に入り込み、アンサンブルとしての物語を一緒に生み出して、文化の理解を構築していった。従来の異文化間交流では、文化を何らかの基準で価値づけ、対象化し、それをまるで商品のように交換できるもののように扱ってきた。たとえば、「ファッション（Fashion）・フード（Food）・フェスティバル（Festival）」のいわゆる3Fを中心とした国際交流イベントでは意識啓発に向けて一定の成果をあげているが、文化をモノのように固定的に扱うと、ステレオタイプを強化することにもつながる。また、交流相手から知りたい情報を提供してもらうことを目的とした交流では、相手がただの「お答え自動販売機」になる可能性がある（富田ら, 2014）。さらに、文化に関する一般的な情報の交換は次の2点において問題がある。第一の問題は、その価値基準に見合う文化を持っているか持っていないかで区別されてしまうことで起こる。つまり、持つ者と持たざる者の境界が明確に可視化されてしまう。黒板、教材、電子黒板、タブレット端末が揃う教室、筆箱や鉛筆、ノートなどの文具がたくさんある日本の学校に関する情報は難民の児童生徒を持たざる者として可視化してしまう。第2の問題は、知っていることを偏重する交換によって起こる。事例2の実践には実は続きがある。支援活動をともにした高校生たちは、次に日本とシリアを紹介する書籍を制作するプロジェクトを始めた。しかし、参加していたシリア人生徒から次のような返事が返ってきた。「For a long time, I did not stay in Syria. I do not know about Syria. There is nothing I can do. You will not need me.（私はもう長い間シリアにいないし、シリアについて知らないの。私にできることはないから、私はもう必要ないね）」と。

　異文化理解における相互理解は、単に相手に関する知識の交換ではなく、活動の中で即興的会話から生まれた動きや言葉、感情、アイデア、そして葛藤からアンサンブルを創り出し、完成させていくのである。

冒頭で取り上げたシリア人とトルコ人の社会的結合の活動をデザインする上で、交換の観点から捉えた2の事例から次の教訓を得ることができた。ひとつは活動を中心とした相互理解を計画することである。異文化を理解することと活動の創出は同時に起こる。活動における即興的な会話の中で動きや言葉、感情、イメージ、そして葛藤が生まれ、相互理解を生み出すアンサンブルをつくり出す。私たちは活動を通して文化に対する理解を再構築できる。また、交換が起こる環境は参加者の当事者意識を醸成し、取り組む活動を"あなたの"または"わたしの"ものではなく"私たちの"ものとする。このような活動では、文化理解は活動の結果ではなく、文化を創造する道具となる。以上のことから、文化に対する理解は、本質的に社会的で、共同的で、相互反映的であるといえる。

　もうひとつは、3章でフリードマンが言うように「パフォーマンス・アクティヴィズムによって出現するコミュニティの類は、人びと ── しばしば、非常に異なる社会階層から来る人びと ── をともに結びつけ、新たなものを生み出す活動なので、社会的な構築物の突破口となる」(p.35) ことから、子どもらが創造的にパフォーマンスできる舞台（stage）を作ることである。そのためには舞台を解放し、誰もが多様な役割にチャレンジし、アンサンブルの中でその場自体も変化させていけるとよい。その際、本章では明確に示さなかったが、異なる文化的背景の人をぶつかりあわないようにコラボレートする人の存在が重要である。フリードマンは、フラニの警官と若者のシアターゲームにおいて、トレーニングしたファシリテーターについて少し言及しており、その役割は異文化間の実践において重要となる。2つの文化の境目に立ち、相互の会話を円滑にファシリテートする人についても、今後より検討が必要となる。

【文献】

安達智史 (2008)「イギリスの人種関係政策をめぐる論争とその盲点：ポスト多文化主義における社会的結束と文化的多様性について」『フォーラム現代社会学』Vol.7, 87 - 99.

Cheong, P. H., Rosalind, E., Harry, G., & John, S. (2007) Immigration, social cohesion and social capital: A critical review. *Critical Social Policy, 27*(1), 24 - 49.

Holzman, L. (1999) *Performing Psychology: A postmodern culture of the mind*. Routledge.

Holzman, L. (2009) *Vygotsky at Work and Play*. New York: Routledge.〔ホルツマン／茂呂雄二訳 (2014)『遊ぶヴィゴツキー：生成の心理学へ』新曜社〕

香川秀太・青山征彦（編）(2015)『越境する対話と学び：異質な人・組織・コミュニティをつなぐ』新曜社

柄谷行人 (2010)『世界史の構造』岩波書店

岸磨貴子・三宅貴久子・久保田賢一・黒上晴夫 (2009)「ICTを媒介とした国際間協同物語制作学習による異文化理解」『日本教育工学会』Vol.33 (Suppl), 161 - 164.

岸磨貴子・今野貴之・久保田賢一 (2011)「インターネットを活用した異文化間の協働を促す学習環境デザイン：実践共同体の組織化の視座から」『多文化関係学』Vol.17, 1 - 18.

岸磨貴子 (2017)「シリア難民との交流学習における分身型ロボット活用の意義」『日本教育工学会研究報告集』*17*(2), 47 - 54.

今野貴之 (2017)「国際交流学習における教師と連携者間のズレとその調整」『日本教育工学会論文誌』Vol.40(4), 325 - 336.

宮崎清孝・上野直樹 (2008)『視点』東京大学出版会

プラサド, P.／箕浦康子ら（訳)(2018)『質的研究の理論的基盤：ポスト実証主義の諸系譜』ナカニシヤ出版

富田英司・鈴木栄幸・望月俊男 (2014)「オンライン・コミュニケーション：インタフェース改善とリテラシー育成」富田英司・田島充士（編著）『大学教育：越境の説明をはぐくむ心理学』(pp.181 - 201) ナカシニヤ出版

山本剛 (2016)「難民支援に関する一考察：トルコにおけるシリア難民支援を事例として」『ソシオサイエンス』Vol.22, 17 - 35.

3部
学びの場のパフォーマンス

10章　教育におけるパフォーマンスの意味

有元典文

1　はじめに ── 観客・共同・即興・創造・発達・遊び

　私たちは、パフォーマンスが教育の突破口となると考えている。
　教育は突破しなくてはならない行き詰まりにいるのか？と問われると、特に差し迫った問題が山積しているとは思わない。むしろ安定しある程度うまく機能しているように見える。しかしもちろん制度が安定しているからといって、個々の児童生徒、教員、保護者をはじめ教育に関わる人たちが感じたり経験したり困っている問題は常にあるだろう。その中で、やがて子供の心身の安全安心を脅かすような重大な問題に成長する種子が隠れている可能性もある。
　安定してある程度うまくいっていることはみんなの努力の反映であり、それ自体素晴らしいことだが、その安定からはみ出したり、その安定のせいで蓄積したりやがて顕在化したりする問題もある。システムは成長し、どこかで安定した状態になるが、安定しているがゆえに、そのせいで起きる問題が問題化しにくいことがあるのだ。
　突破口というのは、教育自体の次の段階への発達に向けてのことだ。教育制度がメリットとなる対象者を増やし、教育がデメリットになる児童生徒をなるべく少なくする。教育はそんなふうに変化を続け、現在に至っている。私たちは教育実践を成長させ、発達させる次のキーワードを、「パフォーマンス」だと考えている。
　パフォーマンスというのは、実行・遂行という中立的な語義もあるが、演奏、演技、表現活動の意味もあり、ここでは後者の意味で用いている。心理学が対象にしてきた人間の動き、振る舞いは、反射、反応、行為、行動、活動などのさまざまなまとまりの水準で記述されてきたが、「パフォーマンス」はまた新たな単位だ。だからと言って今はまだレオンチェフやエンゲストロームをひもとかないでもいいのだ。今は本棚には行かなくて構わない。勉強するのは後回

しにして、今は自分の知っている、これまで見てきた、いつも行っている「パフォーマンス」を思い起こしてほしいし、実際試してみてほしいのだ。

　パフォーマンスという言葉を選ぶのはそのためだ。

　頭で考えていることは、実際に身体を動かすこととは異なる。結局私は、この章を通して、「パフォーマンスとは何か？」という問いを、皆さんと一緒にパフォームしたい。「パフォーマンス」をパフォーマンスで定義したいということだ。ただ頭の中で理解したり、疑問に思ったり、問題解決したり、類推したり、そういう立ち止まった、主知的（インテレクチュアル）なことはもう十分だ、後回しにしてくれと、これまでそんなことだけをしてきた私が宣言するということだ。

　わざわざパフォーマンスという言葉を用いるということには、アームチェアに座って頭で考えることから心理学という学問を解放したいという意図がある。アカデミア自体が変わらなくてどうする。何も変わらないものは何も変えられない。だからこの章はこれ自体が主知的な理解や探求の対象ではない。パフォーマンスへの招待状だと思っていただきたいのだ。

　心理学がパフォーマンスという言葉をあえて用いることに関して、演劇、音楽などをなりわいとしているパフォーマーに、あえて仁義を切る必要はないだろう。心理学や教育実践において、パフォーマンスを人間の振る舞いの新たな単位として用いることは、2つの点からパフォーマーの直観にもなじむはずだと想像するからである。

　ひとつには今日、パフォーマンスの応用（アプライド）が一般的であることがあげられる。本章で特に紹介する「インプロ」[1]のように、演劇手法の教育や研修への応用は珍しくなく、また音楽療法のような臨床的な応用も一般的になっている。2つ目には、舞台の上でパフォーマンスをしているのなら、私たちの日常生活の上の振る舞いもまた、パフォーマンスだと見て取りやすい、と思うからだ。ステージが5分、30分、2時間のパフォーマンスなら、日常生活は、生まれて死ぬまでの長期のステージだ。私たちが社会的動物である限り、社会生活とは誰かに向けて、誰かとともに、誰かであることを振る舞うパフォーマンスだ。

　今、喫茶店でちょうどここを読んでいるなら、あなたが「何をしているか」「あえて何をしていないか」を数え上げてみてほしい。たぶん、あなたは静かにきちんと座っている。たぶんソファの上で胡座をかいたり、鼻毛を抜いたり、独り言を言ったり、立ち歩いたりしない。あなたは観客を前にした役者だ。だ

からあなたは何かをして何かをしないということを選択している。「この世は舞台、男も女も皆、役者にすぎない」というシェイクスピアの言葉は、このことをよく表している。誰もが社会的パフォーマーなのだ。

本章では教育に携わる人びとにパフォーマンスの意義を伝えるが、同時にパフォーマーにも教育の意義を伝えたい。そのことでパフォーマーにも教育を支える仲間になってほしいからだ。彼らのパフォーマンスとその共同の英知で教育を発達させたいからだ。

本章で「パフォーマンス」という言葉を使うときの含意、「行為」でも「行動」でも「活動」でもなくパフォーマンスと用いるときの、そのいろどりをここに列挙してみたい。

観客：パフォーマンスの一番大きな特徴は、オーディエンス（観客）がいることだ。ここで観客とは、単に受動的な受け手ではなく、観客としてのパフォーマンスでパフォーマーを支え、そのことでその場を共同で作っている者のことを意味する。[2] オーディエンスがいる授業になるのは、良いクラスだ。児童生徒が、教師に評価されるためだけに、自分の能力をたった一人に披露するのはパフォーマンス的ではない。また、手をあげて、自分の言いたいことだけ言って、他の子の発言をかえりみないようなクラスでは、誰もオーディエンスになっていないし、そのために、誰もパフォーマーにはなれていない。そこでは情報の交換がなされているだけだ。語りかけ、振る舞いかけているとき、その相手は観客だ。情報の受信者ではない。観客に語りかけ、振る舞いかけているのならば、話者は情報の発信者ではなくパフォーマーだ。

共同：パフォーマンスは共同的だ。パフォーマー同士が、そして／またはオーディエンスとともに、その場をパフォーマンスにする「共同の意思」がある。そうした共同の意思が響き合わなければ、その場はパフォーマンスに見えないだろう。教育の大きな目標のひとつは子供たちが将来の社会でより良い共同ができるように支えることである。それは良い共同と出会い、それを良いと思うことで身につくことだ。

即興：共同を志向するなら、パフォーマンスは常に即興になる。二人以上の人間が何かを共同で為すことはいつだって即興的である。他者とは私の意思で動かない身体のことだ。自分の意思で動かせない他者同士が共同でパフォーム

10章 教育におけるパフォーマンスの意味

するためには、前もってのプランやプログラム、プロトコルだけでは対応できない。今、隣の人に「一緒に人間について実験しよう」と声をかけてみてほしい。そして一本のペンを二人の人差し指で水平に支えてみてもらいたい。同じことを一人でするときとは違って、ペンはずっと揺れ続ける。ピタッと止めようとするほど、振幅は続く。その揺れは、私の意思で動かせない他者の身体同士が共同していることの現れだ。たとえば二人で机を運ぶときの知覚と運動の協応は、一人のそれとは質が違う。次に机を運ぶ機会に、あえて意識しながら試してもらいたい。

創造：だからこそ、パフォーマンスという言葉を用いて、そうした即興的な共同性が創造的であることを強調したい。事前のプランでは対応しきれない、私の意思では動かせない私の外の人とものごとと協調していくことは、きわめて創造的（クリエイティブ）だ。プラン（計画）の反意語は創造だろう。私たちは今ここより未来に向けてまずプランして振る舞っている（と信じている）。実際は私たちの働きかける世界は、プランの作られる場所とは違う場所だ。プランは私たちの精神の中で起きるが、出来事は私たちの精神の外で起きる。世界とはその意味で、私の意思では予測できない、私の圧倒的な外部だ。プランでは対応できないそうした外部での即興的な共同には、プランの反意語としての創造がどうしても必要になる。

発達：だからこそパフォーマンスは発達的だと考えられる。ホルツマンは「発達」を「今ある自分ではない誰かをパフォーマンスすることで、自分という存在になっていくこと」（ホルツマン, 2014）だと定式化する。自分の精神の中のよく知った（つもりの）自分としてではなく、自分の外で、自分の意思で統御できない他者・世界と共に、自分の輪郭を越えた振る舞いをするうちに、やがてそうした自分が「この自分」というものになっていくプロセスのことを指している。自分らしさを繰り返すことを行動と呼ぶなら、自分の輪郭がいやおうなく描き直されていく、この自分の外に開かれた共同を、発達と呼ぼう。

遊び：そしてホルツマンに導かれ、私たちはヴィゴツキーの遊び論（Vygotsky, 1978）に出会う。1920年代後半から30年代にかけて活躍し、夭逝したロシアの心理学者ヴィゴツキーは、遊びについてこう言った。

遊びは、子供が自分の未来に最も近づけるゾーン（発達の最近接領域：ゾーン・オブ・プロキシマル・デベロップメント）を作り出す。遊びでは、子供は常にその年齢に平均的な日常行動を超えて行動する。それはあたかも頭一つ分、背が伸びたようなものだ（ア・ヘッド・トーラー）。遊びは、虫眼鏡の焦点のように凝縮した形で、すべての発達の特徴を含み、それ自体が発達の主要な発生源である。

　パフォーマンスの中にある遊びという特徴は、とうに教育の中の重要な要素として、日々の実践の中で用いられている。私たちは、もっと遊びを、プレイを、パフォーマンスを教育に持ち込んだらいいと考えている。持ち込む、というのは違うだろう。実際はすでにそこにたっぷりあるのだ。教育におけるパフォーマンスは、足元にゴロゴロと転がっているのに、まだ宝石だと思われていない石だ、ということを言いたいのだと思う。
　以上のように、パフォーマンスという言葉に私たちが読み取る、観客・共同・即興・創造・発達・遊び、という6つの要素は、人が人の社会の中でうまく（それも楽しく）やっていきつつ、そしてそのことで皆が成長していくための基本要素だと思える。この6つの要素に照らし合わせてみると、「教育のパフォーマンス」はまだまだ限定的で狭いように思える。読む、聴く、書く、考える、覚える、答える、という行為に、もっと大雑把にまとめると、教わったことを覚えて、問われるままに答える、という振る舞いに、この六要素がどれだけ関わるか。
　一方で社会生活はパフォーマンスである。相手（観客）があり、共同的な即興で事態を創造しつつ、そのことが発達的に作用し、その過程に遊びの要素を含んでいる。
　私たちは即興的かつ共同的に、答えのない未来に向けてパフォーマンスしている。社会に生きるというのはそうしたパフォーマンスを行うことであるのにもかかわらず、社会でのパフォーマンスのうち、教室では、実際に身体を動かすのではない、座って頭を使うことばかり「パフォーマンス」している。
　「磁石のまわりには磁界があり、磁界には向きがあることを知る」というような学習観がその例である。日常生活で「〜を知る」ということは、「〜ができる」というパフォーマンスの可能性を意味している。「教育のパフォーマンス」においては、「〜を知る」ということが、近い未来の定期試験で点を取れることになってしまう。

だから「教育のパフォーマンス」に、観客・共同・即興・創造・発達・遊びという社会におけるパフォーマンスの特徴を持ち込むことの意義を考えていきたい。いや、繰り返すが、あちこちの教室で、いろいろな課題の中で、いろいろな場面で、いろいろな教員と子供が、すでに行っているのだ。そこ、ここにある目を引かない石が、社会生活の基礎となる礎石だと再発見したいのだ。

2　主体を「個」から「場」へ広げよう

　パフォーマンスという切り口で教育の意味を再発見していく。それは教育実践の中に、社会生活の直接の基礎となる要素である、観客・共同・即興・創造・発達・遊びを探し、価値づけ、広めたいということである。
　一番大切だと思うのは、学習を「個のプロセス」から「場のプロセス」へとシフトすることだと思っている。社会生活は人と人との共同によって成り立つ。個人だけが垂直的に学習し、発達すれば、その個々人の総和として、社会がうまく動くわけではない。個人の垂直的な発達（Engeström, 1996; 有元, 2008）が、共同という水平的な発達を必ずしも含んでいるわけではないからだ。周りと共同し、水平的に支えあう、そのことが社会という全体性の学習と発達だ、ととらえ直したいのだ。
　さいわい教育現場には、主体に関して「個」だけでなく「場」としてとらえる見方もある。
　ここで「個」とは、学習を個人の中に起こるものだととらえる見方である。「何かができるようになる」主人公は「個」であり、変化し成長、発達する主体は個人、というとらえ方である。「個体主義パラダイム」という言葉がある。人間の行動や心理を、個の中のプロセスとして観察、記述する立場のことをこう呼ぶ。
　たとえば

　　　　花子さんに逆上がりができた

というのは、個体主義パラダイムに沿った観察と記述である。逆上がりができたそのメカニズムが、花子さんの中だけに存すると解釈しているからだ。

しかしこれは唯一の「真実」というわけではない。これはある「見えとしての現実」だ。一種の「社会的カメラワーク」の反映だともいえる。あなたは現実というシーンの監督だ。カメラワークは自由に変更してよい。先述のように記述されえる事態の、カメラワークを変化させ、事態が埋め込まれた状況を一目で見渡せるようにカメラをズームアウトしてみよう。スナップショットではなく、前後の流れも含めて。そうすると

> 　花子さんに逆上がりができた、という事態が観察可能（可視）になるような、指導者、補助者、仲間、人工物、課題の構造、評価を含む状況の経過がそこに成立している

と表現することもできるだろう。
　学習とは突然個の内なるスイッチが入ることではない。時の流れの中に、そういう見えが訪れるのだ。実際、何かができるということは、何かができたと観察できる場がそこに作られた、ということなのだ（有元, 2013）。
　このように「何かができるようになること」を「場」に還元してとらえる見方は、学校教育では一般的だ。学級や集団そのものを育てることによって、「皆に何かができるようになる集団」を作っていくというわけだ。この場合、発達する主体はクラスや集団と考えることになる。発達の期間は45分や50分の授業のことではなく、学期や学年のようにもっと長く設定される。このことを表す「学級経営」という言葉もある。「教師と児童の信頼関係および児童相互の好ましい人間関係を育てるとともに児童理解を深める」（小学校学習指導要領）こと、または「集団指導を通して個を育成し、個の成長が集団を発展させるという相互作用」（生徒指導提要）が、生徒指導だけでなく学習指導の基礎だという教育的常識があるのだ。
　学習し、変化し、成長、発達する主体（主人公）をどう設定するか。教育の場面では、「個を育てること」と「場を育てること」という2つの見方が、特に矛盾することなく共存している。
　個を育てる、と考えたときに、教育という言葉には「方向性」が働く。それは、教え手から学び手に向けて知識・技能が流れ込むという見方である。できるものからまだできないものへ、より知るものからより知らないものへ、熟練から未熟へ、という方向性の意識がそこには作用するだろう。
　一方で、学習し発達する主体を「個」ではなく「場」だととらえると、教育

という言葉が含む方向性のメタファ（たとえ）は変化する。それは「方向性」から「共同性」へという変化である。児童生徒と教師が、児童生徒同士が、学習、発達の場を一緒に作っている、というとらえ方である。教師が個別の児童生徒を育てている具体的な場面にあったとしても、それを「教師と児童生徒という共同」が育っている、と見る見方である。教育とは、学び手を変えることではなく、教え手と学び手がともに変わっていく共同だ、と読み替えてみたい。

　このことは主体的、対話的な授業方式に限ったことではない。どんな形式の授業であれ、どんな規模の指導や支援であれ、教師は一方向的に児童生徒に学習や発達を引き起こせるわけではない。教師から子供への方向性がある、というのは、社会的な錯覚かもしれないのだ。変わり続ける社会的文脈の中で、一人ひとり異なる個性と背景を持った学習者に、何かを学習させることは、どんな教師にも最適解があるわけではない。

　むしろ、「教える」ということを、一緒に育っている、とか、逆に教わっているのだ、と「場」の観点から考えてみたい。教えるということは、教師にも同時に学習が引き起こされ、学習が必要とされる場面だ。

　「いまだやり方を知らないこと」（Lobman & Lundquist, 2007/2016）に向き合うことが「学習」ならば、教育というその実践自体が常に学習的だ。すでにやり方を知っていることを行うことを「行動」と呼ぶなら、教育実践は行動の範疇にはとても収まりきらない。

　子供たちのヴァリエーションは社会そのものの縮図であり、社会が宇宙だとすれば教室は同じ配分比率で地域社会を縮小した小宇宙だ。社会とは、多様なものが多様なものと出会い、関わりあう事態である。社会は、やり方を知っていることだけで行動していたのでは対応し尽くせない複雑さをたたえている。

　だから教室という社会の小宇宙は、いまだやり方を知らないことに取り組む学習の場だ、と見ることができる。それは児童生徒にとってだけでなく、教師にとっても同じことだ。教室は、関わりあう他者と共同的、即興的に場面を創造していくことで、皆が発達する社会的なパフォーマンスの場なのだ。

　学習を個のプロセスだととらえてしまうと、何かをするしない、できるできないが、個人の内なる問題になる。個人の意図や動機や能力や知識や技能の問題になる。そういうカメラワークもありえるし、一般的かもしれない。だが、人の教えと学びはそんなに単純なものではない、と教えてくれるのがヴィゴツキーである。

　「個体主義」に対照させて言えば、彼のアイデアは「共同主義」である。

ヴィゴツキーは、子供の能力には、「独力でできるレベル」とは別に、「大人や仲間との共同でできるレベル」がある、ということを明らかにした研究者である。そうした支え合いの場を、前掲の遊び論の中で「自分の未来に最も近づけるゾーン（発達の最近接領域）」と名付けたのである。子供の独力を写していたカメラ（「学力」や当時流行しだした「知能テスト」）がズームアウトされ、ヴィゴツキーの目には、大人や仲間と共同で創るゾーンの中で、皆が発達する姿が映った。

　現実の社会の縮図たる教室において、現実の生活への適応を念頭に教育実践を行うのなら、出会い関わり支えあうこと、つまり共同こそが教育の目標であるべきだ。誰か個人が学習する、変わっていく、という見えを映し出すカメラアングルを変化させて、学級という集団が学習し、発達している、というストーリーを見て取るほうがもっと現実に近い。

　現実の社会の基本条件は、多様性だ。他者性の集まりだ。私には自由にならない「他の私」との共同だ。それでもおおむねうまく回っている場だ。人間の社会は「不揃いの木を組む」（小川，2012）ように、バラバラの個性が互いに互いを補いあって、在る。だから、そうした水平的なつながりによって、独力ではできなかった未来の自分が振る舞えることを、学習と呼ぶことには意義がある。教育はつい子供を独りにし、未来の独力に備えて独力を鍛える。しかし未来の共同に備えて、いま・ここでできることを、皆で支えあう行き方もある。垂直に鍛えるのではなく、水平に支えあう。そのことでできなかったことができるようになったら、それも「学習」だ。それは共同による水平的な学習だ。

　教育、つまり教えることと学ぶこと（教え → 学び）、を、教えと学びが同時に起きている場（教え ↔ 学び）だとあえて見てみる。「教えること」から「学ぶこと」への一方向の方向性だけを見て取るのではなく、教えながら学びつつ、学びながら教えているという共同性をあえて教育の語義として採用して見るのだ。

　教育という言葉の持つ方向性の感覚を共同性へと転換してみたい。教育と聞いたら「皆が共同で発達する実践」のことが思い浮かぶように。教育を「教えて育てる」ことと「教わって育つ」ことの弁証法だととらえてみるのだ。ヴィゴツキーは著作の中で「教育」に「アブウチェーニェ（OBUCHENIE）」というロシア語を当てている。このロシア語には翻訳しにくい意味が含まれているという。アブウチェーニェは「ティーチング－ラーニング・プロセス（教えと学びの弁証法）」（Wertsch, 2009）であり、「学習および教師による環境と子供の経

験の組織化」(Cole, 2009) の2つのプロセスを含むというのだ。

　教育の語義が「教えと学びの弁証法（教え ↔ 学び）」を意味するようになるなら、「教育」は「社会」という言葉と対になるだろう。ここで弁証法というのは、教えることと学ぶことが相互に影響しあう一体だということを指す。社会とは多様な共同のプロセスである。教育も同じだ。教えという方向性で意識されながらも、実際は教えあい、学び合いが起きていることに注目し発見してみる。そうすると教育は社会の成り立ちとぴったり重なる、社会生活の準備段階という位置づけになる。社会とはそういう運動だからだ。学習と発達の主体を、個人という狭さから、もっと大きなものへと広げて見られないだろうか。

3　教育にパフォーマンスを

　心理学者たちは、教育をさまざまに解釈してきた。だが大切なのは、教育を発達させることだ。教師たちは、子供たちを変えようとしてきた。だが大切なのは、まず自分が変わることだ。

　ホルツマンとそのグループの発達支援の理論と実践に出会った私は、自分が単に解釈者であり、変わらない教師であり、パフォーマーでもなく、オーディエンスでもないことに気づいてしまう。7月当初の小学校の校内授業研究会。1学年の担任団は国語科の「おむすびころりん」の単元に共同で取り組んだ。小学1年生になって3か月目、登場人物の心情理解を頭ではなくリズムに乗った音読、動作化というパフォーマンスを通して行うのがこの単元である。心情理解を主知的に行うのではなく、子供同士相談しあい、演じあうことで、パフォーマンスとして理解することになる。「どうしたらねずみになれる？」「どうしたらねずみらしく歌える？」「どうしたらみんなが踊りたくなる読み方ができる？」高学年とは違い、一年生たちはこの問いに頭ではなくパフォーマンスで応えていくのだ。

　あるクラスでは教室に大玉を持ち込み、ねずみの視点からのおにぎりを体感した。担任教師は「結局ごちゃごちゃになっちゃった」と笑う。各クラスでこうした実験を繰り返し、教員団で共有し、より良いパフォーマンス的理解の場を目指した。

　校内研当日は、学年の最もベテラン教員のクラスの授業となった。いつもと

違う絨毯じきの音楽室、周りには他の学年の教師も含めて30人近くの大人が囲む。担任も緊張している。授業とは子供と大人の即興だからだ。担任教師は授業開始前からすでに運動会のダンス曲を鳴らし、子供たちは踊りまくっていた。このクラスでの工夫は、教室の真ん中にロープで作った大きな輪、これがねずみたちの穴を象徴している。担任は輪を利用し、オンステージとオフステージ、パフォーマーとオーディエンスを作り出す。

「輪の周りに座って」
「おむすびころりん　すっとんとんを一人で歌ってくれる人、輪の中に入って」
「嫌だあ！」と子供たち。ちょっとでも嫌なことは嫌だという、と指導案の児童の実態にも書いてある。
「一人では無理だけど、みんなで輪に入って言ってみよう」
子供たちは一斉に輪の中に飛び込んで大声で歌う。
「踊りたくなったら踊っていいんだよ」次に、
「4人で相談して、ねずみの歌を工夫して、みんなが踊りたくなるように読みましょう」
相談なのか、工夫なのか、練習なのか、ふざけ合いなのか、そんなややだらけて見える時間が続く。
「じゃあねずみの歌を歌ってくれるグループ？」

　最初のグループの工夫は以下のようなものだった。一人が「おむすびころりん」と歌うと、残りの子供たちが「すっとんとん」と声をそろえる。これを3回繰り返すと、素朴だが音楽的なリズムが現れる。このことでどんな工夫をするのかが他の子供たちにも見えてきた。次に、人前で演じたくてしかたがない、とてもやる気の高い女子二人が輪の中に飛び込んで、歌おうとする。ところがグループの男子二人は尻込みして輪の上にとどまっている。
「4人みんなでできるならやってね」教師は制止した。
　この短い相談時間に続く数組のグループの演示の後、改めて歌い方の工夫を相談する時間になった。今度は相談らしい相談になり、そこ、ここで練習も始まった。続いてパフォーマンスの時間となり、さまざまに工夫されたねずみの歌と、どんな工夫があったか、どこがよかったか、についての子供たちからの感想が繰り返された。最初に制止されたグループは、今度は無事に4人で演じ

10章 教育におけるパフォーマンスの意味

ることができた。人前で演じることが本当に嬉しい、というように輪の中に飛び出し、皆に見守られながら、甲高いねずみの声で歌うという工夫をした。観客は大いに湧いた。最後はクラス皆がねずみになりきって輪の真ん中で団子になってしまい、担任教師は苦笑いしながら、子供たちをひきはがし、輪の上に戻して、着座させた。

　この授業での「理解」とは、パフォーマンスであり、共同であり、即興の創造だった。教育関係者でないと意外かもしれないが、小学校ではこういうパフォーマンス的な授業は日常的だ。もちろんこの授業は学年全体で準備を続けた、よく練られた指導案ではあったが、それでも実際は当日任せ、どうなるかわからないまま授業をする、という即興も珍しいことではない。逆に言えばよく練られたベテランの授業だから、この即興が成立していたともいえる。指導案には「1年生の生活や学習は「遊び」からである。なんでも楽しんでいるうちに力がついたら、大成功といえる」という担任教師のコメントがあったのが印象的だ。

　授業の最後に担任が校長と私に感想を求めた。「大学の先生も見に来てくれました。お話を伺いましょう」私は慌てて一言、皆の歌がとても良くて踊りたくなりました、と言って、それだけではなんだか足りなくて、子供たちと先生に申し訳ないような気がして、妙な蛸踊りをひとふし披露した。しかしそのとき深く後悔した。自分が「していなかったこと」を思い出したのだ。教育を解釈してしまい、その場で教育を発達させることに関わらなかった。子供たちを変えようとして、自分は変わらなかった。私は授業を見ていたのではなかった。「踊りたくなったら踊ってね」という授業において、「見ている」というのは「踊らないことをしている」ことに他ならない。学びを「みんなだとできる場」づくりとしてとらえ直したい、と考えているのにも関わらず、また超然と観察者をしてしまった。

　教育を皆が共同で発達する実践だ、と読み替えていきたい。

　教育はみんなで唄う歌のようなものだ。歌は誰かの声が歌なのではなく、個々の声の総和以上の全体が歌だということだ。[3]教師と児童生徒は、拍手における右手と左手である。拍手の音はどちらの手のひらから出ているか？　今その場で、拍手をしてみて、確かめてもらいたい。よく見て、よく聴いて、何度も繰り返して、確認してみよう。拍手の音声は右手からも左手からも鳴ってはいない。拍手の音声は右手と左手の関係の効果として一体として空気を震わす。水がその構成要素である酸素そのもの、水素そのものとは異なる性質を持つよ

うに、全体は部分の総和を超えている。ヴィゴツキーは共同作業の意義について以下のように記した。

> 集団を形成した一人ひとりの子供は、ある種のより大きな存在と同化することで、新たな質と特殊性を獲得した。集合的活動（コレクティブ・アクティビティ）と協同の過程において、彼の水準は高められる。前からそこにあったというわけではなく、まさにグループづくりのその過程において、新たな形の生き方（人格）があらわになるのだ。(Vygotsky, 2004, p.211)

社会の縮尺図である教室は、個々の要素の足し算を超えている。できる−できない、うまい−下手、関与−無関与、初心−熟練、そうした多様な要素が混じりあって全体の効果を作り上げるアンサンブルであり、その意味で社会の小宇宙だといえる。教科を学ぶだけではない。教科を学ぶことを通して、社会生活の基礎である「一緒に生きる技術」（有元, 2017）を、教科で学んでいる。

4 やったことがないことがやったことがないままでできる場へ！

ホルツマンの導きでインプロに出会い、ニューヨーク市で彼らのグループのワークショップを体験した。ロブマンらの教室インプロ・ゲーム集『インプロをすべての教室へ』を皆で翻訳し、その過程で仲間の学校の先生たちとインプロ・ゲームの勉強会を結成した。ろくに体験したことがないまま翻訳にあたり、翻訳しながら体験していくという調子だった。それは『解体新書』における暗号解読に近いだろう。勉強会に若手で勢いのあるインプロバイザーが入れ替わり立ち替わり参加してくれたこともあり、パフォーミング・アーツとしてのインプロの本格に触れることもできたし、そのつてで彼らの主催するインプロ・ワークショップを受講するようになった。

インプロ・ワークショップでは、「集合的活動」「共同」「弁証法」というものを頭ではなく、パフォーマンスとして理解できる。即興という答えのない課題を前にして、共同体の一部になっている感覚と、考える前に動く感覚は、私のように一人の頭でプランして来た人間の学び直しには鮮烈な効果がある。教師

や対人サービス業には強く勧めたい。まず素朴に学習者体験ができる。教師は教えることに習熟するが、だからと言って学習者として熟達するわけではない。やり方を知らないことに学習者として取り組み、学び方を学び直すのは新鮮だ。次に、自分の仕事の「方向性（→）」を、新たに「共同性（↔）」としてとらえ直す良いきっかけになる。教育が、情報伝達ではなく、前掲の「拍手の音声」、人と人とのアンサンブルだと気づくだろう。

　舞台演劇としてのインプロは普通のパフォーミング・アーツの行き方とはまるで異なる。大方の演劇や音楽は、脚本や楽譜というプランに基づくが、即興劇はプラン自体を即興で共同創造していく。舞台上で、リアルタイムに、金を払った観客を前に、自分たちのチームの名前をかけて、舞台を作っていくのだから、共同性のためのとてつもない修練が必要になることは、想像に難くない。

　このことから逆に、やはり即興でありプランのない日常生活を、私たちがよくぞおおむね無事にこなしているものだ、という事実を讃えることもできるだろう。舞台芸術としてのインプロが、インプロバイザーの特別な訓練と才能の共同で成し遂げることを、私たち市井の民が、小さな行き違いはありながらも、なんとか社会として成立させていることを価値づける必要がある。個々人の垂直の能力で成立しているというより、社会という「より大きな存在と同化する」ことで、互いが水平的に支えあうことで達成されていることは、進行中の奇跡だ。

　私たちは本質的にはやり方を知らないまま日常を生きている。一瞬一瞬がこの先どうなるかわからない可能性に開かれている。マニュアルに従った仕事でも、楽譜に従った演奏にしても同じことだ。だから、偶然を飼いならすために、細かくプランし、練習を繰り返す。個人が未来の未知に対応するための技術習得として、個体内の学習に期待して来たのだ。

　つまり、私たちは、「できるようになってから行動する」ための練習を繰り返して来た。「知っていること（ノウン）」をパワーにしようとしている。それを教育という制度にして来た。日常生活において、たまたま運よく「知っていること」だけしていて済むのなら、それでも良い。そういう生き方は、やり方を知っていることの過剰学習のようなものだ。私たちは皆、自分という役割をオーバー・トレーニングしている。ただし現実生活は、厳密には、「知っていること」を常に超えている。そこで私たちに欠けているのは、できないことをできないまますることだ。やったことがないことをやったことがないままする練習だ。パフォーマンス（＝インプロ）の出番である。学習観を転換するのだ。

インプロでは「知っていること」より「知らないこと（アンノウン）」を共同のパワーにしている。

　インプロ・ワークショップでの私は、臆病で下手くそだ。ちゅうちょしてゲームに入れなかったり、失敗したり、アイデアがなくて動けなかったり、役から落ちて「あれ？どうしよう？」といった自分の言葉を発してしまう。失敗するのはつらいことだ。ゲームだとしても恥ずかしいことだ。この歳になって、頬が紅潮することなんて、インプロ以外に滅多にない。でも最近では、これはいいぞ、と思うようにしている。なぜならできないことをできないまま行う練習になるからだ。日常の私は、過剰に訓練された54歳の私という役割をパフォームしていて、やれることしかしていないからだ。初心忘るべからず。私のような教育者にとって、インプロゲームはうまくなるのが目的のゲームではない。下手なままでいることを味わうために行うのだ。

　できないことをできないまま行うことはとても困難だ。教室では、誰もができることをしたがる。できないことをしたがらないのが見てわかる。誰だって教師の指名を、身を縮め首をすくめてやり過ごそうとした経験があるだろう。ある高校では歌唱のテストを個別にしていた。生徒が人前で歌うのを嫌がるからだという。歌とはパフォーマンスであり、人前で歌わない歌というのは形容矛盾だ。兼好は『徒然草』[4]において次のような学習観をいさめている。そんな学習でうまくなったものなど一人もいない、と忠告している。「よくせざらむ程は、なまじひに人に知られじ、内々よく習ひ得てさし出でたらむこそ、いと心にくからめ（上手にできないうちは、人知れずこっそり練習し、うまくなってから人前で披露するのがカッコいいのだ）」できないことをできないまま行うことは、14世紀前半でも困難だったのだ。

　できないことはしたくない。でもこれは学習のパラドックスだ。できることしかしなければ、できないことはできるようにならないのだ。ハイハイでの移動が得意だが、立って歩いたことはない赤ん坊が、できないことはやらずに得意なハイハイを続けたとしたら、決して立って歩けるようにはならない。できるようになるには、できないままに行うことが必ず必要とされる。

　社会生活は即興での共同であり、それは時々刻々常に新しく、誰も学習の完成者はおらず、誰もが未完成のままだ。厳密には本当は誰も確信なく、どんな達人だってできるかどうかわからないままに行っている。だからこそ、できるようになってから行う練習よりも、できないままに行う練習のほうが大切だ。

　教育が社会生活の準備だとするならば、できないことをできないままにする

練習をしたほうが良い。どうしたらみんなで、できないことでもできないままにできる場が作れるか、そのやり方を身につけるべきだ。そのときの障害物は「失敗」だ。または「失敗」の受け取り方だ。できないことをしたのに、できなかったことが「失敗」だったら、誰も取り組まないだろう。できないことをすることが「挑戦」や「練習」「実験」「創造」なら話は別だ。やり方を知らないことに取り組まない限り、やり方を知らないことができるようにはならないのだから、できなかったことを「失敗」にしないことが何より重要な学習環境だろう。

「失敗」とは社会的な構築物だ。正しさの基準があり、それを見る他者がいて、達成すべき時間が決まっているから「成功」と「失敗」が社会的に作られる。正しさの基準がなく、達成を長い目で見るなら、失敗はなくなる。赤ちゃんの喃語（「だあだあ」）を誰も発話の失敗だとは言わない。自転車に乗れるまでの練習過程に失敗はない。跳び箱が跳べるかどうか、ということは、クラスメイトと教師の衆目にさらされながら、45分の授業時間の、限られた練習と何回かのトライアルで、「成功」か「失敗」かが社会的に表示されてしまうタイプの「事実」だ。「失敗」とは一定の環境の条件が整ったときに成立する社会的な事実だ。カメラワークを変えれば、「失敗」は表示されない。

教育の中のパフォーマンスの側面を価値づけ、現実生活における共同への学習転移を期待したい。そのためには、安心感のある活動の場づくりを基礎に、未来の自分に向けて背伸びできるような教材に参加させることが重要になってくる。「成功」や「失敗」も使いようだろう。個人の責任で自分を鍛えるには良いツールかもしれない。しかし「失敗」は事態に固有の属性ではなく、ある条件下での社会的カメラワークが映し出すシーンだということを覚えておきたい。授業者は「失敗」を作ることも、「失敗」自体をなくすこともできるはずなのだ。

やったことがないことをやったことがないままでできるのは、個人のスキルか？　ここでそれを個人の能力やスキルとしてとらえてしまえば、また古い教育の焼き直しだ。古い教育では、能力も動機づけもスキルも、人との関わりで成立するリーダーシップですら、個体主義でとらえられてきた。ヴィゴツキーに導かれた新しい学習観は、個体主義から共同主義への転換だ。やったことがないことをやったことがないままでできることを、個人に還元するのではなく、場の属性だと考えたい。

「発達しよう！（レッツ・デベロップ！）」（ニューマン, 2019）と、誰に向けて

求めるかは重要だ。教育は児童生徒の「人格の完成」（教育基本法）を目標にした制度であり、法的にも発達する主体は児童生徒のほうである。「変わるのは子供だ」と思えば、教師から児童生徒への方向性が強く出る。

「変わるのは教師だ」というのは意味のある発想の転換だ。職業として金をもらっているほうが、自らの責任と修練で変わる、というのはわかりやすい。情緒的に未発達な生徒が教師に突っかかる。情緒的に未発達な教師が突っかかり返す。今はそんな生徒指導は過去のものだ。「教師と児童生徒の信頼関係及び児童生徒相互の好ましい人間関係を育てるとともに児童生徒理解を深め」ることが求められているのだ。生徒が突っかかってきたとき、どう返したら、そこはどんなパフォーマンスの場になるだろう。今の先生たちなら「アンサンブルをよく見せ」（Lobman & Lundquist, 2007/2016）ようとするだろう。生徒を変えるのではなく、知識と経験をフルに使って、教師が自分を変えていくのだ。

さらに、「変わるのは教えと学びの弁証法だ」というのはどうだろう。「わかる授業を行い、主体的な学習態度を養う」とか「居場所を作る」というのは、教師が一方的にできることではない。教えることと学ぶことの共同し続け（↔）によって成り立つことだ。それは生徒が変わるのでもなく、教師が変わるのでもなく、両者の共同そのものが変わるということだ。

これは新しい考えではちっともなくて、教育の中にありふれていることだ。前掲の「おむすびころりん」は、教えたいことを教師から児童に向けて伝える方向性の場ではなかった。児童の実態を見ながら教師が働きかけることが、児童のパフォーマンスを変え、そのことが教師のパフォーマンスを変化させていく共同理解のプロセスだった。「もっとねずみらしくなること」「もっと踊りたくなるように歌うこと」を皆で創造するプロセスだ。まるで遊びのようだが、そのことが登場人物の心情理解のプロセスなのだ。そうすると子供も乗ってくるし、教師も乗ってくる。最後には収拾がつかなくなって担任も周りの教師も苦笑いする。

どうだろう、インプロ劇としても楽しくないだろうか。小さなインプロバイザーたちの群集劇だ。驚くべきことは、この45分の即興劇にシナリオがないことだ。あの子のセリフも、この子の動きも、先生の苦笑いも、すべてがインプロヴィゼーションなのだ。この当たり前の教育的日常が目指すべき「教育という共同」のサンプルだと、あえて取り出して、価値づけたいのだ。これが小学校での3か月の「稽古」の成果だ。こうした共同のパフォーマンスを後9か月続けたら、それを6年続けたら。子供も教師も、一緒だとできることを知り、

独りではできないことに気づき、一緒に行う力がつき、力を落とさずに暮らせることだろう。

「教育のパフォーマンス」を「日常生活のパフォーマンス」に広げる。それは教育の中のパフォーマンスをもっと価値づけることだ。観客に向けた共同での即興の創造には発達的価値があり、遊びにしか見えなくても、高い動機づけで学ぶことができている。そこ、ここ、に転がる石の素晴らしさに気づきあうことだ。

教科のかなめである「知識」の学習はどうするのか？ その知識をどんなパフォーマンスの中で取り扱っているか、再検討して見てほしい。「覚えて答える」パフォーマンスだけならもったいない。「五大栄養素」という知識を、保護者も巻き込んだ「栄養たっぷりインスタントラーメンづくりコンテスト」にした家庭科授業は、確かに50分のパフォーマンスだった。こうした授業は枚挙にいとまがない。なぜ良いか、どこが良いか、語り合い、広めたい。

さて、人生は一回性だ。人生はまさに人生だという理由で常に本番で、人生に練習編はない。ということは、人生そのものが人生を生きる練習だということだ。人生を生きることが、人生を生きる技術の実践的練習である。唯一教育だけが人生の練習時間だと見積もってもらえる。その間、現実は噛み付くのを待ってくれる。

せっかく与えられた練習時間に、限られた「教育のパフォーマンス」の練習だけをしていたらもったいない。そこでパフォーマンスだ。観客・共同・即興・創造・発達・遊びの6要素を教育に持ち込もう。もうそこにある、それら要素を価値づけよう。

人生のパフォーマンスが練習できたら、自分という存在が運命ではないと理解できる。自分は固定的ではなく、変更可能で発達可能だと気づける。生き方は運命ではなく、自己点検でき、発達可能なスキルの集合体であり、周りの人間との共同の成果だ、と理解できる。それは人生の反省的実践家になるみちのりだ。

以上、私たちの考える教育におけるパフォーマンスの意味をお伝えした。またもやパフォーマンスを言葉で定義してしまった。今後はどうか会いにきてほしい。私たちは理解をパフォーマンスしたいし、パフォーマンスをパフォーマンスで定義したい。一緒にインプロ・ゲームをプレイしよう。ゲームが苦手な、戸惑って赤面する私と共同して、なんとか支えて、私と私たちをもっとよく見せて、そうすることでパフォーマンスの意味をパフォーマンスで理解し、広め

てほしい。

- インプロゲーム勉強会 www.facebook.com/Classroom.Improv.Games

【注】
［1］13章「インプロが促す発達」の2節「インプロについて」を参照。
［2］12章「教員養成におけるインプロ」の2.2節「オーディエンス・パフォーマンス」を参照。
［3］「全体は部分の総和に勝る」アリストテレス The whole is greater than the sum of its parts.
［4］兼好, 1331.

【文献】
有元典文 (2008)「共同体の接触から見えてくるもの：Tuomi‐Grohn の論文より」『INR』第138号［08年10月号］特集, 状況論がひらく看護
有元典文 (2013)「学習という観察」『認知科学』20巻3号, 2.
有元典文 (2017)「教育において殻を破り自分を広げるべきは誰か？：いっしょに生きる技術としての発達の最近接領域（ダンスがひらく学びの世界：殻を破る・自分を広げる）」『女子体育』59(6・7), 12‐15. 日本女子体育連盟
Cole, M. (2009) The perils of translation: A first step in reconsidering Vygotsky's theory of development in relation to formal education, *Mind Culture and Activity, 16*(4): 291‐295.
Holzman, L. (2009) *Vygotsky at Work and Play*. New York: Routledge.〔ホルツマン／茂呂雄二訳 (2014)『遊ぶヴィゴツキー：生成の心理学へ』新曜社〕
Lobman, C. & Lundquist, M. (2007) *Unscripted Learning*. Teachers College, Columbia University.〔ロブマン＆ルンドクゥイスト／ジャパン・オールスターズ（訳）(2016)『インプロをすべての教室へ：学びを革新する即興ゲーム・ガイド』新曜社〕
Newman, F. (1994)/ Newman, F. & Goldberg, P. (2010) *Let's develop!: A guide to continuous personal growth*. Castillo.〔ニューマン＆ゴールドバーグ／茂呂雄二・郡司菜津美・城間祥子・有元典文（訳）(2019)『みんなの発達！：ニューマン博士の成長と発達のガイドブック』新曜社〕
小川三夫 (2001)『不揃いの木を組む』草思社（文春文庫, 2012）
Vygotsky, L. (1978) The role of play in development. In *Mind in Society: The development of higher psychological processes* (Ed. by M. Cole) (pp.92‐104) Cambridge, MA: Harvard University Press.
Wertsch, J. V. (2009) *Vygotsky and the Social Formation of Mind*, Harvard University Press.
Engeström, Y. (1996) Development as breaking away and opening up: A challenge to Vygotsky and Piaget. *Swiss Journal of Psychology, 55*, 126‐132.

11章　英語の学びとパフォーマンス心理学

今井裕之

1　はじめに

　日本の学校英語教育は、2002年「『英語が使える日本人』の育成のための戦略構想」以来、文部科学省主導の教員研修、研究開発、制度改革が継続的に行われ、15年以上の時を経てきた。本章では、そのような教育改革の波の中で、学習者、指導者、教育行政担当者たちと、小・中・高の教室で英語授業の実践研究と教員研修を続けながら、大学では教員養成と教育研究を行ってきた筆者がこれまでの観察・支援・研究から、ようやく少しずつ「英語の知識はあるが、その運用ができない日本人英語学習者」というネガティブなイメージから脱却しつつある学習者と指導者たちの変化を、小・中・高の英語授業と教員研修での出来事を紹介しながら浮き彫りにしたい。

2　日本の英語教育が抱える問題

　日本人英語学習者の英語力向上は、あたかもグローバル社会における最重要課題でもあるかのように扱われている。特に「日本人は英語が話せない」と強く印象づけられているためか、次期中学校学習指導要領外国語編でも「話すこと」について、「関心のある事柄について、簡単な語句や文を用いて即興で話すことができるようにする」とあるように、即興的な言語使用が目標として掲げられるようになった。本来「話すことができる」と言えば、「即興で」と断る必要もないはずだが、そう強調して謳わざるを得ないところに日本の英語教育が抱える問題の根深さがうかがわれる。
　「即興的な」言語使用の指導は、これまで必ずしも前提ではなかったため、

この目標に対する指導法や評価法の改革は始まったばかりである。特定の文法項目を含む表現を「インプット」してよく理解し、発話練習を重ね、表現を使う場面・状況に合わせた「アウトプット」活動を行う授業展開がまだ続いている。「まずは英語の単語や表現をたくさん覚え、英語のしくみを理解して、文を組み立ててはじめて話したり書いたりできる」という学習プロセスが最良（唯一）であると多くの指導者も学習者も信じている。英語教育研究者の間でも「言語知識の不活性化問題 inert knowledge problem」(Larsen - Freeman, 2003)、つまり言語知識は十分持っているのに、実際の言語運用にその知識を活用・応用できない状態のことを意味するのだが、この不活性化問題を乗り越えるための方法が模索されている。言語運用能力は「知識の習得とその運用」であるという考え方を前提にして、より効果的な学習法を議論するのが主流である。しかし、何を「知識」と見なすのかを明確に規定できないままでは、その知識が本当に言語運用につながるものなのかどうかさえもわからない。そのような危うい前提に立つ議論を続けようとする前に、その前提から見直す必要があるのではないだろうか。

　小学校での英語教育実践を長年観察してきた結果、そのような前提自体を疑うべきだと思わせる出来事に何度も出会ってきた。知識と技能の蓄積が運用能力の前提だとはとても言えないような豊かな授業実践や、驚くべき児童たちの振る舞いが小学校にはあふれている。以下では、英語授業観察を通した学習者の活動の分析から、現在の日本の英語教育が実践の場から徐々に変化しつつあることを読み取りたいと思う。

3　小学校英語が本格的に始まった

　現在に直接つながる小学校英語教育の歴史は1992年まで遡る。文部省の研究開発学校の指定を受けて、小学校での英語教育が真田山小学校、味原小学校（大阪）で始まってから四半世紀の時が経ち、いよいよ2020年から新学習指導要領下で、外国語（英語）の授業が教科として5、6年生に週2回の頻度で行われることになった。その前の2018〜2019年は、「移行期間」と位置づけられ、実質的に前倒しの形で約週2回の教科指導が始まっている。

　筆者は、1990年代後半から小学校での英語授業支援をはじめ、授業観察、

授業づくりの支援、教員への指導法研修、授業研究を続けている。児童たちの活動を観察し、教材研究、授業づくりを重ね、教員の成長を研究する中で、自身も授業者として成長できたと思っている。学ぶこと（驚くこと）が多くあったが、その起点はほぼ常に児童たちの授業中の振る舞いからだったと思う。ある6年生の授業でこんなやりとりがあった。

　　　教師："What time do you go to school?"
　　　児童："I go to school at seven!"

と全員で発話練習を重ねた後、教師が児童たちに「お互いに質問しあってみよう」と指示を出したところ、児童の一人が質問をした。

「先生、その質問は学校に着く時間？　それとも家を出る時間？」

　教師にとって思ってもみない質問だった。いつどこで、誰と、何のためにこのやりとりをするのかを明確に設定していなかったため、児童たちが戸惑うのは無理もなかった。真摯にきちんとその質問に答えたいと思う気持ちがあるからこその疑問ではないだろうか。児童たちの真摯にコミュニケーションに向かう構えに気づいたときから、これまで英語教育が軽視してきた「気持ち・情動（emotion）」を優先させた授業展開の重要性を考えるようになった。

　小学校の授業では、児童たちが「ことば遊び」をする姿も見てきた。先生の英語での指示にしたがって身体を動かす活動の中で、教師が体操服を手にとって"Fold your shirt."（シャツをたたんで）と、子どもたちに指示したところ、一人の児童だけが、手に持っていた体操服を両手でぎゅっと抱きしめる動作をした。もう一度教師が"Fold your shirt."と繰り返すと、その児童の動作を真似る子どもたちが周囲に増えてきた。Fold（＝たたむ）とHold（＝つかむ、抱く）を聞き間違えたのかと思って観察していたが、教師が「みんながやっているのは、ラグビー（体育の授業でタグ・ラグビーを習っていた）のホールディング、先生が言ったのはフォールド、似ているけれど違うでしょ」と言った。最初にシャツを抱きしめた児童の様子を見る限り、周囲の児童とは違う動作を何度も繰り返し周囲の児童たちに見せていて、「FoldとHoldって似ているよね」と伝えたいように見え、それに気づいた周囲の児童も、その子の「ことば遊び」を一緒に楽しむように体操服を抱きしめ始めたように解釈できた。別の授業での

体験（ラグビー）を"Fold"と"Hold"の音の類似性を介して、この授業の場に持ち込むという、即興的で遊び心に満ちた児童たちの行動（吉田・今井・松井，2005）から、授業は指導者にデザインされた学習活動（＝Work）と、児童たちと教師が創造する遊び（＝Play）の両方の視点から観察・分析できること、言語習得には遊びこそ大切なのかもしれないと気づかされた。

　2020年から正式に外国語（英語）が教科化されることになり、児童と教師の間に「教科書」が入るようになった。教師は教科書を見るように指示し、児童たちは教科書に書き込んだり、教科書の英文を読んだりするようになるため、英語授業の展開が変化してきた。2018年から新学習指導要領の実施年までの移行期間用教科書として、文部科学省は「We Can!」をすべての小学校に配布し、さらにデジタル教材、指導書、ワークシート等を用意して、小学校英語授業者の支援を行っている。教師と児童たちが「教科書」を介してやりとりをするようになって、児童間のペアワークやグループワークなどの言語活動の時間と、先生の指示に従って教科書やワークシートを使って練習する時間との境界が目立つようになってきたように思う。教科書が授業で使う言葉を事前に決めてしまうことによって、発話者の気持ちや意図を起点にした言葉のやりとりよりも、特定の学習させたい表現を使って展開する授業が行われる傾向が強まり、教室が効率重視の「ワークの世界」になったように感じられる。

　"What color do you like?" も小学校でよく尋ねられる質問である。児童たちは思い思いに好きな色を答えている。教師はその尋ねあい活動に目的を与えようと「同じ色が好きな人が何人いるか調べてみよう」などと指示することがある。その指示が子どもたちの気持ちに添えばよいが、そうでないときもあり、活動が停滞することも珍しくない。一方で、ただ漠然と好きな色を尋ねるのではなく「カバンだったら」「Ｔシャツだったら」と対象を決めて考えさせたり、友だちの好きな色や形や柄などを聞いて、友だちのためにＴシャツをデザインさせたりするなど、表現したい気持ちを後押しする言語使用の目的や場面・状況の演出を大切にする授業づくりも行われている。今後どれだけ教科指導内容が教科書によって決められるようになっても、「表現したい気持ち」が起点となる、友だちと「即興的に遊ぶこと」を楽しめる授業づくりは、ますます発展させていくべきではないかと思う。

4 「教科書」の存在が大きい中学校の英語授業の変化

　基本的な文法をほぼカバーする中学校の英語教育では、文法項目が指導計画の中心になる。長年、「日本の英語教育では、読み書きはできても、聞く・話す力が身につかない」とよく言われた。これは近年の現実を表していない。「日本人英語学習者は、英文を読んだり、話を聞いて理解する受容的な技能はある程度身につけても、即興的に話したり、まとまった文章を書いたりする創造的な言語使用力が乏しい」というほうがより現実に近いだろう。文部科学省（2017）の学力調査によれば、「書くこと」のスコアが著しく低いという結果が出ている。テスト問題が適切ではなかったという批判もある。しかし仮にそうであっても、書くことや話すことの力が伸びていることを示す積極的なデータはなく、創造的な言語使用を促すことが、まだまだ未解決の重要課題であるといって間違いはないだろう。そしてその原因のひとつがこれまでの指導方法であるといっても間違いではない。中学校の授業では、教科書の各レッスンの英文（会話文、物語文、論説文などジャンルのバランスを考えて配置されている）の正確な理解と再生が目標にされてきた。正確にコピーすることが目標であるならば、創造性はむしろ避けられるべきことで、言葉に気持ちを乗せることも、コミュニケーションの遊びを楽しむこともない。

　しかしながら近年では、中・高の英語授業が、訳読方式から離れ、テクストを再生コピーするだけではなくなりつつある。自然な場面での現実的な目的を持った言語活動が、教師の工夫と協力により生まれてきている。その一例として「行間を読む」活動を紹介したい。中学校の教科書のテクストに使われる英語は、語彙数の制限、未習の文法事項を極力使用しない制限があるため、言葉足らずになりがちで、それゆえやりとりの自然さが犠牲になってしまうことがある。それを逆に利用して、広い行間にある発話者や聞き手の「心の声」を推測して書き込ませる。たとえば、English Series（三省堂）にある電話での会話場面のスクリプトを見てみよう。

```
A: This is Mike. Is Mari in?        （誰がでるかどきどきする）
B: She's not home yet.              （Mike？　誰だろう？）
```

A: I see. Will you give her a message?"　（伝言して早々に切り上げたい）

　このカッコ内の心の声は、各々の生徒が別々にA、B両役ともに想像して書く。この生徒は、Aは「同級生のMariの自宅に初めて電話をするために緊張している」と想像し、Bについては、「Mariの親だとするとAに不快感を持っているかもしれない」と考えた。それゆえ次のAのセリフは「早々に電話を切りたいと思っている」と考えたわけである。そのように発話の意図を各々が想像・解釈をしたのちに、ペアになってロールプレイを行うと、相手の演じる登場人物の感情表現が、自分が想定したものとはズレている分、より鮮明に伝わるため、スクリプトの言葉以上の表現がつい出てくることがある。たとえば、この会話場面であれば、上記の「心の声」を想像した生徒とは違う、別の生徒がBを演じていて、"She's not home yet." というだけではぶっきらぼうすぎると感じ、もう少し思いやりのある声かけをしようと思い、B: "She's not home yet. I'm sorry." と一言付け加えて表現したりする。それを聞いた上記の心の声の生徒は、早々に切り上げたいと思っていたのに、優しい一言にほっとして "Will you give her a message, please?" と、少し丁寧にpleaseを加えて返答する。このように、「自分だったらどう思うか」を考えて会話に臨むと、相手の返答に応じてさらに自分の応答を変えることができ、相互に補完しあう即興的な関係性が生まれることにもなる。

　誰か自分以外の人の経験（台本の登場人物の行動も）を「自分だったらどう思うか」と我がことのように考え、演じること（パフォーマンス）を通して感じることは、単なる機械的模倣による練習で得られる感覚とはまったく異なる学習上の意義を持つ。青山・茂呂（2018）は、パフォーマンスについて「大人も遊び心を取り戻すことができる学習環境はパフォーマンスで構築できる。あえて、わざと、意図的にいつもはやらないことをしてみることがパフォーマンスである」とパフォーマンスの意義を説明している。パフォーマンスによる「遊び」や「追体験（vicarious experience）」を通した学びを、中学校で途切れさせてはいけない。小学校に比べて中学校では言語材料（語彙、文法）の分量は圧倒的であり、さらに新学習指導要領での授業が始まる2021年以降は中学校で扱う語彙数がさらに大幅に増える（1200語から1800語に）。教師はその言語材料を、生徒たちに理解、記憶、運用させることに終始するのではなく、創造的な思考や気持ちを、対話や「遊び」の中で見出し、表現していく環境を作らなくてはならない。

5　高等学校の「言語活動の高度化」が持つ可能性

　高等学校の英語教育は、数々の「改革」にさらされている。TOEFLなどの外部検定試験の大学入試採用、読んだ内容を日本語訳するのではなく、それについて話し合う技能統合的な言語活動導入による指導法改革、パフォーマンス評価の導入、英語で授業すること、学習語彙数を2000語増加（現行指導要領では3000語、新指導要領では4000～5000語に増加）することへの対応など、小・中と同様に大規模な改革を授業時間数を増やすことなく実施しなくてはならない。

　高等学校では中学校よりもさらに言語活動の目標が高度化し、次期学習指導要領では、ディベートやディスカッションなど、議論ができることが求められる。話す内容も日常的な話題から、より社会的な話題へと移行する。高等学校終了時には、聞いたり読んだりした社会的な話題について適切な表現を用いて、情報や自分の考え、課題の解決策を論理的に伝えあうことができる（話すこと［やりとり］の目標）と記述されている。

　現状はまだそのレベルには到達していないし、将来的に実現するかどうかについても不透明といえるだろう。そう言わざるをえないのは、高等学校での英語教育が置かれている環境にその一因がある。上述のように英語教育の改革の最終段階に位置づけられる高等学校には、多様かつ高度な到達目標が掲げられる一方で、複数の科目（「英語コミュニケーションⅠ、Ⅱ、Ⅲ」「論理表現Ⅰ、Ⅱ、Ⅲ」）に分けられた上に、各々独自に編集された教科書を採用しなくてはならず、カリキュラムの整合性を保つのも難しい。大学入試の評価方法についても、外部検定試験の存在感が圧倒的に増したことで、多くの教師にとって自分自身が主体性をもって指導に臨める環境を作ることが難しくなるかもしれない。

　このような教育環境の困難さがあるにもかかわらず、高等学校の授業も新たな試みを重ねており、生徒たちの授業外での体験や経験が、教室で交わされる英語でのコミュニケーションに入り込んでくるような創造的な言語活動が増えてきている。前述の「統合的な言語活動」もそのひとつである。統合的な言語活動とは、図11–1のように、①「聞いたり読んだりする受容活動（Reception）」で得た情報等について、②「他者とのやりとりによる解釈判断活

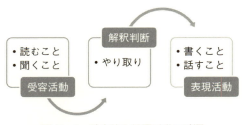

図11-1 　統合的な言語活動の手順

動（Interaction）」を行うことで自身の思考を整理して、③「スピーチ・プレゼンテーションやエッセイなどによる発表活動（Production）」を行う、「聞く・話す・読む・書く」の4技能を連動させる（統合的な）言語活動である。これにより、聞いては問題を解き、読んでは設問を解き和訳する技能分断型からの脱却を図るだけでなく、お互いが即興的に相手の学びと成長に貢献しあう関係が育つ授業の形が見えてくる。

　たとえば、「留学生たちに日本の文化を紹介する」という設定で、どんな日本文化を紹介するかを議論しあった授業を紹介する。その授業ではまず、生徒たちが留学生にどんな文化を紹介するかを考えるために、より伝統的な日本文化である「折り紙の紹介と折り方」と、より新しいカルチャーである「日本のマンガの紹介」に関する英文が各々1つ用意された。生徒たちはその2つの英文をまず読んで（受容活動）、伝統文化か最新のカルチャーか、どちらの日本文化を紹介すべきか、グループで話し合った（解釈判断）。「人気が高くて、より若い人が関心を持っているのでマンガを紹介したほうが良い」と考える生徒もいれば、「折り紙は、教室で一緒に作れるし、手本を見せられるので言葉足らずでも大丈夫。帰国してからでも紙一枚あれば遊べる」と主張する別の生徒もいた。そのような議論をした後、今度は個別に自分が紹介したい日本文化を決めて、その紹介文を書き紹介方法を考えた（表現活動）。マンガに人気が集中するだろうと思えたが、一緒にできるし帰国後もできるという意見に説得力があったのか、伝統文化や遊びの紹介を選ぶ生徒たちもいた。解釈判断のための活動を入れることにより、「思考 → 判断 → 表現」の流れがスムーズになった。この活動では、生徒たちは自分の過去のプレゼンテーションの経験や、留学生との交流体験を踏まえて、留学生の関心についてよく考えていた。このようにテキストだけにとらわれず、自分の経験を持ち込んで考えることが、3節で述べた、体育授業の経験を英語の活動に結びつけ、「ホールド」の言葉遊び

をしていた小学生のように、創造的で即興的なやりとりにつながったのだと思われる。

6 英語教員との研修を通して「即興性」の認識を変えていく

　2002年の「英語が使える日本人育成のための戦略構想」により、5年間で中高英語教員全員を研修に参加させる政策が実行されて以来、英語教員の研修機会は増えることはあっても減ることはない。小・中・高で学校ごとに開催される授業研究会や、県や市の教育委員会主催の研修会で「言語活動の改善」や「スピーキング指導と評価」をテーマとした研修会を担当させてもらうときには、できるだけ即興劇の手法（インプロ）を紹介し、生徒たちの前にまずは教員側から変われるよう応援している。

　インプロ・アクティビティ／ゲームをすると、ほぼ例外なく参加者に笑顔が広がる。それがインプロの力なのか、英語教員集団がコミュニケーションへの高い指向性なのか理由はわからないが、とにかく前向きに取り組んでくれ、楽しさのあまり歓声があがることもしばしばである。たとえば「ナイフとフォーク」（ペアになり、ファシリテーターが5カウントする間に、お互いがじわじわと「ナイフ」か「フォーク」のいずれかになるゲーム。二人ともが同じものにならないように互いを観察し息を合わせる。「花と花瓶」「上司と部下」など組み合わせを変えていく）の活動で、参加者である教員に対して「小学生たちは、向かい合って距離をおいていたのは最初だけでしたよ」と一言伝えるだけで、参加者が移動し始め、各々の動きがダイナミックに変化し始めた。また別の機会には、昔話「桃太郎」（2017年まで使われていた小学校英語教材『Hi Friends 2』に掲載されていた）の一場面をストップモーションで演じる活動を行ったときには、身体表現を通して桃太郎やおじいちゃんおばあちゃんら登場人物のセリフが「見える」ようだった。また、身体表現を言語に先行させたことで、先生方のセリフをいう声には自然と感情があふれていた。台本（教科書の会話）のセリフの表面だけをなぞるように棒読みする大根役者を大量生産する授業活動とのギャップを実感できる瞬間である。

　プレゼントを交換しあうゲーム「Present for you」（ペアになり、Aさんは相手が好みそうなプレゼントを考え、ジェスチャとともに"This is for you."と渡す。渡

されたBさんは"It's really a nice sweater. Thank you."と自分がそうかなと思ったものをもらったことにしてお礼をいう。さらにAさんが"You like blue, right?"などのコメントを返すゲーム）では、相手が驚いたり喜んだりする表情が嬉しくて没入し、活動後の振り返りも「本当は、セーターじゃなくて○○をあげた」などと話が弾んでいる。これらのインプロ活動を体験した直後には「楽しかったけれど、英語の授業でこのままインプロをやっても英語学習にならない」との声も聞くが、その「英語学習」は知識・技能を意味することが多い。相手の言葉の表面的な意味ではなく、意図や想いを理解し、自らの心の動きを言葉にして即妙に応じたりすることも英語学習なのだと実感できるまでには、まだ導き役をすべき私に経験が足りないと感じさせられる。

　少し角度を変えて、インプロを授業に輸入するがごとくそのまま持ち込むのではなく、自分の授業で行う言語活動をインプロの手法や視点 (Yes, and の原理など) から見直す機会を作ってもいる。自分や同僚の英語授業のことについて議論する際に、Yes, and の形でコメントをつないでいくことをルールとし、授業についてのコメントを重ねてみたりする。建設的で創造的な教員研修をパフォームしている状態を作り出す試みである。参加者各々が目指し演じる役割を意識し、自分の授業や他の人の実践について語るうちに、それが授業者としての成長につながるのではないかと思っている。

　ヴィゴツキー心理学に基づく外国語教師の成長の研究 (Johnson & Golombek, 2016 など) が近年盛んに行われている。パフォーマンス心理学が、第二言語習得研究や授業実践に関わる学習者の発達研究だけでなく、指導者の成長とその研究にも貢献するものとしてその役割が確かなものになってきている。教師と生徒たちが両方ともに学びあうパフォーマトリーな関係を築ける授業を実現すべく、今後も授業研究に教員研修にインプロを取り入れていきたいものである。

7　英語教育にもっとパフォーマンスを

　伝統的な英語教育の問題点は、指導手順が、言葉の形式 → 言葉の意味 → 使用状況の順に進んでいた点である（図11-2参照）。英語表現の発音や綴り（形式）を覚えて意味を理解し（意味）、言語使用場面で使ってみよう（使用状況）とする指導手順である。

図11-2　言語の形式、意味、使用（Larsen-Freeman, 2003に基づく）

　「まずは単語を覚え、文法規則を理解して英文を作る知識と技能を身につけてから話す練習をする」という発想を疑い、異なる発想とアプローチへの関心が高まったのは、小学校英語教育の貢献だと思う。「言語知識から運用へ」ではなく、話そうとする情動や感情が、場の状況や対話者との関わりから生まれ、発話者の意図・意味となって言葉となる、使用状況 → 言葉の意味 → 言葉の形式と進む過程は、伝統的な英語教育の指導手順とは逆回転である。またそれは現実の言語使用と同じ回転方向であるはずだ。伝統的指導とは逆回転で、実際の言語使用と同じ回転での英語指導を可能にしてくれるのがインプロだとはいえないだろうか。

　小学校、中学校、高等学校の英語教育が創造的で即興的な言語運用を目指して、一貫性のある教育目標が作られ、それに沿った教育課程が作られる可能性がでてきている。指導方法についても小中高に一貫性のある指導方法も求められるとき、そこに遊び、パフォーマンス、インプロが果たす役割があるだろうか。本章で取り上げたいくつかの授業のエピソードが、その可能性を感じさせるに十分なものだったとは言えないかもしれないが、ひとつ確かに言えることは、「外国語を学ぶことは、その言語で生きることである」と考えたとき、ホルツマンがいう「頭一つの背伸び」を学習者と指導者がともに続けていく先のどこかで、英語の学びとパフォーマンス心理学がより確かに結びあうのではないかと思う。

【文献】
青山征彦・茂呂雄二 (2018)『スタンダード学習心理学』サイエンス社
Holzman, L. (2009) *Vygotsky at Work and Play*. New York: Routledge.〔ホルツマン／茂呂雄二（訳）(2014)『遊ぶヴィゴツキー：生成の心理学へ』新曜社〕
Johnson, K. & Golombek, P. (2016) *Mindful L2 Teacher Education: A sociocultural perspective on*

 cultivating teachers' professional development. New York: Routledge.

Larsen - Freeman, D. (2003) *Teaching Language: From grammar to grammaring*. Boston: Heinle Cengage Learning.

文部科学省 (2017)『中学校学習指導要領（平成29年告示）』文部科学省

文部科学省 (2017)『平成28年度　英語教育改善のための英語力調査事業（中学校）報告書』文部科学省

吉田達弘・今井裕之・松井かおり (2005)「小学校の英語活動における学習文化形成：教室のplayfulness 再考」『兵庫教育大学研究紀要』*26*, 69 - 74.

12章　教員養成におけるインプロ

郡司菜津美

1　はじめに

　本章では、教員養成に焦点を当て、インプロがもたらす効果について考えてみたい（インプロについては2.2で後述する）。まず、現在新たに求められている教員養成のあり方について概観し、教員養成にインプロを取り入れることによってどのような効果を期待できるのか、説明する。次に、実際にインプロを取り入れた教育実践を3つ紹介し、大学生および授業者自身の学びについて述べていく。それら3つの実践から、教員養成におけるインプロの可能性を皆さんと考えてみたい。

2　なぜ教員養成でインプロなのか

2-1　新たに求められる教員養成のあり方

　2015年に提示された中央教育審議会教員養成部会の「これからの学校教育を担う教員の資質能力の向上について（中間まとめ）」では、新たな教育課題に対応した研修・養成が必要であることが明記された。この新たな教育課題には、教師から児童生徒への一方的な知識授受型の授業からの転換、つまり主体的・対話的学び（アクティブラーニング）の充実が含まれている。教師が新しい知識を口頭で伝える知識授受型の授業形式はもう古い。現在はこうした変化に対応し、アクティブラーニング形式の授業ができる教員を養成していくことが必要となっている。
　また、同まとめでは、学校が抱える課題が複雑化・困難化したことに伴い、

一人の教員がそれらすべてを抱え込むことは現実的ではないことを指摘しており、保護者・地域・専門家と連携をすることでそれらの課題に対応していくことが重要であるという「チーム学校」の考え方を強調している。これは、教員免許取得のための必修科目である「教職の意義及び教員の役割・職務内容」に関する授業について、「チーム学校運営への対応を含む」という文言が授業科目名に付け加えられ、その内容を履修させることが必須となったことからも明らかだ。このことについて国立大学協会(2018)は、「教員の養成及び研修に果たす国立大学の使命とその将来設計の方向性」の中で、チームの一員として組織的、協働的に諸課題の解決のために取り組めることを「チームアプローチ力等」と表現し、これらを養うプログラムの開発・提供が重要であると述べており、チームで共同できるようにさせることが今後の教員養成に期待されていることがわかる。

以上のように、教員養成のプロセスにおいて、(1) 主体的・対話的学びの場づくりについて学習させること、(2) チームの一員として仲間と共同することの重要性について学習させること、の2点については、近年新たに求められている教員養成のあり方としておさえておきたい。

2-2 教員養成にインプロを取り入れることで期待される効果

2-1で述べたような教員養成に新しく求められていることと、インプロがどのように対応しているのか。そのことについて本節では説明する。そのためにはまず、インプロについて簡単に説明しておきたい。インプロ (Improv) とは即興のインプロヴィゼーション (Improvisation) の略称であり、もともとは演劇のトレーニングのひとつとして用いられている手法である[1]。本章で取り上げるインプロは、その教育的効果を重視したロブマンら (Lobman & Lundquist, 2007/2016) に影響を受け実践してきたものであり、他者との即興的なやりとりを通して、共同創造プロセスを楽しむことに重きを置く。遊びの中にこそ学びがある、という考え方だ。ロブマンらは、そうした即興的な共同創造プロセスに着目し、インプロを「グループとしての活動を学習すること」と説明し、「支援的で創造的な学習環境の構築のためのツール」として紹介している。ここでは、そのうちのひとつのゲームを紹介してみよう。

やってみよう！「どこまで数えられるかな？（Counting, How High?）」

　この活動では、互いのタイミングを計りながら、全員で協力して10まで数えることが求められる。誰かが1というと、別の誰かが2という、続けて誰かが3、4、と続いていくのだが、2人以上が同時に数を唱えてしまったら、また1からやり直しとなる。10まで数えることがチームで簡単にできるようであれば、数えるのを21までにしてもいいし、皆で目をつぶって実践してもいい。数字を平仮名にしてみたり、素数や倍数など、教科の活動にも取り入れたりして、チームで協力することを経験させてあげられるだろう。

　この活動では、誰か一人の能力が高いからといって成功することはできないし、皆が「自分だけがうまくいくように」と自分勝手に声をあげれば誰かと声が重なり、たちまちやり直しとなる。誰かと同時に数字を言わないようにするためには、互いのタイミングをよく見計らい、皆が聞こえるように声を出す必要があるし、声を出さないことで活動を支えることもできる。チーム全体で集合的に達成する活動だ。

　今あげたインプロを例に考えてみると、私たちが日常生活で他者と会話をするときに似ているのではないだろうか。誰か一人の能力が高くても会話は成立しないし、誰かが勝手に話を続けていても、会話の楽しさは生まれない。私たちは無意識ながらも、会話の中で互いに話し手を譲り合い、うまくその場を創造し、皆で楽しい空間を維持することができる。インプロが他者と協力し、創造的にパフォーマンスする活動であるならば、言い換えればつまり実は、私たち人間が日常で実践していることそのものであると、理解することができる。

　ロブマンらによれば、インプロには、実践する前提として、基本的な原則が4つある。(1) 他者にオファー（働きかけ）を投げ、相手のオファーを受け止めること、(2) 否定しないこと、(3) 相手のオファーを受け止めたら、それに次のアイデアを付け足していくこと（Yes, and）、(4) アンサンブル（共同）を良く見せること、である。

　ではここで、この原則に従った授業場面を想像してみよう。たとえば、児童生徒が教師の意図しない回答をしたとする（児童生徒の「オファー」として受け止める）。教師は否定せずに「そうですね。○○さんはそのように考えたのですね。その考えはみんなの学びに貢献してくれました。発表してくれてありがとう。」と受け止め、その児童生徒の発言をもとにした授業展開をする（次のアイデアをのせる、つまりアンドする）。どんな発表も否定されない、たとえ

求められた回答を発言できなくても安心して自分の考えを表明できる、むしろどんな回答も受け入れられるとわかっているから、創造的な発言も可能になる。そうした安心感のある場を皆で作り上げることが、アンサンブルの良い状態である。

　逆に、アンサンブルの悪い状態を授業場面でたとえてみよう。教師が指名し、誰かが発言する。その子が間違えたら、皆がクスクス笑う、あるいは発言した内容を「違います」と皆で評価する。すると間違えたらどうしようと不安になって手があげられなくなり、ましてや創造的な考えを自然と避けるようになる。皆の学びの循環が悪い方向へ向かう、そんな状態であろう。これは、皆で支えあったり、共同で何かを創っていったりするプロセスとは異なる方向へクラスが進んだ状態であり、教師が目指す学級経営として理想的とは言い難い。

　以上のような授業場面の例からもわかるとおり、ロブマンらのインプロの基本原則は、授業場面そのものにおいても、安心感のある場づくりをする上で非常に有用な原則として活用可能なものである。

　さて、インプロがどのようなものであるか、その原則と具体をご理解いただけたところで、察しの良い方は、インプロが児童生徒たちにもたらす効果について予想がつくだろう。インプロは共同の創造的な活動であり、グループとしての活動を学習するツールである。学校での教室空間が人びとのインタラクションが連続する場であり、集団としてどのようにうまくやっていくのか、つまり「いっしょに生きる技術」(有元, 2017)を学習する場であるとすれば、インプロを授業に用いることで、児童生徒の集団としての学びに寄与することが期待できる。これから社会の中で生きていく児童生徒たちの、互いを認めあい、支えあう関係づくりに寄与する手法が、インプロなのである。

　さて、こうしたインプロを用いることで、教員養成にどのような効果を期待できるのだろうか。先にも述べたとおり、新たに教員養成に求められている事項のうち、(1) 主体的・対話的学びの場づくりについて学習させること（授業づくり）、(2) チームの一員として仲間と共同することの重要性について学習させること（チームづくり）の2つをあげた。この2点を達成するためには、① 教科学習の主体的・対話的学びの場づくりができるようになること、② その前提としての安心感のある場づくりができるようになること、③ 仲間と学びあう、支えあうことの良さを実感させ、自分たちの力で共同することができるようになること、が必要であろう（表12-1参照）。本章で紹介しているインプロは、それら3点を満たす可能性が期待できる手法である。

表12-1　インプロを取り入れることで期待される効果

	新たに教員養成で求められている事項	インプロを取り入れることで期待される効果	本章内の教育実践
(1)	主体的・対話的学びの場づくりについて学習させること（授業づくり）	① 主体的・対話的学びの場づくり	3.3（教育実習）
		② 安心感のある場づくり	3.1（教育の心理学）
(2)	チームの一員として仲間と共同することの重要性について学習させること（チームづくり）	③ 仲間との共同スキル	3.2（教職論）

　表12-1で示したように、「教員養成で指導すべき内容」の②と③については、先述した「どこまで数えられるかな？」の例からもわかるように、即興的に共同することでチームビルディングの効果が期待できる。一人では決して達成することのできない活動であるからこそ、仲間と協力することが必然的に求められ、実践した後には言葉では言い表すことのできない達成感が生まれる。このインプロのプロセスを経験することで、安心感のある場の中で仲間と協力してものごとを解決すること、他者と連携することの重要性を体験し、教師としての資質を育成する効果が期待できるのだ。

　では、1点目の「教科学習における主体的・対話的学び」に対してインプロがどのように貢献するのか、例として、「みんなで旅行ガイド（Collective Tour Guide）」を用いた授業実践をあげてみよう。中学校1年生で5つの気候帯の学習をさせる社会の授業を想像してほしい。

　　やってみよう！「みんなで旅行ガイド」（気候帯の学習バージョン）
　　クラスをA：熱帯、B：乾燥帯、C：温帯、D：冷帯、E：寒帯のチームに分け、それぞれの気候帯の特徴がよく現れるパフォーマンスをするように課題を提示する。ただし、事前に「旅行ガイド」「ツアー客」「現地人」「ナレーター」等の役を設定させ、それぞれの気候帯の特徴を教科書や資料集から調べ、グループでパフォーマンスのための準備をするように指示しておく。
　　パフォーマンス後は、他のグループが気づいたことを発表したり、発表したチームがパフォーマンスのポイントなどをシェアしたりして、5つの気候帯について皆で学ぶ。

　細かい授業の工夫について、ここでは割愛するが、インプロを用いた授業に慣れた教員・生徒であれば、50分でこの活動が実践できるだろう（類似の実践

は3.3.2を参照してほしい)。

　教師は気候帯について自分で説明しなくとも、生徒たちが主体的・対話的に学び、協力しあい、自分たちで授業を作り上げていることを実感できる。こうした授業を実践するためには、前述した②「安心感のある場づくり」ができていることが条件となるが、普段から「どこまで数えられるかな？」のようなインプロを実践し、仲間と共に学ぶことの安心感を経験していれば、決して難しい授業実践ではない。

　また、授業における安心感のある場づくりのために、ロブマンらが大事にしていることが、「オーディエンス・パフォーマンス」である。オーディエンス・パフォーマンスとは、観客（オーディエンス）もパフォーマンスの一部であるという考え方であり、「聞いているよ」「楽しんでいるよ」「応援しているよ」という振る舞い（たとえば、うなずき、視線、笑顔、拍手、歓声など）をすることを指す。オーディエンスのパフォーマンスこそが場を作り、話し手が安心してパフォーマンスできることで、より良い場づくりができるというものであり、教師が児童生徒に伝える必要があることだと彼らはいう。主体的・対話的学びの場づくりの前提として安心感のある場を作るためには、場づくりのための小さな工夫の積み重ねが重要であり、インプロはそうしたことを学習する上でも有効なツールなのである。

　以上のように、教員養成の段階でインプロを用いることで、① 教科学習の主体的・対話的学びの場づくりができるようになり、② その前提としての安心感のある場づくりができるようになり、③ 仲間と学びあう、支えあうことの良さを実感させ、自分たちの力で共同することができるようになるといった効果が期待できるため、私はこれまでインプロを取り入れた教員養成を試みてきた。新しく求められている教師としての資質を育てる手法として、インプロを用いることが有効であると期待してきたのである。そこで次節からは、これまでの実践を紹介し、インプロの良さの一端を皆さんと共有してみたい。

3　インプロを取り入れた教育実践

　本節では、インプロを教員養成に取り入れた実践を紹介する。なお、本節で取り上げる実践の中で実施された学生へのアンケート調査や授業の感想、学生

へのインタビューについては、授業の成績とは無関係であり、回答によって不利益が出ないことを伝えた上で行われたことを予め述べておきたい。

3−1　A国立大学「教育の心理学」の場合

本項ではまず、学生が教員養成の講義内においてインプロを体験することで、どのような学習効果があるのかを見ていきたい。特に、「安心感のある場づくりができるようになること（②）」について、そのことに着目した石浦（2018）の研究結果をもとに紹介しよう。

3−1−1　A国立大学のフィールド

本項で紹介する事例は、首都圏にある教員養成系学部での授業であり、学生は教員免許取得が卒業要件となっている。そのため、本項で紹介する「教育の心理学」の講義は、教員免許取得において必修科目で、その講義科目への興味関心の有無にかかわらず、すべての学生が受講しなければならない。A国立大学では、新卒で教員になるのは約4割で、卒業時に半数以上が教員志望ではないため、教職科目の受講動機は主に「卒業に必要なため」という学生が半数程度いることは否めない状況である。ただし、本実践の対象者である学生は、学校ボランティア経験があると回答したものが約半数、受講時の段階で教職志望であると回答したのは約7割であった。

本授業を受講した学生のほとんどは学部2年生で、1コマの受講人数は約120名程度、椅子・机ともに固定された大教室での授業であった。本項の実践対象者は学生約250名で、2つの講義にまたがっている。どちらの講義も私ともう一人の授業担当者で同じ教科書、レジュメを用いて実施した。

3−1−2　授業実践の概要

「教育の心理学」では、教師として児童生徒に指導できるようになるために学習者としての体験をしてもらうことを念頭に置いた。そのため、教育心理学の専門的知識の学習を、アクティブラーニング形式で行った。すべての授業回でグループワーク形式を採用したため、他者と共同する準備運動として、インプロを実施した。これは、インプロを行うことで、見知らぬ他者と関わりあう不安感を低減させ、互いの学習を支えあう機会とし、そのことで学生の主体的・対話的学びのための場が作られることを期待したためである。授業者とし

表 12-2 「教育の心理学」の授業概要

授業回	授業テーマ	AL手法	インプロ	インプロ内容
1	オリエンテーション	言葉づくり	Me too	「○○な人？」というお題に対して当てはまる場合に「Me too!」と言いながら挙手する
			どこまで数えられるかな？	本文参照
			ボディーガード	心の中でランダムに1人を決め、その人の後ろ2m以内を維持し続ける
			ペア探し	初対面の人と2人組を作る
			ペンのダンス	二人で1本のペンを支えて動かす
2	学校制度の基本構造	LTD話し合い学習法	学生主導Me too	Me tooのお題を学生が出題する
			集団ワンボイス	一人の人間のように声を揃えて話す
			3人組づくり	1から順に数字を回していき、同じ番号の人とグループを作る
			ポイントアット	指したものとは異なるものの名前を言い続ける
3	集合的達成	LTD話し合い学習法	学生主導Me too	上記同様
			4人組づくり	配布資料に予め記載されたイラストと同じイラストの絵が書かれた仲間をジェスチャーのみで探す
			スクールヒーローインタビュー	最も輝いていた瞬間のことをヒーローインタビュー形式で話す
			ぱんぱっちんどん	数字の1、2、3を順にできるだけ早く数えて回す。次は1の代わりに手拍子（手拍子、2、3）、次は2の代わりにスナップ（手拍子、スナップ、3）、最後に3の代わりに足踏み（手拍子、スナップ、足踏み）をして失敗を楽しむ
4	学習の基礎としての安心感	ワールドカフェ	ブラインドウォーク	ペアになり、一人は目をつむりもう一人が人や物に当たらないように誘導して移動する。誘導する際の手は軽く乗せるだけで握らない。慣れてきたら誘導している人が他のペアの誘導している人と目をつむって歩いている人を交換しながら移動する。目はつむったままで行う
5	社会技術的環境	ワールドカフェ	ペアづくり	ボールを渡しながら1から順に数字を回す。同じ番号の人とペアになる
			積み上げ自己紹介	最初の人が自己紹介をしたら、次の人が「○○さんの隣の△△です」と自己紹介をする。その次の人はさらに「○○さんの隣の△△さんの隣の□□です」と積み上げて自己紹介をしていく
7	正統的周辺参加	CMづくり	自画像自己紹介	自分の自画像を書き、30秒で自己紹介をする
9	即興・動機付け	ジグソー法	4人組づくり	上記同様
			自己紹介おみくじ	名前、あだ名、今年の抱負、作成したおみくじの紹介をする
			アイテム当て	作問組と回答組の二手に分かれ、作問組が何か物や概念、事象などを決め、回答組が5つの質問でそれを当てていく

て安心感のある場づくりを経験してもらいたかった。その際、グループワークの場の中で話し手が安心して発言できるように、授業者らは、初回の授業から「オーディエンス・パフォーマンスをして仲間を支えてほしい」と伝えていた。

本項では、すべての授業実践のうち、7回の講義（第1・2・3・4・5・7・9回）でグループワークへの安心感に関する調査を実施した石浦（2018）の結果から、インプロの効果についてみていきたい。7回のテーマおよび授業手法、採用したインプロについては表12-2のとおりである。

3-1-3　インプロの効果 —— 安心感のある場づくりのために

本授業を調査対象とした石浦（2018）は、グループワークにおける学習者の安心感の程度を授業後に尋ね、その結果をまとめている。結果として、9回の授業後には「グループワークをすることが楽しい」「グループワークでは、安心感がある」といったような項目の得点が第1回目の授業後より上昇し、継続的なインプロの実践が、安心感のある場づくりに効果的であったことを明らかにした。特に、初回の授業で「グループワークが苦手で自己肯定感が低い」と回答した学生らの得点が大きく上昇したことを明らかにしている。

なぜこうした結果となったのか。ここでは、そのことを説明する要素として学生らが「オーディエンス・パフォーマンス」の用語を用いて質問紙調査に回答をしていたことをあげてみたい。授業後の質問紙調査では、グループワークに関する自由記述において「先生が説明していたオーディエンス・パフォーマンスが印象に残っている。聞く側の指導というのはとても大切だと思った」「オーディエンス・パフォーマンスが素晴らしい人たちで助かった」といったように、オーディエンス・パフォーマンスの実施の有無に関する内容が記述され続けた。

これは、安心して学習できる場づくりにおいては、誰か一人の能力が高いことが重要なのではなく、皆で協力して作り出すことが重要である、ということを学生らが実感を伴って理解したことから成されたものなのではないだろうか。石浦（2018）は本授業実践を観察する中で「オーディエンス・パフォーマンスに関する授業者の指示は授業回を重ねるにつれて減っていた」ことに言及しており、授業回を重ねるうち、徐々にオーディエンス・パフォーマンスの重要性が浸透していったのではないかと推察している。

本授業実践を通して、オーディエンス・パフォーマンスが安心感のある場づくりに影響することを、学生らが実感を伴って理解してくれたと期待したい。

3-1-4 授業者のリスク（不安感・不安定さ）

本項の最後に、本授業実践を終え、大学教員がインプロを授業に用いることによる授業者としてのリスクについて述べておきたい。

A国立大学は、教員養成系学部とはいえ、全員が教員志望というわけではない。教職必修である本授業へのモチベーションは初回から低い様子で、インプロを実践することに対しても積極的な雰囲気はなく、授業者を含めた皆がリスクを抱えた状態での実施となった。固定された椅子と机、教室には初対面の学生が120名、と教室環境は決して恵まれたものではなく、彼らの学びの場を支える教員の負担は軽いとは言えない状況であった。授業者がグループ分けのために出した簡単な指示（順番に数字を言って、隣の人に伝えて）でさえうまくいかず、「学生らの動機づけが低く、授業がやりづらい」とさえ思うことがあったのである。A国立大学は偏差値もそれなりに高く、優秀な学生が多いはずなのに、なぜこのような簡単なことができないのか。

そう感じた原因は「教師に学習と発達が求められる」（ロブマンら, 2005）ということを真の意味で理解していなかったからであろう。やり方を知らないことに取り組むのであるから、当然、緊張し、不安になり、失敗をするかもしれないというネガティブな思考にもなる。このことは授業者だけではなく、学生たちも同じ状態であり、授業者である私はそのことを自覚する必要があった。

インプロを実践する物理的環境が悪いとか、学生たちのやる気がない、とかそういう言い訳をするのは容易である。しかし「簡単な指示にも従えない」学生たちとは実は、授業者の工夫が足りなかったせいで「やり方を知らないことにうまく対応できなかった」学生たちであったとしたらどうだろう。学生たちのニーズはさまざまで、120人の集団が皆で何かを成し遂げられるようにするためには、教師こそオファーを丁寧に投げなければならないし、学生たちから出される個々のオファー（無視を含めて）を丁寧に受け止めることが必要だったのである。

結局、「安心感のある場づくり」を率先して作り出すのは、教員養成を実践する我々教員であり、我々のパフォーマンスこそ最も発達させていかなければならないものであったのだと、本項で紹介した実践を通して感じている。皆さんが授業でインプロを実践する際には、そのことを念頭に置いてぜひ挑戦してみてほしい。

3-2　B私立大学「教職論」の場合

本項では、新たに教員養成に求められている「チームの一員として仲間と共同することの重要性を学習すること（③）」に焦点をおいて実施した授業実践の例を紹介していきたい。

3-2-1　B私立大学のフィールド

本項で紹介する事例は、首都圏B私立大学での授業実践である。B私立大学は総合大学ではあるが教員養成系学部はなく、各学部で定められた特定の教員免許取得が可能であるため、教職科目については必ずしも卒業単位に含まれない場合が多い。本項で紹介する教員免許取得必修科目である「教職論」の講義は、約8割程度の学生が教職を目指して受講している。しかし、正規の教員採用率は低く、次年度の教員採用試験に備えながら、臨時任用教員制度や非常勤教員制度を利用して現場教員になる学生が多い。本授業を受講した学生のほとんどは2年生で、1コマの受講人数は約50名～100名程度、椅子・机は固定されていない大教室での授業であった、本項の実践対象者は学生約150名で、2つの講義にまたがっている。どちらの講義も私が担当し、毎回の授業は同じ教科書・同じ内容で実施した。

3-2-2　授業実践の概要

「教職論」では教職に関する専門的知識を学習させるため、アクティブラーニング形式で授業を行った。すべての授業回でグループワークを採用したため、前項と同様に、他者と共同する準備運動として、インプロを実施した。また、本授業実践では専門的知識を学習させる際にもアクティブラーニング形式の一つにインプロを用いた授業実践を行った。本項では、全授業のうちの10回分（第1回～10回）の授業後の学生の感想と最終レポート（本講義の学び）から、インプロの効果について検討していく。各回のテーマおよび授業手法、採用したインプロについては表12-3のとおりである。

3-2-3　インプロの効果

初回の授業で最も多かったフィードバックは「人見知りなので緊張した」「他者と関わるのは苦手」といったようなインプロやグループワークの実施に

表12-3 「教職論」の授業概要

授業回	授業テーマ	AL手法	インプロ	インプロ内容
1	オリエンテーション	10文字ワーク	どこまで数えられるかな？	本文参照
2	教師の役割	インプロ実践	もう一回読んで	1度目は普通に読み、皆で繰り返す。2回目に変わった言い方（ラップ調で、赤ん坊の声で、歌って等）でもう一度読み、皆で同様に繰り返す
			ピンポンパン	輪になって立ち1人目が「ピン」と言いながら誰かに向かって手を鳴らす。受け取った人は次に「ポン」と言いながら同様に誰かに手を鳴らす。次は「パン」と言ってこれを繰り返す
			シンクロ手拍子	初めの人が隣の人と目を合わせて拍手を一度同時に鳴らす。合図はしない。受け取ったら、その隣に渡していく。徐々にスピードをあげてリズムを楽しむ
			表情パス	本文参照
			算数マラソン	一人ずつ数字や演算操作、等号を言って皆で問題を作る（1人目：1、2人目：たす、3人目：12、4人目：は（＝）、5人目：13）
3	教師の使命	ジグソー法	マー	「マー」と揃えて発声する。前に立った学生が両手の幅を上下左右に変え、それに合わせて声の高さや大きさを皆で変えていく
4	教えること	60秒動画作成	もう一回読んで	上記参照
5	服務規程	インプロ実践	鏡	ペアになって1人はゆっくりと動き、もう一人はその動きを鏡のように真似する。教師の合図で鏡役を入れ替えていく
			三つ頭の専門家	本文参照
			バカげたディベート	無意味なテーマでディベートをする
6	教員の研修	模擬授業作成	積み上げ自己紹介	表12-2参照
			何してるの？	1人目がある動作（バレーボール）をし、次の人が「何してるの？」とたずねる。1人目は自分が行っている動作とは異なること（料理してるの）を回答し、次の人がその動作（料理）を行い、次の人が「何してるの？」とたずね繰り返す
7	学級経営	模擬授業実践	集団ワンボイス	表12-2参照
8	学習指導要領	模擬授業実践	ワンボイスしりとり	集団ワンボイスの要領でしりとりをする
9	指導と評価の一体化	授業研究・60秒動画作成	三つの変化	ペアになり相手の様子を観察する。一人が目を閉じ、もう一人は3カ所を変化させる（眼鏡を外す、腕をまくる、髪を結ぶ等）目を開けて変化を当てる
10	性に関する指導	ジグソー法、川柳作成	ブラインドジャンプ	輪になり、目を閉じて合図なしに同時にジャンプする。着地音が1つであれば成功

対する抵抗感を示す内容のものであった。ただし、そうしたネガティブな記述の後「でも頑張ってみたい」「コミュニケーション・スキルをあげたい」といったような意気込みを記述する学生がほとんどであった。授業者としてはそうした反応が嬉しく、やりがいを感じるスタートを切ったのをよく覚えている。

　インプロやグループワークの実施については、当然それらを苦手とし、リスクを感じる学生が多い。しかしそれは前項のA国立大学での「教育の心理学」でも触れたように、学生たちが「やり方を知らないことに取り組むことに準備ができているか」ということと非常に関係がある。

　グループ分けをし、新しい仲間に出会い、インプロを実施する際には「なぜ知らない相手と活動するのか」「なぜインプロを実施するのか」を丁寧に説明し、「知らない相手と出会うとき、皆がリスクを感じているから大丈夫、一人じゃない」ということを告げると、学生たちは安心する。回を重ねるにつれ、グループ分けにかかる時間が短くなり、「今日は誰と同じグループになるんだろう」とドキドキした表情で教室内を移動する様子がそれを物語っていた。

　新しい仲間と、新しい内容を学習する場にインプロは効果的であった。たとえば「表情パス（Pass the Face）」をやってみてほしい。

　　やってみよう！「表情パス」
　　　左隣の相手に自分の変顔を見せる。次の人はその変顔をまずコピーして、同じ顔をする。その顔を少しずつ変化させながら次の人に新しい変顔を渡していく。

　この活動は、変顔を相手に見せるというかなり挑戦的な活動であり、当初学生たちは「本当にやるの？」「無理！」という反応を見せていた。しかし、授業者がお手本として学生らの前で変顔をしてルールを説明すると、状況は一変する。グループの中で恥ずかしそうに誰かが始め、「皆がやっているのだから」という雰囲気の中、変顔をパスして、皆が大笑いをするようになるのである。

　また、第5回の授業実践で行った「三つ頭の専門家（Three - Headed Expert）」と「バカげたディベート（Silly Debate）」をやってみてほしい。

　　やってみよう！「三つ頭の専門家＆バカげたディベート」（服務規程学習バージョン）
　　　9人で1チームを作る。3人でピタリとくっついて立ち、1人の人間のように

振る舞う。まずは6人（2人）で向かい合って立ち、ディベートをする。残りの3人（1人）がそれをジャッジする。ディベートのテーマは「どちらの罪が重いのか？」と設定し、それぞれ服務規程違反を行った人間として互いに相手の罪の悪いところを指摘しあう。ここで重要なのは、「1人の人間のように振る舞う」という点である。1人1文節ずつを発話し、即興で次の人にパスをし、1人の人間が話をしているように振る舞う。たとえば：A「あなたの」B「罪は」C「非常に」A「重たい」B「なぜなら」C「自分の」A「怒りに」B「任せて」…とつなげていく。3人で1人の人間になること以外は普通のディベートと同じ要領である。ディベートをする際には、同じ程度の処分（例：懲戒免職や減給3か月分など）を受けた事例同士を対戦させる。すでに処分は決まっているがそれでも互いの罪を「どちらが重いか」と議論するところが馬鹿げている要素である。

　学生たちの多くはこの活動を通して2つのことを学習する。1つ目は服務規程の重要性、2つ目は「もっと自分が次につながりやすい言葉を選ぶべきだと思った」「3人内で共有しなければならないことが多く、相手の気持ちを理解しようとすることが多かった」といったような、他者との関わりの中で仲間を思いやることの重要性である。普段3人で1人の人間になることを経験しない学生らは、1文節をつなげて文章にしていく活動に四苦八苦しながらも、3人で主張を貫けたときの達成感を味わっている様子であった。
　こうした講義を実施し続けると、学生の最終レポートでは「人が関わりあって生きて行くことを身を以て学んだ」「リスクを皆で共有することで低減した」といったような他者と関わることそのものについて言及する内容を記載する学生が多くなる。教職論の専門的な知識について触れる学生ももちろんいるが、彼らにとって大学の講義で、嫌というほど他者と関わり、活動することは「チームの一員として仲間と共同することの重要性」について、実感を伴って学習する機会となるのであろう。

3-2-4　教員養成の現実
　教師を目指す学生らにインプロを徹底して体験させることと、インプロを用いた授業づくりができるようになることとは異なる。「教職論」の講義では、インプロを用いた10分間の教科学習を模擬的に授業させることを実践しているが、学生らの授業づくりに反映させることは難しいと感じる。学部3年生に

なると、模擬授業を作る機会がある。彼らの指導案を見ると、インプロを用いた授業づくりをしている学生はほとんどいない。

教師と児童生徒が口頭でやりとりをする、いわゆる学校の「言語ゲーム」形式の授業づくりを実践しているのだ。そうした学生らを見ると、教育文化の根深さを実感する。学生らがこれまで学校現場で経験してきた授業をもとにした授業づくりではなく、大学の一講義で学んだ「インプロ」を用いた授業づくりをすることはそう簡単ではないのだろう。

インプロの実践は、「教育の心理学」の講義の事例でも示したように、大学教員にこそ勇気が必要である。これまでのやり方ではなく、やり方を知らないことに取り組まなければならないという大きなリスクがあるのだ。そうした挑戦に教員養成する側が取り組んでいかなければならないのだという現実を、今、突きつけられている。

3-3　B私立大学「教育実習」の場合

最後に、本項で紹介するのは、B私立大学の教育実習生である学生C（4年生）の個別事例である。教員養成で新たに求められている「主体的・対話的学びの場づくりができるようになること（①）」の事例として、紹介してみたい。

3-3-1　学生Cの背景

学生Cは教職に就くことを目指し、2015年B私立大学に入学した。2016年春期、2年生のときに私の「教職論」を受講し、インプロを用いた授業実践の面白さに出会う。そのころからインプロの勉強会・研究会・学校現場での実践に参加するようになり、卒業研究の題材には「インプロを活用した授業実践の学習効果」を選んだ。学生Cはインプロを教育実習の授業で取り入れたいと思った理由を「生徒のより良い学びを支えたかった。実際に体を動かすことで、学習内容が印象に残りやすいから。特に、友だちと協力して学びあう良さを実感してほしかった。友だちが演じている様子を見ることで、普段とは違う姿を見ることができるから。」と語っている。

3-3-2　D中学校での教育実習

学生Cは北関東の地方都市D中学校で社会科の教育実習を行った。D中学校では日頃から話し合い活動が盛んに行われており、生徒たちは他者と関わるこ

とに抵抗を感じる様子はなかった、と学生Cは話す。ただし、インプロを授業で実践する上でリスクに感じていたこととして「事前アンケートで、数人の生徒が「人前に出ることが苦手」と回答していたため、その子たちが学びやすい学習環境をどう作っていくか、安心して失敗できる場をどう作るか」ということをあげていた。

　ここでは、そうした授業者としてのリスクを乗り越え、生徒らと一緒にインプロを実践し「主体的・対話的学びの場づくり」に挑戦した学生Cの研究授業の例を紹介してみたい。

　　　やってみよう！「タイムスリップ (Time Warp)」（学生Cの研究授業から）
　生徒は「猿人」「原人」「新人」のグループに分かれて、当時の様子を再現する。事前に教科書や資料集から「どんなことができて、どんな道具を使っていたのか」を調べる。各グループがみんなの前でパフォーマンスをした後、全体で「見ていて気づいたこと」をシェアする。パフォーマンスの後、「黒曜石（打製石器）」や「弓矢」を実物として用意し、道具の変遷を理解させ、本日のまとめを全体でシェアする。

　この授業内で印象的だったのは、担任の見立てでは「学力の低い」生徒が積極的に教科書を読み、たとえば「(猿人にできたことは)食べる、持つ、くらいでしょ。ここで初めて二足歩行になるんじゃないの」と身振り手振りを交えて仲間に説明をしていたことであった。やり方を知らないことであっても、教師の適切な足場かけによって、その場が創造的な活動になれば活躍できる生徒がいる。そのことを知るきっかけとなる活動がインプロであり、なぜ、集団で、教科を学ぶのかということを改めて考えさせられる瞬間であった。

　人前に出ることが得意な生徒もいれば、苦手な生徒もいる。学生Cは、学習者のリスクを低減させるため「演じる役割（ナレーター役、人類役）を明確に提示しておくこと」「教師が一緒に演じること（獲物役）」「セリフを短冊に書かせること」「役柄がオーディエンスにわかるように胸から役柄ボードを下げさせること」など、細かい足場かけの工夫を実践していた。

　実習生でありながらもこうした工夫を行えたプロセスには、教科担当の指導教員や生徒たちのフィードバックが貢献していたと話す。「(指導教員に)見ている人もわかるように、と役柄ボードを作ったほうがいいと指導してもらった」「当初はつまずいたときの補助として自分がパフォーマンスに入ろうと

思ったが、先生がいるから安心する、という生徒たちの声を聞き、自分の存在が彼らのリスクの低減につながっていることに気づいた」のように、授業を通したやりとりの中で安心感のある場づくりの工夫、主体的・対話的な学びの場づくりの工夫を学んでいるようであった。

　学生Cの事例からわかることは、教育実習生とは、大学と教育現場をつなぐ媒介者であるということだ。学生Cは、教育実習以前からインプロを取り入れた授業実践に挑戦しようと試みていた。大学での学びを学校現場に還元するためにインプロについて体験し、遊び、学んできた。学生Cは、そうした思いが実現できた背景として、現場教員らが日頃から話し合い活動を実践していたこと、学生Cの挑戦に肯定的であったこと、生徒との信頼関係を構築する努力を怠らなかったこと、そのため生徒たちが学生Cの授業に積極的であったこと、教師として恥ずかしがらずに挑戦したこと、指導教員が授業づくりのアドバイスを丁寧にしてくれたこと、など、現場とうまく共同できたことをあげ、教育実習生一人ではなし得ることではなかったと話す。

　つまり、チームの一員として現場で受け入れられ、生徒と安定した人間関係を築き、皆が共同で授業づくりをできる環境でなければ、大学で学んだことを現場で実践することは難しいのだろう。インプロのような「やり方を知らないこと」に取り組むリスクを生徒たちに課し、生徒たちにリスクを課すリスクを教育実習生が乗り越えて行くためには、現場の協力が必要不可欠に違いない。

　仮に、学生Cが話し合い活動を普段実践していない実習校で教育実習を実践していた場合、そもそもインプロを用いた授業実践をすることが可能であったのか、学生Cはどのようなリスクを負っていたのか。教育実習生を送り出す教員養成系大学の制度と意図だけでは成立しえない学びの構造が見えてくる。

　学生Cは、大学の講義の中で、「インプロを使った授業づくり、およびその実践、実践のために配慮しなければならないことや、学びを支えるための具体的な支援とは何か、ということをもっと学びたかった」と話す。学生Cの研究授業を目の当たりにした私は、教員養成に携わる一人として、主体的・対話的学びの場づくりができる教師の育成のためには、大学と教育現場の共同をうまく組織することに、より力を入れる必要があることを、思い知らされているのである。

4 おわりに

　本章では、教員養成で新たに求められている「主体的・対話的学びの場づくりができる教員を育てること」「他者と共同できる教員を育てること」の2点について、インプロが貢献する可能性を示してきた。3つの実践をひもといてみると、結果として教員養成の授業者である私が最も発達と学習を求められる存在であることに気づかされた。インプロを講義で取り入れたからといって、すべての学生が主体的・対話的学びの場づくりができるようになるわけではない。授業者と学生のやりとりの積み重ねで少しずつ変化し、大学と教育現場が共同し、児童生徒と関わり、支えあい、やり方を知らないことに皆で取り組むことで、皆が集合的に発達していくのだ。インプロは、授業者にとっても、学習者にとっても、お互いの発達環境を作り出す有効なツールである。だからこそ、これからも教員養成の現場で、皆で変わっていきたいと強く思っている。インプロというパフォーマンスを皆で実践し、遊び、学び、未来の子どもたちの発達に寄与する場づくりを洗練させ、我々自身が発達し続けられるように。

【注】
[1] 演劇トレーニングとしての効果については、13章の「インプロが促す発達」を参照していただきたい。また、演劇分野以外でのインプロは応用インプロといわれており、本章でのインプロもそれに値する。シンプルなルール（制約）のあるゲーム形式のインプロはインプロ・ゲームともいわれたりしているが、本章ではインプロの表記で統一する。

【文献】
有元典文 (2017)「教育において殻を破り自分を広げるべきは誰か？：いっしょに生きる技術としての発達の最近接領域」『女子体育』59(6・7), 12 - 15.
Lobman, C. & Lundquist, M. (2007) *Unscripted Learning*. Teachers College, Columbia University.〔ロブマン&ルンドクィスト／ジャパン・オールスターズ（訳)(2016)『インプロをすべての教室へ：学びを革新する即興ゲーム・ガイド』新曜社〕
中央教育審議会教員養成部会 (2015)「これからの学校教育を担う教員の資質能力の向上について」（中間まとめ）
石浦佑菜 (2018)「集団学習場面でのインプロゲームが学習者に及ぼす影響」横浜国立大学教育学部 卒業論文
国立大学協会 (2018)「教員の養成及び研修に果たす国立大学の使命とその将来設計の方向性」

13章　インプロが促す発達

　　　　　　　　　　　　　　　　　　　　　　　　　　　清家隆太

1　はじめに

　この章では、筆者が某大学の演劇部の学生に対して、2017年5月から3か月にわたって実施したインプロ（即興演劇）のレッスンを素材として、学生たちがその考え方や技術を習得していくにつれ、学生たちに結果として生じた変化（行動面の変容）および発達[1]（情動的、人格的、社会的な変容）について見ていきたい。

　これにあたり、まず初めに、インプロについての概観を提示する。次に、実施したインプロのレッスンについての紹介をする。その後、レッスンを受けた一部の学生に実施したインタビューをもとに、学生に生じた変化と発達を見ていく。最後に、インプロを変化や発達を促すツールとして活用する際の留意点についての見解を述べる。

　なお、筆者はインプロの実践者（インプロバイザー）であり、2000年に俳優養成所にてインプロに触れて以来、継続的にインプロのトレーニングを受け、現在は複数のインプロ団体に指導をしつつ、自らもパフォーマーとしてインプロの公演に出演し、一般に向けたワークショップも開催している。

2　インプロについて

　まず初めに、この章で扱うインプロについて、簡単に紹介をしておく。

2-1　インプロについての概観

インプロとはインプロヴィゼーション（Improvisation）の略称であり、日本語訳は「即興」となる。音楽（特にジャズ）やダンスなどの芸術表現の分野においても、即興による表現をインプロヴィゼーションの名称で表すことがある。

今日の日本においては、「インプロ」と略称で呼ばれる場合、特に演劇分野における即興を表すことが多いようである。

演劇分野における即興であるインプロは、そのトレーニング手法として、インプロ・ゲームと呼ばれる、楽しみながら必要となる考え方や技術を身に着けることができるゲーム形式のエクササイズを活用することが多い。なお、その数は現在では数百を超えるともいわれ、現在も増え続けている。

東京を中心に、近年では日本各地で急速な拡がりを見せており、規模の大小はあれど、毎月、どこかしらで公演が行われている。また、体験やトレーニングの場であるワークショップに至っては、毎週行われている状況である（2018年7月現在）。

さらに、演劇分野のみならず、インプロの手法を、他の領域に応用する「応用インプロ」と呼ばれる活動も広がりを見せており、特に教育や医療、企業といった領域においては、その活用が進んでいる。

2-2　インプロにおいて大切とされること

本章で扱うインプロとは、即興であるとはいえ、勝手気ままに好き放題なことをしたり、その場しのぎのデタラメをするものではない。演劇表現として成立させるためには、むしろその反対に、高度に協働的な営みが必要となってくる。

そして、インプロを行う際に活用される考え方や技術は、その多くが先人から受け継がれているものである。その最たるものが「Yes, and」といえよう。Yes, andとは、端的にいえば、"相手のアイデアや提案を受け入れて（Yes）、そこに自分のアイデアや提案を加える（and）"ことである。

このYes, andを自分と相手が互いに繰り返すことによって、協働的な営みが成されていく（この反対が、相手のアイデアや提案を否定や無視をしたり、相手にばかりアイデアや提案を出させるものである。これでは協働的な営みをするのが

難しくなることは、想像に難くないであろう）。

また、インプロには、このYes, andを根底で支えるさまざまな心構えがある。その中でも、当インプロのレッスンにおいて特に大切にしたものは、以下の4つである。

〈インプロのレッスンにおいて大切にした心構え〉
- 相手や自分を尊重する
- 相手や自分を信頼する
- 相手をサポートする
- 誠実に努める（ふざけて誤魔化したり、偽ったりしない）

以降では、上記を踏まえつつ、筆者が実施したインプロのレッスンの実際について記していく。

3　インプロのレッスンの実際

3-1　実施概要（対象など）

まず初めに、筆者が実施したインプロのレッスンの概要を以下に記す。

対象　某大学演劇部1〜3年生からなる大学生8名（うち、発表会に出演したのは5名）
時期　2017年5月中旬〜2017年8月下旬（約3か月間）
回数　週1回（発表会を含め、全14回）※最終回は発表会
時間　13:00〜18:00（5時間）
講師　筆者、およびアシスタント1名（筆者が主宰する「インプロsalon」メンバー、大学生）

3-2　レッスン方法の要領

初回のレッスンを除き、毎回のレッスンは3つのパートにて実施した。

13章　インプロが促す発達

すなわち、「① 前回の振り返り：それぞれの生徒が印象に残っていることを発言する」「② インプロのレッスン：講師が学生の状況に合わせて組んできたプログラムに沿った、インプロ・ゲームやその他演技に必要なエクササイズを実施」「③ 当日のレッスンの振り返り：それぞれの学生が印象に残っていることを発言する」である。

② インプロのレッスンでは、簡単なゲーム形式になっている（必要に応じて筆者がアレンジした）インプロ・ゲームを中心にトレーニングを実施し、インプロで必要となる技術が習得できるようにした。実施するインプロ・ゲームは、筆者が対象学生の状態を観察しながら、その都度、必要性と負荷の割合を考慮して取捨選択をした。これにより、提示されたインプロ・ゲームを楽しんでいると、いつの間にかインプロで必要となる技術が身についてくるような配慮をした。

また、講師である筆者が、折に触れ、広くインプロや演劇についての解説をし、学生たちの質問にも応答した。この際、インプロの心構えについても、レッスン中に観察された学生の振る舞いを事例としながら適宜解説をし、強化する働きかけをした。さらに、筆者だけではなく、アシスタントにおいても、その心構えを実践する振る舞いをするように努めた。

なお、ここでいうインプロの心構えとは、先に2-2で述べた〈インプロのレッスンにおいて大切とした心構え〉および、章末に〈参考〉として記載する「デルの〈ハロルド〉における一般原則（Del's General Principles for the Harold）」（Halpern, 2006）に準ずるものである。

加えて、すべてのパートを通して、学生たちの主体性を育む目的から、原則として発言者やインプロ・ゲーム（エクササイズ）実施者の指名は行わず、学生たちが自主的に手をあげるまで待つこととした。

3-3　全期間を通した（前・中・後期での）レッスンの構成

3-3-1　初回での見立て

初回のレッスンでは、簡単にお互いの自己紹介をし、インプロについての説明をした後、経験がなくとも取り組める初歩的なインプロ・ゲームを実際にいくつか行った。

その結果、客観的に正しいとされている（正解がある）事柄（たとえば、30秒以内になるべく多くの都道府県をあげる）への処理能力は高い水準にあること

がわかった。その一方で、自らの観点を表明したり、自分はどうしたいかの意見が求められる段になると、途端に消極的になる傾向が見受けられた。

　また、もうひとつの傾向としては、間違えることを過度に恐れるために、自分にとって多少なりとも挑戦となることは避けようとする、いわゆる「失敗する（したと見なされる）ことへの耐性の低さ」が顕著であった。

　このことから、インプロの特徴として、以下の説明を行った。すなわち「どこかにある、自分たちではない他者が設定した正解を探りあてるよりは、今ここにあるものを活かしながら、みんなで協働して創り上げていくものを正解として合意していくプロセスである」こと。また、その際に図らずも自らの観点や意見が明らかになっていくことがあるが、「互いが（時には興味深く感じながら）それを尊重して受け留め、支持しあっていくことが大切になってくる」ことも併せて伝えた。

　なお、上記はインプロにおける心構えとも関連しているため、そうした事象がレッスン中に現れた際には適宜指摘をして、学生たちに意識づけをするようにした。

3-3-2　レッスンの狙い

　実際のレッスンにおいて活用したインプロ・ゲームの一つひとつは紙面の都合上ここでは記載しないが、それぞれのゲームは、インプロの技術習得の役割からして、以下のABCDE群に分類してとらえることができる。

　これは筆者が *Group Improvisation: The manual of ensemble improv games* (Gwinn, 2006) を参考に、当レッスンで必要かつ有効と考えたインプロ・ゲームを、経験知から分類し、その役割の定義づけをしたものである。必ずしも1つのゲームが1つの役割とは限らず、実際には複数の群にまたがるインプロ・ゲームも多数あることを断っておく。

　〈インプロの技術習得の役割ごとのABCDE群〉
　　A群　Aware（感知する）
　　その場で起こっていること、相手のしていること／状態、自分のしていること／状態、これまでに創り上げられたこと、など、あらゆる情報に気づき認識する

　　B群　Bond（つながる）

互いのことを知り合い、安心感を持つ。1つのことを一緒になって達成することによって、互いを信頼するようになり、任せることができるようになる

C群　Create（創造する）
シンプルな創作（単純な文章や短い物語など）に一緒に取り組む。多くのゲームでは、自分だけでは創り上げられなかったものを、協力することによってみんなで生み出していく

D群　Dynamic（動態である）
自分のしたことが相手に影響を与え、相手のしたことが自分に影響を与えることを体感する。その相互作用によって常に状態が変化していることを感じ取る

E群　Ensemble（協働する）
自分と相手が異なる存在であることを認識しながら、お互いに尊重して、受け入れあっていくことによって、全体としての協働を図り、調和を保つ

3-3-3　レッスン期間中の時期による実施群の違い

レッスン中に取り組んだインプロ・ゲームは、基本的には、A群から始めて、次第にB群、C群へと移行していき、最終的にD群からE群へと至る順序で実施していった。

なお、当インプロの指導について、レッスンの開始前に当演劇部から筆者が受けた依頼としては、演技トレーニングの一環として「インプロの基礎を習得するためのレッスンの提供」であり、期間は約2か月であった。

しかし、レッスンの中盤以降になると、レッスンを受けていた学生たちがその楽しさと同時に、演劇表現としての可能性を感じるようになってきた。

そのため、例年8月末に開催している発表会（観客は一般が対象だが、学内関係者が多い）の演目として、インプロを採用したいという希望が学生たちに生まれてきた。筆者はこれを引き受け、レッスン期間を延長し、発表会に資するレッスン内容への調整を行った。

上記の事情も踏まえ、レッスン期間を前半・中盤・後半と3つの期間に分けると、各期間に扱ったインプロ・ゲーム群は、以下のようになる。また、併せて期間ごとの指導の狙いも記した。

表13-1　指導の狙い

		〈前半〉 安心してインプロに 取り組める	〈中盤〉 取り組むことが 自然と楽しくなる	〈後半〉 観客に観せるに足る 水準まで引き上げる
A群	Aware（感知する）	◎	○	○
B群	Bond（つながる）	◎	○	○
C群	Create（創造する）		◎	○
D群	Dynamic（動態である）		◎	◎
E群	Ensemble（協働する）			◎

前半：主にA・B群を取り扱った。指導の狙いは、安心してインプロに取り組める状態に導いていくこととした。

中盤：C・D群を中心に取り扱い、必要に応じてA・B群を取り扱った。指導の狙いは、インプロに取り組むことが自然と楽しくなることとした。

後半：適宜A・B群の復習もしつつ、C・D群に加え、E群も取り扱った。指導の狙いは、インプロに取り組む楽しさを保ちつつも、観客に観せるに足る水準まで引き上げることとした（表13-1参照）

3-3-4　補足

実際のインプロ・ゲームがどのようなものかについては、筆者が主宰する「インプロ salon」作成のインプロ・ゲーム動画集がWebに公開されている。興味がある人は視聴し、参考にされたい。

- IGEA（Improv Game & Exercise Archives）～ Season 1 ～
  URL：https://www.youtube.com/playlist?list=PLSDrKR4HZDzSdSkHVG0VwO1zlatUmoGTB

- IGEA（Improv Game & Exercise Archives）～ Season 2 ～
  URL：https://www.youtube.com/playlist?list=PLSDrKR4HZDzTCrHiYIuHTIVQqwiP27HEb

4 学生の発達と変化（インタビューをもとに）

ここからは、インプロのレッスンを経ることによって、学生に生じた変化や発達を、実施したインタビューをもとにして考察していきたい。

4-1 インタビューの概要

以下に簡単にインタビューについての概要を記す。

4-1-1 インタビューの時期
11月中旬から下旬。インプロのレッスン終了時である8月末の発表会から、約2か月半経過した時期である。なお、初回のインタビュー開始の数日前には、対象学生の大学にて文化祭があり、演劇部は公演（脚本のある芝居）を行っている。

4-1-2 インタビューの対象
インタビューを行ったのは、インプロの発表会に出演した4人である（他の4人は各自の事情により、延期した時期におけるインプロのレッスンへの参加が難しく、発表会への出演を辞退したため）。
また、補足として、発表会へは出演しなかったが、演劇部の取りまとめ役をしていた学生一人に対しては、自身についてというよりも、全体的な見地からの意見を聞くインタビューを行った。

4-1-3 インタビューの形式
喫茶店にてリラックスした雰囲気の中で実施した。基本は筆者と当人の2名での会話形式にて進めたが、記録係として、筆者が主宰するインプロsalonのメンバーも1名同席した。2人同時にインタビューを行った回が1度だけあったものの、残りの3人に対しては、一人ずつインタビューをしたため、計4回の実施となった。所要時間はどの回も1時間程度である。

4-1-4　インタビューの構造
会話形式で進めつつも、以下の3パートについて回答をしてもらった。
1　インプロのレッスンを受けてから感じた自身の変化
2　1の変化について、思い当たるエピソード
3　その他、気づいたこと、思いついたことの自由回答

4-2　インタビューからうかがえる学生の変化や発達

　以降では、対象学生5人へのインタビューをもとに、それぞれに生じた特徴的な変化や発達を個別に紹介していく。
　また、インプロではよく、本名ではなくインプロネームと呼ばれるニックネームを付けることから、学生の匿名性の担保のためにも、それぞれの学生を仮に、イワシ、ニシン、サンマ、シラス、ゴンズイとする。イワシからシラスが発表会に出演した学生で、ゴンズイは取りまとめ役の学生である。
　なお、〈　〉内は各学生が発言した内容を、できるだけそのままに記載した。

4-2-1　イワシのケース
◆自分の意見を出すことができるように
　イワシが感じる、自身の最たる変化は〈先輩に対しても自分の意見を出すことができるようになった〉とのことである。
　イワシはインプロのレッスンを受けるまでの自分は、以下のようであったと言う。

　　〈(高校が) 運動部だったので、すごく上下関係が厳しかった。先輩というだけで、自分が何か思ったことがあっても「言うのはやめとこう」としてしまうところがあった。「絶対違うな」ということを先輩が言っていても「それはちがう」とは言わなかった。(先輩に対して) 言わないことは暗黙の了解みたいな感じになっていた。〉

　しかし、インプロのレッスンの終了後に行われた文化祭公演で、演出を担当した際には〈文化祭公演で演出をやったときに、演出が何も言わないと始まらない。だから自分でノートを作って「ちょっとここのシーン、こうしたほうがよい」みたいなのを、どんどん言っていきました〉というように、自身は1年

生ながらも、先輩かどうかにかかわらず、しっかりと自分の意見を表明するような発達がうかがえた。

こうした発達について、もしインプロのレッスンを受けていなかったら、なにか違っていただろうかという問いに対しては〈ここまで意見は言えなかったかも。実質は、演出という名の雑用みたいになってたかもなぁ〉と述べている。

◆日常に転移する発達

また、こうした発達は一緒にインプロのレッスンを受けた演劇部内にとどまらず、たとえば、多学年の生徒が参加する合宿でディベートをした際にも、〈内容が難しかったので、最初は理解ができなくて、発言ができてなかったんですけど、理解できてからは、先輩にも「ここはこういうことですよね」って質問できたりとか、ディベートのときも、手をあげて発言できた。たぶん、今までだったら、先輩に個人的に「ここ言ってね」って言われるまで待って「はい、やります」みたいな感じだったと思う〉というように、インプロのレッスンを受けた演劇部とは関係のない合宿の場における発達の転移が見受けられた。インプロのレッスンによって生じた発達が、日常に転移している一例といえよう。

◆インプロから学んだ、イワシにとって大切なこと

ディベートでのエピソードを聞き、筆者はイワシにそうした発達の背景には「自分はできる」と自信が持てるようになってきたことがあるのかを尋ねたところ、〈できるとまではいかないけど、失敗してもまぁ先輩がフォローしてくれるから大丈夫かみたいな〉との答えが返ってきた。ここからは、自身のみならず、他人のことも信頼できるような発達が起きていることがうかがえる。

そこで、イワシにとって「インプロから学んだ大切なこと」は何かを聞いてみたところ、以下のようなコメントが返ってきた。

〈相手のことをよく見る。相手のアイデアや考えを受け入れる。自分から発信する。自分のアイデアや考えを受け入れてもらう。とりあえず何かやる。失敗しても、変なことを言ってもやっても大丈夫。なんとかしてもらえるから。自分でもなんとかする。〉

これらはすべて、インプロのパフォーマンスをする際に大切なことである。

イワシがこれらを獲得していくにつれて、それまでに暗黙のうちにしてはならないと思い込んでいた「先輩に意見を言う」ことができるようになり、次第に「自分の意見をしっかりと表明する」ことにつながっていった、とのことである。

4-2-2　ニシンのケース
◆人の話を遮らなくなった
　ニシンは、インプロのレッスンを受ける前の自身の特徴として、〈人が話をしていると、途中でぶった切ってしまうタイプだった。友だちが横で説明していることがわかりにくいなあと思うと、もっとわかりやすい説明があると思い、横から口を出すことがあった〉というように、自分の考えを強く持っており、それを表明することを憚らない点において、イワシとは対照的であった。
　これは、ゴンズイのニシンに対するコメントである〈頑固なところがあって、自分の考えが強かった〉にも合致するため、自他共に認めるところであったのだろう。筆者も、インプロのレッスンの前期では、その傾向を感じる場面がいくつかあったことを記憶している。
　しかし、インプロのレッスンを受けていくにつれ、他者への配慮を見せるように発達をしていき、〈インプロをやってからは、話を聞き終わってから話すっていうのが、できるようになった〉と語る。

◆相手に配慮しつつ、自分の意見も伝える
　こうした発達を見せたニシンの背景には、〈自分の考えが絶対正しいから、みたいな。自分に確信があるときはそういうスタンスで言葉をぶつけちゃってたんですけど、相手にも正しいところはあるんだっていうのを認めつつ、自分の意見もちゃんと言うっていう意識がついた〉という意識が大きく作用しているという。
　これは、インプロのレッスンにおいて「相手を尊重する」や「アイデア（考え）の価値判断をせずに、いったん、受け留めてみる」ということが大切にされていたことが影響しているという。
　このことについてニシンは、〈相手を嫌な気持ちにさせずに、コミュニケーションをとる意識っていうのは、インプロで鍛えられたかなって思います〉と語る。その結果、以前よりも社交性が増し、そのために、友だちが増えたと語った際のニシンの朗らかな表情は、筆者の記憶に鮮明に焼き付いている。

◆ニシンにとってのインプロの魅力と大切なこと

また、ニシンはインプロの魅力を、〈日常生活ではやらないことができる。だから、自分も相手も両方、新たな面に気づける。自分であって、自分でない感じがすごく面白い〉と語っている。

これは、10章の「教育におけるパフォーマンスの意味」における有元の記載〈ホルツマンは「発達」を「今ある自分ではない誰かをパフォーマンスすることで、自分という存在になっていくこと」だと定式化する。〉と符合し、まさに発達が行われていた事例ともとれよう。

インプロをしていくうちに、自分や相手に新たな興味が持てるようになったという。

そしてニシンがインプロにおいて大切だと感じ取ったことは、〈一番大事なのは楽しむこと。お互いが楽しいと、もっとさらけ出せるようになって、もっと面白いものが作れていく。お互いを信頼できないと、楽しくないし、信頼できてないとさらけ出せもしないから、当たり障りのない、刺激的じゃないものになっちゃう。もやもやが残るまま同じ時間を過ごしても、信頼はできない。良い関係を築けたら信頼はできる。信頼してるからこそ言える言葉もあるし、信頼してないと、傷つかせちゃうかなとか、思ったりする。相手はちゃんと意味をわかってくれるだろうって、信頼して言葉をぶつけられると、本音の話し合いっていうか、上っ面の話し合いじゃなくて、ちゃんと本質をついた話し合い、ができる。さらけ出せる〉と語っている。

ニシンのこの気づきは、その言葉を借りれば〈上っ面ではない〉社交性を養い、友だちづくりに大いに寄与したことは想像に難くない。

4-2-3 サンマのケース
◆自信が持てるように

インプロのレッスンを受ける前のサンマは、ゴンズイによれば〈自分の中で強い考えは持っている。しかし、それを言うときに誰かとタイミングが重なると、すぐに引いて謝り、その後は発言しない〉という特徴があったという。

しかし、発表会を経てからゴンズイが感じているサンマの顕著な変化は〈(タイミングが重なった際に)「ごめんなさい」と言って、いったん黙りはするが、こちらから「いいよ、言ってみて」と言えば、パッと自分の意見を言うようになった〉とのことであり、以前よりも自信が持っている印象を感じるとのことである。実際に、サンマ自身が〈これまで練習ではあまりうまくいったこ

とがなかったインプロ・ゲームが（発表会では）うまくいった。それが自分の自信につながった〉と述べている。

こうした発表会での成功体験がサンマの自信につながっている証左として、次のようなエピソードがある。夏休みのボランティア活動をオープンキャンパスで発表することになり、その際に起きたトラブル（発表者が当日に一人来なかった）にサンマが対処することになったときに、〈以前だったら「大丈夫かな」ってなったと思うけど、特に不安もなく堂々と、アドリブでスッとやれた〉と誇らしげに語ってくれた。

また、インタビュー後に実施されることになっている看護系の実習に対しても、〈インプロのレッスンを受けていなかったら、もっと「大丈夫かな」って思ったかもしれない。でも発表会での経験が自信になって、なんとかできると思っている。行ったことがないし、未知の世界ではあるけど「どうにか無事に終えて来られるだろう」と自分でちゃんと思えるようになった〉と語る。

◆他者視点の獲得

また、こうした自信を支えるものとして、インプロのレッスンを通じて促された発達のひとつは、〈インプロをやる前はそこまで相手の立場に立って考えることはなかったかもしれない〉とサンマがコメントするように、「他者視点の獲得」であろう。

サンマ自身が感じている発達として、〈他人をもっと見るようになったと思う。自分の世界だけじゃなくて、他人という存在が見えるようになった〉がある。

たとえば、学校の友だちに対しても、〈以前だったら、聞いている友だちが（前提情報を）知っているかどうかを考えずに話していたけど、今はそれを考えて話すようになった。第三者がその話を知っているかどうかを考えるようになった〉とコメントしている。

また、バイト先でも〈相手が何をしてほしいのか、今あまり話したくないのか、聞いてほしいのか、聞くんじゃなくて答えを求めてるのか、そういうことを考えるようになった〉という。

その結果、〈前は中途半端にフェードアウトしていくことが多かった会話が、今は「ここで終わりなんだな」と見極めているおかげで、続くようになった〉と嬉しそうに語る。

◆失敗から学び、自己効力感を得る

そして、もうひとつの自信を支える発達に、〈失敗から学ぼうという意識が強くなった〉がある。

サンマがインプロから学んだこととして、〈「失敗してもいいけど、そこから学んで次に活かしていくことが大事。これまでだったら環境のせいにしがちだったことでも「もしかしたら自分がこうできたのかもしれないし、ここは自分が悪かったのかもしれない」という反省点を見出せるようになり、(そこから)学んで、活かせるようになってきた〉がある。

こうした発達によって、〈「次はもっとこうしよう」と考えるようになった。環境のせいにしないように意識するようになった〉とコメントするようになっている。

これは〈失敗からは学べばよいし、それを活かして次にやってみることで、状況に変化を起こせる〉ということをインプロのレッスンにおいて、何度も経験したことが大きいとのことである。この経験により〈自分が世界に影響を与えることができる〉という自己効力感が高まり、次第に自信へとつながっていったそうである。

4-2-4 シラスのケース
◆失敗しても割り切れるように

シラスが自覚する、インプロのレッスンを経た後の、特徴的な発達は『ポジティブになった』とのことである。以下に、その意味するところを見ていく。

インプロのレッスンを受ける前のシラスは、〈結構ネガティブで、失敗を引きずることが多かった〉という。レッスンを経てからは〈失敗しても割り切れるようになったかなとは思う〉と語る。

〈インプロのときに、うまく相手に伝えられなくて「失敗しちゃったなぁ」って思うこともあったけど、やっていくうちに「違う方法でやってみよう。次うまくやればいいや」と考えられるようになった〉という。

このため、以前ならば〈言われたことができないと「あーやだな。怒られるな」〉と思考が行きがちであったが、今では〈「怒られるけど、まぁいっか」と割り切れるようになった〉とのことである。

一例として、学校の提出物を締切り日の翌朝に提出した際には、〈「怒られたら怒られたでしかたがない、割り切って怒られに行こう」と思えた〉とのことである。

こうしたことから、シラスは今となっては〈嫌なことも広い心で受け入れられるようになった〉と、自分の発達を感じている。

◆自分の意見を持つ

また、シラスはインプロのレッスンを受ける前は他人の意見に〈「私も大体そんな感じ」と同調することが多く、友だちにも授業でも「ただ事実を淡々と受け入れている」というか、「知識として受け入れている」部分があった〉として、あまり自分の意見を持たずに、どこか客観的に眺めている傾向にあったという。

しかし、インプロのレッスンを受けてからは〈「私だったらこうするな」と頭の中で考えるようになった。今までも考えることはあったけど、その回数が多くなった〉と、主体性を持って世界と関わり、自分の意見をしっかりと持つように変わってきたという。

◆家族とのより良い関係が築けるように

こうした発達は、家族との関わりにも変化をもたらし、〈家族に自分の意見を言うことが多くなった〉と語る。インプロのレッスンを受けるにつれ〈自分の考えを自然に表明できるようになった〉とのことである。

これは、前述の〈失敗しても割り切れる〉ようになり〈「怒られてもいいから言おう」と思えるようになった〉こととも関連性が見出せる。

実際に思うことを家族に告げてみると〈意外と怒られなかったりする〉ということを何度も経験していくことで、〈納得いかないときには、ちゃんと自分の意見を言えるようになり、ため込むことがなくなった〉という。

こうして、家族とのより良い関係が築けるようになったことは、シラスからすれば思ってもみなかった〈インプロの恩恵〉と聞かされ、筆者もインプロのチカラを再認識した一幕であった。

4-3 インプロのレッスンとは、どのような場であったのか
　　（ゴンズイの視点から）

ここまでは、4人の学生について、インプロのレッスンを受けた後での特徴的な変化や発達を見てきた。

補足として、以上のような変化や発達を促した「インプロのレッスンが、ど

のような場であったのか」を、取りまとめ役であり、心理学専攻の学生であるゴンズイが、インタビューの際に語ってくれた。

　断片的ではあるが、以下にその内容を紹介し、筆者の簡単な所感を〔　〕内に添える。

　　　自分が言ったことや、表現したこと、意見を、完全に受け入れてもらえる場は、なかなかない。多少なりとも「それは違うよ」とか「何言ってんだ」と言われたりというのがあるので、みんなで受け入れようという空気があって、ある程度倫理に触れないことであれば、何を言っても大丈夫とされる場はすごく必要だと思っている。
　　〔インプロにおいて、「Yes, and」が（表面的ではなく）実感される状態で実践されている場から生まれる安心感の居心地の良さに、ゴンズイは非常な感銘を受けていた〕

　　　それも一人がやるのではなく、みんながやるので、相互的に関われる。カウンセリングなどでは、どうしても一方的になってしまう面がある。インプロの場合は全員で関わっていき、ある程度その人に合わせた発達・成長が全員でできるところがすごく魅力的だと思う。子どもに対してもだが、考え方がある程度固まっている大人に対しても魅力的だと思う。
　　〔インプロはパフォーマンスであり、必然的に場にいる他者と共に／に向けて行われるものであり、それがゆえに発揮される影響力の大きさも、ゴンズイには印象的に映っていた〕

　　　また、体を動かすというのも（ゴンズイの知る限り）なかなかない（手法だ）と思うので、いい機会だと思う。個人的には、カウンセリングの代わりというか…。単純に悩みを聞くというよりも、普段は抑圧されている自分の考えや、何とも言えない気持ちみたいなものを、自己表現などで開放して、それを受け入れてもらえるといった体験ができるというのは、すごく良いなぁと思っている。
　　〔筆者の見解では、（特に現代人は）言語よりも身体による表現のほうが嘘をつきづらく、誤魔化しが効きにくい。そこに現れてくる自身の真実性を扱う真摯なやりとりに、ゴンズイはカウンセリングにおけるセラピーのような効果も見ていたと思われた〕

4-4　インプロのレッスンがもたらした学生への変化や発達

　ゴンズイの見るようなインプロのレッスンという場は、言い換えるならば2-2に記した〈インプロのレッスンにおいて大切にした心構え〉が反映された場であると言えまいか。
　すなわち「相手や自分を尊重する」場であり、「相手や自分を信頼する」ようになれる場であり、「相手をサポートする」姿勢がある場であり、そこでは「誠実に努める（ふざけて誤魔化したり、偽ったりしない）」ことができる場である。
　これまで見てきたインタビューの内容から、こうした場を（筆者やアシスタントを含めた）場にいる全員が協働して作り出していたことにより、それぞれの学生に生じた変化や発達が促されていたといえよう。
　また、こうした変化や発達はインプロのレッスンという場にとどまらず、家族や友人やアルバイト先という対象にまで及んでいること、そして、レッスンが終了しても継続しており、持続性があることにも注目したい。

5　おわりに

　本章において見てきたことは、ある限られた対象に対しての、ある限られた期間の事例である。しかし、筆者はこれまでに同様のケースに何度も遭遇してきており、その対象には成人も含まれている。
　そこから言えることは、インプロは適切に活用されれば、人の変化や発達に大いに寄与するチカラがあるということである。
　ここでいう適切にというのは、以下2つの要件を満たすものと考える。
　1．インプロにおいて大切な心構えが浸透し、体現（あるいは、体現しようと）されている場である。
　2．指導者が対象者の状態を見極め、狙いに応じて適切なインプロ・ゲームを提示し、意図を持った説明ができる。

　筆者は幾度か、上記の要件が満たされないまま、やみくもにインプロ・ゲー

ムが実施されていく状況にも遭遇したことがある。この場合には、むしろインプロをすることが嫌いになったり、怖くなったりした人が多く発生していたことは、残念なことである。

　インプロを変化や発達のために活用する場合は、インプロはあくまでツールであり、上記の要件を満たすことが難しい場合は、その使い方によって、時に逆の効果を生み出す可能性があることにも留意されたい。

【注】
[1] 10章「教育におけるパフォーマンスの意味」の1「はじめに」の「発達」の項を参照。

【補足】
〈2-2の参考〉
　こうした心構えや手法の発展に功績を残し、今日の日本においても知名度が高く、その影響も大きいと思われる人物としては、一連のゲーム形式からなる演劇エクササイズである「シアターゲーム」を考案したヴァイオラ・スポーリンや、1960～70年代に、ロンドンのロイヤル・コート・シアターの演家・作家・即興講師であったキース・ジョンストンがあげられるだろう。
　筆者が今回実施したインプロのレッスンにおいても、彼らの心構えや手法を大いに参考にしたが、さらにもう一人、その心構えや手法を参考にした人物がいる。それが、デル・クローズである。
　デル・クローズは、米国はシカゴにある、今日のインプロに多大な影響を与えている「セカンド・シティ」(Second City) の前身となる「コンパス・シアター」(The Compass) の立役者であり、共著である *Truth in Comedy: The manual for improvisation* は、インプロに関係する人びとにとってはバイブル的な存在となっている。
　今回のレッスンにあたっては、学生には明示的に示しはしなかったものの、その指導の指針として、以下に記載する、デル・クローズが精力的に追求した、インプロのロングフォーム（比較的実施時間の長いパフォーマンス）のフォーマットである、〈ハロルド (Harold)〉を実演する際の指針とした「デルの〈ハロルド〉における一般原則 (Del's General Principles for the Harold)」（日本語訳は筆者による）を参考とした。

　デルの〈ハロルド〉における一般原則 (Del's General Principles for the Harold)
  - あなたたちは、全員が、サポートをする俳優である。(You are all supporting actors.)
  - 常に自分の衝動に気を配ること。(Always check your impulses.)
  - "必要とされ"ない限り、決してシーン〔場面〕には入らないこと。(Never enter a scene unless you are NEEDED.)
  - 共演している俳優を救うこと。作品については心配しないこと。(Save your fellow actor, don't worry about the piece.)
  - 第一に為すべきことは、サポートをすることである。(Your prime responsibility is to support.)
  - いかなるときでも、知性の限りを尽くすこと。(Work at the top of your brains at all times.)
  - 観客を過小評価したり、見下したりしないこと。(Never underestimate or condescend to your audience.)

- ジョークは不要（ジョークだと明言されている場合を除く）。(No jokes (unless it is tipped in front that it is a joke.))
- 信頼すること … 仲間の俳優があなたをサポートしてくれると信頼すること。彼らに重荷を負わせたとしても、彼らはなんとかすると信じること。自分自身を信頼すること。(Trust ... trust your fellow actors to support you; trust them to come through if you lay something heavy on them; trust yourself.)
- 起きていることの判断を避けること。ただし、（シーンに登場するか、シーンを終わりにするか、による）助けが必要か、次に続くのは何が最善か、あるいは、もしサポートが求められたら、どう想像力でサポートできるかは除く。(Avoid judging what is going down except in terms of whether it needs help (either by entering or cutting), what can best follow, or how you can support it imaginatively if your support is called for.)
- 聴くこと（LISTEN）

【文献】

Gwinn, P. (2006) *Group Improvisation: The manual of ensemble improv games*. 2nd ed., Meriwether Pub.
Halpern, C. (2006) *Art by Committee: A guide to advanced improvisation*. Meriwether Pub; Pap/DVD 版

【文献ガイド】

3部の内容をさらに深めるための日本語の文献ガイド ── 関連書籍5選

- 吉村竜児 (2006)『即興〈インプロ〉の技術』日本実業出版社
- ケリー・レオナルド, トム・ヨートン (2015)『なぜ一流の経営者は即興コメディを学ぶのか？』ディスカヴァー・トゥエンティワン
- キャシー・サリット (2016)『壁を破る力: パフォーマンス・ブレークスルー 今そこにある限界がみるみる消える！ 驚異のメソッド』徳間書店
- キース・ソーヤー (2009)『凡才の集団は孤高の天才に勝る：「グループ・ジーニアス」が生み出すものすごいアイデア』ダイヤモンド社
- ゲイ・ユンバーグ (2012)『オーディエンス・マネジメント』スクリプト・マヌーヴァ

【インプロへの理解をより深めるための文献ガイド】

「2-2の参考」で触れた今日のインプロに多大な影響を与えた3人についての関連書籍（洋書含む）。

(1) キース・ジョンストン
- Keith Johnstone (2007) *Impro: Improvisation and the theatre*. Methuen Drama
- キース・ジョンストン／三輪えり花（訳）(2012)『インプロ：自由自在な行動表現』而立書房
- Keith Johnstone (1999) *Impro for Storytellers*. Faber & Faber; Main 版
- Theresa Robbins Dudeck (2013) *Keith Johnstone: A critical biography*. Bloomsbury Methuen Drama.

(2) ヴァイオラ・スポーリン
- Viola Spolin (1999) *Improvisation for the Theater 3E: A handbook of teaching and directing techniques (Drama and Performance Studies)*. 3rd ed., Northwestern Univ Press.
- ヴァイオラ・スポーリン／大野あきひこ（訳）(2005)『即興術：シアターゲームによる俳優トレーニング』未来社

- Viola Spolin (1986) *Theater Games for the Classroom: A teacher's handbook*. Northwestern Univ Press.
- Viola Spolin (1985) *Theater Games for Rehearsal: A director's handbook*. Northwestern Univ Press.
- Viola Spolin (2001) *Theater Games for the Lone Actor*. Northwestern Univ Press.

(3) デル・クローズ
- Charna Halpern, Del Close, Kim Howard Johnson (1994) *Truth in Comedy: The manual of improvisation*. Meriwether Pub.
- Jeff Griggs (2005) *Guru: My days with Del Close*. Ivan R. Dee.
- Kim Howard Johnson (2008) *The Funniest One in the Room: The lives and legends of Del Close*. Chicago Review Press.

終章 状況論からパフォーマンス心理学へ
── 私たちはなぜ変わらなければならないのか

青山征彦

1 はじめに

　本章では、これまでの各章で展開されてきた議論を踏まえながら、パフォーマンス心理学が何を目指しているのか、それは従来の心理学や学校教育に対して、どのようなインパクトを与えるものなのかといった点について、議論する。端的に言えば、心理学や学校教育はどのように変わらなければならないのか、考えてみたい。読者の中には、心理学も学校教育も、とりたてて現状に問題があるとは思えない、なぜ変わらなければならないのか、と考える人もいるかもしれない。本章では、そうした問いに答えるべく、私たちが何を問題だと考えているのか、その問題に対してパフォーマンス心理学はどのように答えようとしているのかを整理する。

　すでに1部で、茂呂（1章）や、太田（4章）が論じているように、この本の著者の多くは、状況論と呼ばれるムーブメントに関わり、従来の心理学とは異なる人間観、異なるアプローチによって新しい心理学を開拓しようとしてきた。そこに近年、大きな影響を与えているのが、ロイス・ホルツマンである。彼女は、心理学に大きな功績を残したヴィゴツキーの理論を再解釈し、人間の発達についてのユニークな考え方を提案している。さらに、そうした考え方をもとにして、ニューヨークを拠点にさまざまな社会活動を展開している。その思想と活動は、私たちに大きな影響を与えている。

　その意味で、本書は、ホルツマンの影響を受けた私たちが、状況論をどのように発展させ、どこに向かおうとしているのか、というマニフェストである。それは、心理学や学校教育の抱える問題に、パフォーマンス心理学の方法でどのように立ち向かおうとしているかという、現在進行形の報告でもある。以下では、各章の内容を振り返りながら、これまでの議論を整理してみたい。その

上で、パフォーマンス心理学が何を目指しているのかを、私なりに改めて検討することにしたい。

2 状況論からパフォーマンス心理学へ（1部）

　まず、1部について、振り返ってみる。茂呂（1章）は、パフォーマンス心理学の概要をまとめている。太田（4章）は、状況論の流れを踏まえた上で、パフォーマンス心理学の可能性を論じている。この2つの章を併せて読むことで、状況論からパフォーマンス心理学への流れがわかるようになっている。

　茂呂（1章）は、パフォーマンス心理学へと至る歴史を4世代に整理している。筆者を含め、これまでの歴史を知る人には、感慨深いものであると同時に、状況論からパフォーマンス心理学への移行は、いわば必然的なものであったことが表現されている。状況論が、活動理論や、アクターネットワーク理論をはじめとする社会物質的アレンジメントに注目してきたのは、理論的な問題もさることながら、研究者が社会的な実践の場との連携を強め、ともに実践をするような動きが増えてきたためでもあったと思う（例として、中村, 2008; 上野・ソーヤー・茂呂, 2014など）。研究者が実践を研究するだけでなく、実践そのものに関与するようになってきた時期に、ホルツマンらのアプローチに出会ったことは、偶然ではないだろう。パフォーマンス心理学では、研究者は実践をじっと観察する存在ではなく、実践により関与する立場になる。こうした研究者の立ち位置の変化は、茂呂が整理した状況論の流れの中に、すでに生まれつつあったと見るべきだろう。

　さて、茂呂は、従来の心理学が個体主義であり、自然科学的だと批判している。このことには、若干の解説が必要かもしれない。心理学では、個人の内的なプロセス（たとえば、記憶や感情、思考など）を研究することにより、人間を理解できるようになるという考え方が根強くある。これを心理主義と呼ぶこともある。

　ところが、人は一人では生きていない。周りの人と、さまざまに影響しあって生きている。たとえば、思い出は記憶の一種であり、もちろん脳の中の何らかの情報ではあるとしても、それは単なる記憶としては理解できない。思い出は、懐かしく思い出したり、誰かに語ったりすることに意味がある。人を個体

として考え、自然科学的な研究の対象としてしか見ないやり方では、思い出を理解することはできないだろう。

　このような心理主義を批判的に乗り越えようとする動きは、状況論だけではなく、さまざまな学派に見ることができる。たとえば、アフォーダンスという知覚理論は、知覚を個人の内的なプロセスに基づいてではなく、環境との相互作用として説明しようとしてきた。近年、精神療法の世界で注目されているオープン・ダイアローグは、家族療法の中から発展してきた考え方だが、一対一の診療場面を用いずに、関係者が一堂に会した状況で治療方針を話し合うという手法である。つまり、患者を個人として扱う個体主義ではなく、関係者のネットワークの中に位置づけようとする方法だと言えるだろう。

　茂呂の紹介しているパフォーマンス心理学の実践例は、いずれもパフォーマンスの場を通して参加者の発達を狙うものであり、個体主義や自然科学的なアプローチとは無縁である。これらは、心理学のあり方を大きく転換するものであることは、言うまでもないだろう。

　続く太田（4章）は、状況論とパフォーマンス心理学の違いに留意しながら、パフォーマンス心理学の可能性を論じている。両者は、上でも論じたように、必然的とも言えるつながりがあるのだが、当然のことながら違いもある。太田は、両者の違いを、状況論では「「現実」そのものに介入する」(p.48) というアプローチを採っていたのに対して、パフォーマンス心理学は「「現実」の制約から自由になる」(p.48) というアプローチだと指摘している。この指摘は、両者のアプローチの違いをよくとらえていると思う。

　また、別の箇所では「なること」と「成ること」という区別を用いて、両者の立場の違いを議論している。ここで「なること」と訳されているのは becoming という単語である。パフォーマンス心理学が、状況論だけでなく、従来のアプローチと異なっているのは、この becoming という観点にある。たとえば、太田が紹介しているように、アルコール依存症患者のための自助グループであるアルコホリック・アノニマスに、新参のメンバーがどのように参加していくのかを分析するのが、状況論であった。太田のいう「成ること」は、コミュニティへの参加や、アイデンティティの変化を指しているが、これらは状況論における重要なテーマであったことは言うまでもないだろう。

　一方、パフォーマンス心理学では、「なること」は、「自分ではない誰かを演じることで自分ではない存在になること」(p.42) を意味する。たとえるなら、アルコール依存症患者が、依存症から脱した自分を演じるということである。

それは、今の自分ではない誰かであり、これからなろう（becoming）とする存在である。パフォーマンス心理学は、このような「なること（becoming）」についての心理学である。

　これは、状況論や、従来の心理学とはまったく違う観点であるといってよい。いわゆる研究とは、すでにある秩序や現象について、その成り立ちを明らかにしようとするものであった。パフォーマンス心理学は、その意味での研究ではない。いまだない秩序や現象を、パフォーマンスという方法で作り出すことに主眼がある。このことは、後述するように、研究や、研究者のあり方を大きく変えることになる。

　ホルツマン（2章）は、ヴィゴツキーの発達の最近接領域と、遊びに関する考え方を紹介しながら、パフォーマンス、つまり何らかの表現活動を行うことを通して、人が今あるもの who you are から、今はない（なりつつある）もの who you are not へと発達できることを主張している（p.22）。これは一見、難しい主張のようにも見えるが、たとえば子どもが、自分にはまだできない料理をままごと遊びでしてみせることは、子どもがいつか料理のできる日への足掛かりになっていることを考えれば了解できるだろう。ここでは、ままごと遊びの空間が発達の最近接領域のためのステージであり、ままごと遊びとは、そのステージで who you are not を演じるパフォーマンスにほかならない。言い換えると、パフォーマンスによって今の自分とは違う状態を演じることが発達に欠かせないということになる。この考え方が、私たちが本書で人の発達を考えていくときの基盤になっている。また、すでにインプロなどのパフォーマンスを実践している人には、自らの実践についてとらえ直すのに最適のテキストとなるだろう。

　フリードマン（3章）は、長年、演劇を通して若者の支援を行ってきた。ここでは、氏が近年、提唱しているパフォーマンス・アクティヴィズムというアプローチが紹介されている。パフォーマンス・アクティヴィズムとは、従来のデモや、社会運動を乗り越えるために、近年、展開されている社会的なパフォーマンスである。たとえば、アメリカとメキシコの国境の街で、女性の髪をつなげていき、国境を結ぶプロジェクトには、声高な批判はないが、日常をパフォーマンスによって変えてしまうことで、より良い社会のイメージをうまく伝えている。パフォーマンス・アクティヴィズムの実践例は、実に幅広い社会問題にわたっており、2部で議論されているコミュニティ活動を考える上でも、ヒントになるように思われる。

3 コミュニティを交換論で読み解く（2部）

　2部では、さまざまなコミュニティにおける実践を、柄谷（2010）の交換論の観点から分析した研究が集められている。心理学は、長く個体主義であったために、コミュニティを分析する観点をあまり持ち合わせていない。その意味で、柄谷の交換論は、コミュニティにおける関係を整理するための強力なツールになりうる。ホルツマンが師と仰ぐニューマンは、現在の社会は、いかに少ないギブで多くのゲットを奪うかというゲットの文化であり、互いに与えあうことを喜びとするギブの文化が必要だと説いた（p.92）が、ニューマンの議論は、柄谷の交換論でいう交換様式A（互酬）、そして交換様式Aの高次での回復とされる交換様式Dと通じるのは明らかである。

　香川（5章）は、贈与と返礼という交換様式Aが特定への他者への贈与であったのに対して、関係に向けられた贈与に基づく創造的交歓という観点を示しながら、相模原市で展開されているファーマーズマーケット「ビオ市」などの実践を検討している。有機野菜の生産者と消費者とをつなげるしくみは、経済活動を超えて新しい交換の場となっており、そこで展開されている贈与は、特定の誰かに向けられたものではない。そして、そこに参加することが喜びになる場でもある。

　こうした生産者と消費者の関係は、おそらく全国各地に残る朝市などにも見られるものであろう。そこでは新鮮な野菜の売り買いは、経済活動というよりコミュニケーションであり、買い物というより交流になっている。そうした場の持つ力は、喜びのある交換であり、交歓という言葉はその機微をよく示しているように思われる。

　また、創造的交歓における贈与は特定の誰かに向けられたものではなく、関係に向けられているというのも、重要な指摘であろう。個人の発達は場の発達とともに生じるというホルツマンの議論とも重なるだけでなく、交換の場を持続的に発展させるためのヒントでもあるように思われる。

　加えて、このような創造的交歓は、さまざまな下支えをもとにして可能になっているという指摘も重要である。「ビオ市」が成立するには、それ以前からあった直販所「百笑の台所」や地域通貨などの取り組みが土台になっている

ように思われる。こうした交換の歴史によって、新たな交換が支えられていることにも注目したい。

広瀬（6章）は、学校にも家庭にも居場所のない貧困家庭の子どもや若者に居場所を提供している放課後コミュニティについて、北本（7章）は地域社会に開かれた障害者施設について報告している。

これらの実践では、それまでにはなかった新しい交流の場が作り出されている。新しい場によって、それまでにはなかった人びととの結びつきが生まれ、そこには新しい交換も生まれている。そこだけを見ると、何もなかったところに新しい実践が生まれたように思ってしまうが、決してそうではない。北本は、重度の知的障害を持ちながら地域の中で支障なく暮らしていた女性の記憶は、あらためて実践の中で読み解かれることによって、実践を方向づけるような力を持つことを指摘している（p.95）。また、広瀬は、パフォーマンスは「歴史的な交換様式の変化の中から生じた問題への応答」（p.87）ではないかと指摘している。いずれも、パフォーマンスを一回性のものとしてではなく、歴史の中にあるもの、発達しつつあるものとしてとらえることの重要性を示しているように思われる。

小池ら（8章）は、地域コミュニティでの先進的なコミュニティスペースとしてものづくりの場やシェアハウスを採りあげて、そこでどのような活動がなされているかを分析している。境界的なオブジェクトや越境といった、これまで状況論で用いられてきた概念と、交換論との接合を図っているのが特徴的だといえるだろう。状況論が展開してきた議論を、どのようにパフォーマンス心理学に活かしていけるかは、私たち研究者にとっての課題である。

ホルツマンが主張するように、コミュニティスペースにおいて、参加者の発達と場の発達がともに起こると、香川のいう創造的交歓の状態になる。これは理想的なことではあるが、往々にして、コミュニティスペースは長続きしにくいのが現状である。パフォーマンス心理学にとって、発達のステージをいかに作り出すかは重要な課題であるが、同時に、こうしたステージをいかに持続的なものにするかも、重要な課題であろう。

次章で岸（9章）が示している5つのまとめ（p.133～）は、この課題に対する答えになるかもしれない。岸は、トルコ在住のシリア難民の支援に関わってきた経験をもとに、日本の子どもとシリア難民の子どもが協力しながら絵本の物語を作るという活動について論じている。この活動では、絵本を作る活動が、ホルツマンのいうステージになっている。普段は出会わない相手と交流するこ

とが、今ある状態とは違う自分になるきっかけになっている。

　ここで重要だと思われるのは、子どもたちは、日本やシリアについて知るという異文化理解を目的に活動していたのではなく、ともに絵本を作るという活動をしており、異文化理解はいわば副産物として生じていたという点である。言い換えると、絵本を作るという活動と、互いの文化について知ることとは同時に起こっている（p.123）。

　そして、このような活動を支えていたのは、相手から何かをゲットできるということよりも、自分が相手に何かをギブできるという喜びであったようにも思われる。相手に何かをギブできなくなると、自分には存在価値がなくなってしまうことは、事例の続き（p.136）からも明らかであろう。発達のステージの上で、アンサンブルとしてパフォーマンスするには、互いに互いが必要とされる状況が必要なのであろう。

4　インプロは学校教育をどう変えるか（3部）

　3部では、学校教育の場にインプロ（即興演劇）を持ち込む意義が検討されている。フリードマン（3章）のパフォーマンス・アクティヴィズムの事例にもインプロを用いたものがあるし、インプロの手法を紹介したロブマン（2016）の『インプロをすべての教室へ』がジャパン・オールスターズによって翻訳されるなど、インプロに対する注目は高まっている。インプロが今後のパフォーマンス心理学にとって重要な意味を持つのは確実であろう。

　有元（10章）は、教育をより良いものにする上で、パフォーマンスが有効だと読者を誘う。最後には「またもやパフォーマンスを言葉で定義してしまった」と反省の弁を述べているが、現れつつある新しい学校教育の姿を語り続ける言葉は、まさに紙上のパフォーマンスではないだろうか。たとえば、「教師と児童生徒は、拍手における右手と左手である」という拍手のたとえに目を見開かされた思いをした人も少なくないと思う。

　ここで議論の中心となっているのは、教育は教員が児童生徒に知識を教え込む場ではなく、みんなが共同で発達する場だ、という主張である。そのためには、教員だけでも、児童生徒だけでもなく、教員と児童生徒との関係のあり方が変わる必要がある。

こうした主張は、近年のアクティブラーニングをめぐる議論にも重なっている。教員が児童生徒に知識を注入する場として教室を考えるなら、アクティブラーニングはただの遊戯にすぎない。そうではなく、教員と児童生徒が共同で学んでいく場として教室を考えるのが、児童生徒が能動的に学ぶという本来のアクティブラーニングなのだと思う。有元が紹介している実践は、本来の意味でアクティブラーニング的であり、知識を教え込む関係とはまったく異なる共同のあり方を見て取ることができる。

　なお、有元・岡部（2013）は、教える立場と学ぶ立場とが区別できないような「みんなだとできること」を、集合的達成と呼んでいる。ここでのパフォーマンスをベースにした授業実践は、集合的達成そのものであろう。あるいは、インプロは、一人でできることを軽々と超える方法であり、集合的達成そのものだと言うこともできるだろう。教育の文脈と、インプロの文脈とをつなぐアイデアとして、集合的達成は重要な意味を持つと思う。

　また、「できるようになってから行動する」ことが教育という制度である、という指摘には鋭いものがある。私たちの日常は、「できるようになってから行動する」ことよりも、「できないことをできないまますること」で満ちている。インプロは即興であるために、「できるようになってから行動すること」を許さない。それは、現在の教育に欠けているものを学ぶための、貴重な機会となるはずである。

　今井（11章）は、小学校での英語教育を長年にわたって支援してきた経験から、英語教育について論じている。英語は、誰かと話すための道具であり、本来は手段である。しかし、日本の英語教育は、何かを伝えるために誰かと話すというリアリティを欠いていることを、小学生の質問が教えてくれる（p.163）という指摘や、話すのは即興的でしかありえないのに「即興で話すことができる」ことが学習指導要領で目標として示されている（p.161）という指摘は、学校教育の現状をよく伝えているように思われる。

　しかし、知識重視の流れは、少しずつ変わっている。「まずは単語を覚え、文法規則を理解して英文を作る知識と技能を身につけてから話す練習をする」という発想を疑い、異なる発想とアプローチへの関心が高まったのは、小学校英語教育の貢献」という指摘は、「できるようになってから行動する」ことを疑う有元の指摘と重なりあうのは言うまでもない。

　また、教育現場では、意味のある言語使用として英語を使うように、教材を工夫する実践も生まれてきている（p.167 - 168）。教員が変われば教育は変えら

れることが、よくわかるように思う。

　郡司（12章）は、大学の教員養成の授業にインプロを採り入れた実践について報告している。インプロによってグループでの活動を作り上げる体験をすることが、教員と児童生徒がともにひとつの活動を作り上げるような教室づくりに役立つという見立てである。

　たとえば、有元や今井が紹介している実践は、児童生徒がお互いをリソースとしあいながら学んでいく。そのためには、安心して挑戦できる場を作ることが必要である。その下地づくりにインプロは活用できるし、そうやって作られた場は発達の場になり、創造的交歓を生むだろう。

　ただし、インプロを教室に導入するのは容易なことではない。郡司も、「インプロを徹底して体験させることと、インプロを用いた授業づくりができるようになることとは異なる」と指摘する（p.186）。しかし、別の箇所（p.188）で指摘されているように、チームとしての教室を作り上げるというのは、これから求められる方向なのも間違いない。このことについては、すでに話し合い活動を行っていた学校で、インプロを含めた授業を展開することができたという事例がヒントになる。学校の持っている歴史や文脈をうまく利用することが、インプロのような新しい実践を位置づける上で重要なのだろう。

　清家（13章）は、大学の演劇サークルにインプロを指導した実践について報告している。インプロを体験した学生が、相手の話を聞けるようになった、自分の意見を言えるようになった、失敗しても次に活かそうと思うようになったと感想を述べているのが興味深い。これらは、清家が指導にあたって重視したポイント（p.193）によく重なる。つまり、インプロで必要とされる態度を、インプロを通じて身につけているといえるが、こうした態度は、チームとしての教室を作るために必要な態度でもあるように思う。

　また、こうした場が、正解を目指したものではなく、「今ここにあるものを活かしながら、みんなで協働して創り上げていくものを正解として合意していくプロセスである」（p.195）という指摘は、有元のいう「できないことをできないまますること」と重なりあう。

　ここまで見てきたように、インプロには教育の場を大きく変える力がある。しかも、有元や今井が示したように小学生にも適用できるし、郡司や清家が示したように大学生にも適用できる。アメリカでは、キャシー・サリットがインプロをベースにした企業研修を行っており、インプロは学校教育のみならず成人教育にも展開できることは証明ずみである（Salit, 2016/2016）。インプロは幅

広い人たちの発達を促す方法であることがよくわかる。

　同時に、インプロは児童生徒、学生と、教員の関係を変えるものである。3部の各章で主張されているように、教員が変わらずに児童生徒や学生を変えることはできないだろう。このことは、これからの学校教育のあり方を考える上で、重要かつ本質的な問題であると思う。

5　そして研究者はどう変わるか

　さて、ここまで本書の内容を振り返ってきたが、最後に、これからのパフォーマンス心理学の展開を考える上で欠かせない研究者のあり方や、研究上の課題について触れてみたい。

　茂呂（1章）は、心理学が個体主義に立っていることを批判しているが、実際には心理学だけの問題にとどまらない。特に、学校教育が個体主義に陥っていることは、これまでにも批判が繰り返されてきた。たとえば、佐伯は心理学が教育実践に与えてきた負の影響について、以下のように述べている。

> 　これまでの心理学の、個人の能力や特性をまさにその個人の持っている（あるいは獲得する）ものと見なし、行動の原因を個人の「頭の中（あるいは、心の中)」に帰属させる見方は、教育における能力獲得競争を激化させ、能力による差別を産みだし、それをめぐって教師の「教え」を「管理」と化して、予測と計画の技術を教授技術とみなす考え方を「裏側から」正当化してきた。知識を脱・文脈化したものとして扱い、学習をそのようなパッケージ化された「知識」や「手続き」の獲得とみなし、それはなんらかの「教える技術」で効率的に伝授できるものという幻想を作り上げてきた。このような、「心理学」が私たちの文化に与えてきた見えざる影響を反省することから、文化心理学は新しく再出発するのだということならば、筆者はもろ手をあげて応援する。（佐伯, 1997, p.298）

　この文章は文化心理学について書かれたもので、内容的にも状況論そのものであるが、心理学の個体主義、ないしは心理主義が教育にもたらした影響を鋭く批判している。すべての心理学者がこの反省に立つのはおそらく困難だろう

と思えるほど、心理学は個体主義的なのが現状である。
　したがって、パフォーマンス心理学がなすべきこととは、子どもを、そして人間を、常につながりの中に見ることだろう。そのことは、なかなか変わらない心理学を変革していくきっかけになると思う。
　同時に、こうした転換は、研究者の立ち位置にも影響するのは想像に難くない。研究者だけがつながりの外側に立ち、研究の対象である人たちを観察するのは、檻の中の動物を檻の外から観察するようなものである。これは、茂呂（1章）が批判する自然科学的な方法にほかならない。このことについて、茂呂は以下のように述べている。

　　　人間の学習を上手くとらえるためには、遠くから観察しているだけではすまない。むしろ、研究対象となる、他の人間の学びの場に参加して、学習の場を一緒に作り上げようとするときに、一番理解が進むのである。（茂呂, 2018, p.21）

　このように考えると、パフォーマンス心理学においては、研究者自身も変わらないといけないはずである。研究者は、実践のただなかに身を置いて、ともに実践に関わりつつ、そこでの実践を客観的に報告する役割となるのだろう。これは、従来の研究者のイメージとはかけ離れているが、パフォーマンス心理学においては、研究者自身もパフォーマンスの一部なのだろう。

6　現実とわたりあえる心理学に向けて

　パフォーマンス心理学は、新しい企てではあるが、その源流には状況論がある。これまでの蓄積も活かしつつ、新しい可能性を開拓しくことができるはずだ。そのためのヒントは、本書にも多く含まれているだろう。
　ただ、パフォーマンス心理学も含めて、心理学が現実とわたりあえる強さを持つには、これまでの心理学が見ないことにしてきた問題に向き合う必要があると思う（青山, 2013）。そのひとつが、ポリティクス（権力性）という問題である。どのような場であっても、ポリティクスの問題と無縁ではないのに、心理学はポリティクスを見ないことにしてきた。パフォーマンス心理学において

も、このことには注意が必要である。たとえば、互酬制は互いに与えあう、平等な方法に見えるが、ギブするよりもゲットしようとするフリーライダーには負けてしまう。インプロには豊かな可能性があるが、一方でインプロが苦手な人もいる。どんな場であっても、完全な平等には至らず、必ずといっていいほど、有利な立場と不利な立場が生じてしまう。ニヒリズムに響くかもしれないが、誰もが協力しあえるようなユートピア的な状態は、きわめて実現困難である。こうした現実のポリティクスとしたたかにわたりあえる心理学になるために、パフォーマンス心理学が向き合うべき課題はまだ多くある。

同時に、パフォーマンス心理学には大きな可能性がある。インプロをはじめとするパフォーマンスの方法は、発達に対する見方を転換させる。becomingという観点は、なされたことを振り返る研究から、見たことがないものを生み出す研究へと転換させる。人間の行動を予測し、コントロールしようとする心理学を、未来を創造するための心理学へと転換させる。本書は、その記念すべき第一歩にならなければならない。新たな心理学研究の地平へのマニフェストとして。

【文献】

青山征彦 (2013)「現実の複雑さとわたりあえる心理学へ」『質的心理学フォーラム』5, 90 - 91.

有元典文・岡部大介 (2013)『デザインド・リアリティ：集合的達成の心理学』北樹出版

柄谷行人 (2010)『世界史の構造』岩波書店

ロブマン, キャリー & ルンドクゥイスト, マシュー／ジャパン・オールスターズ (訳) (2016)『インプロをすべての教室へ』新曜社

茂呂雄二 (2018)「人間の学習」青山征彦・茂呂雄二 (編)『スタンダード学習心理学』(pp.2 - 21) サイエンス社

中村雅子・上野直樹 (2008)「ネットワーク指向のデザイン・アプローチの提案：情報システムの運用開発事例の分析から」『認知科学』15, 627 - 643.

佐伯胖 (1997)「『文化』の心理学か、『文化的』心理学か」柏木惠子・北山忍・東洋 (編)『文化心理学：理論と実証』(pp.293 - 299) 東京大学出版会

Salit, C. (2016) *Performance Breakthrough: A radical approach to success at work*. New York: Hachette Books.〔サリット／門脇弘典 (訳) (2016)『壁を破る力：パフォーマンス・ブレークスルー 今そこにある限界がみるみる消える！驚異のメソッド』徳間書店〕

上野直樹・ソーヤーりえこ・茂呂雄二 (2014)「社会－技術的アレンジメントの再構築としての人工物のデザイン」『認知科学』21, 173 - 186.

あとがき

　本書は、ロイス・ホルツマンとダン・フリードマンを招いて、2017年8月16日から3日間にわたって行われた国際ワークショップ、ならびに17日午後に開催された公開講演会に基づいている。

　ワークショップは、国際ワークショップ2017『日本におけるパフォーマンス心理学の未来』と題して、ジャパン・オールスターズ主催で行われた。ジャパン・オールスターズは非営利の任意団体であり、貧困や格差に曝され苦戦している子ども・若者の発達支援をミッションとしている。

　この国際ワークショップは、パフォーマンス心理学ワークショップ招聘委員の皆様のご協力のおかげで成立したものである。ここにお名前を記して感謝申し上げたい。（五十音順、敬称略）

　　青山征彦（成城大）　有元典文（横浜国大）　居上公美子（「ひとみ学舎」フリースクール）　石田喜美（横浜国大）　伊藤　崇（北大）　今井裕之（関西大）　岩田恵子（日本女子大）　大塚　翔（筑波大）　太田礼穂（青学大）　岡部大介（東京都市大）　香川秀太（青学大）　川俣智路（北教大）　岸磨貴子（明治大）　北本遼太（筑波大）　金馬国晴（横浜国大）　小池星多（東京都市大）　城間祥子（上越教育大）　新原将義（帝京大）　田島充士（東京外大）　田島信元（白百合女子大）　広瀬拓海（筑波大）　藤原由香里（京都府八幡市立美濃山小学校）　前川久男（いわき短大）　松井かおり（朝日大）　松嶋秀明（滋賀県立大）　茂呂雄二（筑波大）　若林庸夫（神奈川県立海洋科学高校）　山下俊幸（関東学院大）

　また、このワークショップの一部は、ジャパン・オールスターズがトヨタ財団よりいただいた研究費（トヨタ財団2015年度研究助成プログラム「社会の新たな価値の創出をめざして」企画題目：格差社会において様々な交換をアクティベートする実践的な分配の正義：共生人間科学に基づく社会の新たな価値創出（代表：茂呂雄二D15‐R‐0262））に基づいている。ここに記して感謝申し上げたい。

　公開講演会は、ジャパン・オールスターズと成城大学グローカル研究セ

ンター、日本認知科学会教育環境のデザイン分科会（DEE）の共催で、『パフォーマンスが拓く世界の未来』と題して行われた。講演会の趣旨に賛同いただいた成城大学グローカル研究センターと教育環境のデザイン分科会に感謝申し上げたい。

パフォーマンス心理学（Performatory Psychology）の成立については本書をご覧いただきたいが、ホルツマン先生とフリードマン先生、そして両氏のメンターでもある故フレド・ニューマン先生らが、ニューヨークで40年以上にわたっての、草の根のコミュニティ作りの活動から生まれた実践的／批判的な心理学の考え方である。なお、ニューマン先生の主著は『みんなの発達！：ニューマン博士の成長と発達のガイドブック』（茂呂雄二・郡司菜津美・城間祥子・有元典文訳, 新曜社）として本書とほぼ同時に出版される。パフォーマンス心理学の実践的、特にセラピーとしての適用については、この本を参照いただきたい。

遠路ニューヨークからおいでいただき、3日間の精力的なセッションを展開していただいた、両先生に深く感謝申し上げたい。以下は、参加者募集にも掲載した両先生のプロフィールである。

Lois Holzman 博士：East Side Institute of Short and Group Therapy 研究所長。コロンビア大学で博士号（言語発達心理学）を取得後、ロックフェラー大学研究員、エンパイアステート大学准教授を経て現職。1979年ニューヨークの私設心理研究所である、East Side Institute を故フレド・ニューマン（哲学）と共に設立し、パフォーマンス心理学の基礎を築いてこられました。2012年発達心理学会国際ワークショップ講師、2014年日本教育心理学会年次総会での基調講演と、2度来日されています。翻訳された著書に『遊ぶヴィゴツキー』（新曜社）があります。

Dan Freedman 博士：All Stars Project, Inc. 付設 Castillo Theater 芸術監督。ウィスコンシン大学で博士号（演劇史研究）取得後に、いくつかの実験的演劇集団を創設し活動した後、70年代から Newman と Holzman のニューヨーク市におけるコミュニティ・ビルディング活動に参加しました。ニューマンと共に戯曲を書き演出しながら演劇的な発達支援方法を作り出し、パフォーマンス心理学の開拓にたずさわってこられました。全米7カ所で貧困の若者対象の発達支援プログラムを展開する、All Stars Project の研究員であり、隔年で開催さ

れるパフォーマンス・アクティビズムの国際会議 Performing the World の主催者の一人でもあります。

　本書の日本人執筆者の魅力的な論考にも明らかなように、すでに多くの研究／実践者たちが、パフォーマンス心理学を具体化して、様々な場所で研究し実践し教育もしている。

　これらの論考をもとに、この新しいパフォーマンス心理学がさらに発展して、学校教育や心理的支援の現場のみならず、医学・医療場面、企業人材育成の場面、町づくり・地域づくりの現場など、様々な場所で実践され、議論されて、さらに多様な人々の間をつなぐ、新しいパフォーマンスを通した、新しい生のあり方の創造に繋がることを願うものである。

　最後になったが、講演会やワークショップ等の記録にもかかわらず出版を理解いただいた新曜社ならびに塩浦暲氏に感謝申し上げます。今回も、なかなか原稿が上がらない執筆者を根気づよく待っていただき、適切なアドバイスをいただきました。ありがとうございました。

編者一同

索　引

あ行

アイデンティティ　45, 46, 116, 122, 132, 213
青山征彦　105, 166, 211
アクターネットワーク論　57, 70, 212
アクティブラーニング　173, 179, 218
遊び　i, 3, 8, 12, 16, 22, 27, 31, 42, 46, 50, 118, 134, 141, 144, 164, 166, 214
足立区　79, 80, 86
頭一つの背伸び　48, 171
アブウチェーニェ　149
阿部彩　77
アリスタバル, ヘクター　37
有元典文　141, 202, 217 - 219
あること（Being）　20
アルコホリック・アノニマス　45, 213
アンサンブル　31, 34, 35, 117, 136, 137, 153, 154, 157, 175, 176, 217
Yes, and　126, 170, 175, 192, 206
石田喜美　15, 29
イーストサイド短期グループ療法研究所　8
一緒に生きる技術　153
居場所　80, 81, 157, 216
今井裕之　161, 218, 219
イリイチ, イヴァン　67
インプロ（インプロヴィゼーション、即興、即興演劇）　ii, 154, 169, 171, 173, 174, 191, 192, 217, 219
　　──と学校教育　217
　　──と教員養成　173
　　──と発達　191
　　──の心構え　194
インプロバイザー　191
インプロ・ワークショップ　153, 155
ヴィゴツキー, レフ　5, 7, 8, 15 - 17, 19 - 22, 26, 34, 41, 44, 49, 62, 68, 117, 135, 144, 148, 149, 153, 156, 170, 211, 214
　　──の発達論　7
ウィトゲンシュタイン, ルートヴィヒ　ii, 7, 8
ウィルダー, ソーントン　10
上野直樹　79, 94
ウェンガー, E.　45, 46
英語教育　161, 218
エコ・ダンス　36
エージェンシー　94
エスニック・アイデンティティ　11
越境　i, 105, 116, 117, 119, 121, 216
エンゲストローム, Y.　47, 116, 141
太田礼穂　41, 211 - 213
大塚翔　15, 29
岡部大介　218
荻野昌弘　60, 61, 63
オースティン, ジョン　ii
オーディエンス・パフォーマンス　178, 181
オハイオ州立大学　10
オファー　31, 175, 182
「おむすびころりん」　150, 157

か行

カウンセリング　7, 127, 206
香川秀太　57, 58, 215, 216
学習指導要領　147, 161, 162, 164, 166, 167, 218
ガーゲン, K. J.　4
ガーゲン, M. M.　4
活動システム　6
活動理論　6, 212
カラスカル, ウルスラ　36
柄谷行人　31, 58, 59, 61 - 63, 65, 66, 78, 79, 87, 93, 94, 99, 100, 102, 105, 113, 115, 215
観客　32, 142, 143, 145, 146, 158, 178
カント, イマヌエル　59
機械的模倣　166
岸磨貴子　121, 216
岸上伸啓　60, 61
北本遼太　91, 216

ギブ 31, 33, 35, 38, 61, 92, 93, 132, 215, 217, 222
教育実習 187, 189
教育の突破口 141
教員養成 161, 174, 176 - 179, 182, 183, 186, 187, 219
境界的なオブジェクト 113, 114, 115, 119, 216
教科学習における主体的・対話的学び 176 - 178
教職論 183, 186, 187
共同 43, 46, 48, 69, 70, 91, 143 - 146, 148 - 150, 153, 155, 157, 175
キング，マーティン・ルーサー・ジュニア 15
クマール，サンジャイ 36
グループワーク 44, 164, 179, 181, 183, 185
グローバル社会 161
郡司菜津美 173, 219
群集劇 157
結果 19, 117, 133
ゲット 35, 92, 93, 215, 217, 222
——ゲーム 92
——社会 61
言語ゲーム 187
——論 ii
言語行為論 ii
言語知識の不活性化問題 162
小池星多 105, 216
交換 78, 129
——形態 31, 38, 57 - 59, 63, 68, 93, 99, 102
——様式 105, 115
ハイブリッドな—— 79, 94
交通 58, 65
国連パレスチナ難民救済事業機関（UNRWA） 122
互酬性 59, 78, 81, 82, 93, 99
個体主義 212
ごっこ遊び i, 23, 42, 43, 51
ことば（言葉）遊び 163, 168
子どもの貧困 77 - 79, 85 - 88
個のプロセス 146, 148

コミュニティ 22, 29, 32, 34 - 38, 57, 65, 121, 215
——スペース 105, 106, 109 - 119, 216
——づくり（コミュニティビルディング、コミュニティの創造、コミュニティ構築、コミュニティ形成、コミュニティビルド） 7, 8, 29, 31, 57, 77 - 82, 133
——ビルダー 81 - 83, 86, 87
——ビルド活動 77
コール，マイケル 7
コンヴィヴィアリティ（共愉） 67

さ行

最周辺 100, 102
再分配 58, 77, 78, 81, 84, 85, 115
篠川知夏 105
サリット，キャシー 50, 219
参加 41
サンニャル，イシタ 37
シアターゲーム ii, 38, 137
シェイクスピアウィリアム 9, 10, 16, 18, 143
シェクナー，リチャード i
自己効力感 204
自然科学 4, 7, 17, 19, 212, 213, 221
——主義 3, 4
——的方法 18
実践 - 批判的な方法論 4
失敗 11, 30, 44, 155, 156, 188, 195, 204, 219
児童中心型教育 123
資本制 57, 58, 62, 64 - 73, 78, 93, 94
社会的カメラワーク 147, 156
社会的企業 91 - 94, 99, 101
社会的結束 121
社会的・文化的な活動 26
社会物質的アレンジメント 6, 212
社会文化的な文脈 16
状況的学習論 5
状況的制約 48
状況論 5, 6, 41, 43, 45, 211 - 214, 216, 221
情動性 122
商品交換 58 - 61, 66, 70 - 74, 78 - 81, 87, 93,

94, 99, 101
自律分散的共生運動　72
知ること　22, 24, 35, 47
城間祥子　116
新自由主義　59, 66, 67, 85-88
鈴木大裕　86
スター, S. L.　114
ストリート・デモ　30
砂川一茂　11, 12
スピノザ, バールーフ・デ　66
スポーリン, ヴァイオラ　ii
成果主義　i, 3
清家隆太　191, 219
成功　11, 156, 203
政治劇　33
正統的周辺参加論　41, 45
セラピー　7, 36, 206, 224
創造　25, 72, 132, 144
　──性　26, 33, 38, 165
　──的交歓　57, 61-65, 67, 72, 73, 215, 216, 219
　──的不適応　15
　──のネットワーク　71
想像　25, 31, 42, 134
　──の共同体　79
贈与　31, 38, 57-67, 70, 72, 78-87, 93, 99, 115, 129, 215
　──の交換　38
　──のネットワーク　71
　──論　60-64
ソーシャルセラピー（社会療法）　7, 8, 35, 51, 88
即興　ii, 11, 124, 143-146, 152-155, 158, 161, 166, 174, 192, 218　→インプロ
　──劇（即興演劇）　154, 157, 169, 191, 217
ソーヤーりえこ　79, 94
『空と大地と』　91, 95-102

た行

対話　66, 68, 166
　──的学び　173, 174, 176-179, 187-190

他者視点　203
ターナー, ヴィクター　i
谷本寛治　92
地域ネットワーク　105, 109
Chika-ba　106-110, 114, 116-119
知識の学習　158, 179
中間コミュニティ　84-87
追体験　166
土屋拓人　69-71
ディベート　167, 186
　　バカげた──（Silly Debate）　185
転機（Turning Point）　37
道具　ii, 6, 19, 67, 117, 133, 137
　──と結果の方法論　117
特異性　62-66, 69-73
"ともに実践する"集合形態　43
ドリフティング（漂流）　82-87

な行

中川雄一郎　92
なること（becoming）　20, 24, 42, 45, 46, 213
　──の理論（theory of ──）　42, 45, 46
成ること　45, 213, 214
なる（becoming）存在　5
"なる"プロセス　3
ニューマン, フレド　4, 6-8, 32, 37, 49, 51, 61, 92, 93, 215, 224
ニューヨークソーシャルセラピー研究所　8
ネグリ, A.　62, 73
ネットワーク　57, 62, 65, 91, 99, 106, 110
　創造の──　71
　贈与の──　71
　地域──　105, 109

は行

ハーヴェイ, D.　85
発達　4, 6, 15, 16, 20, 21, 32, 33, 43, 45, 49, 64, 117, 144, 146, 191, 200, 202, 214, 216
　──支援　ii, 12, 150, 223
　──する歓び　64
　──の困難　3
　──の最近接領域　21, 22, 34, 49, 118, 145,

149, 214
　　　──のステージ　118, 216, 217
　　　──の創造　21, 22, 33
ハート，M.　62
場のプロセス　146
パフォーマンス　i, 3, 4, 9, 16, 23, 32, 41 - 43, 141, 166
　　　──・アクティヴィズム　29 - 35, 38, 137, 214, 217
　　　──・オブ・ア・ライフタイム（POAL「ポアール」）　50
　　　──・スタディーズ　i
　　　──・ターン　7
　　　──と教育　141
　　　──としての社会的企業　91
パフォーマンス心理学　3, 4, 12, 41, 211, 221
　　　──の歴史　6
ハンター，ケリー　9, 10
ハンター・ハートビート・メソッド　9
パンディーズ劇場　36
ピアジェ，ジャン　16
ビオ市　68 - 72, 215
表情パス（Pass the Face）　185
広瀬拓海　77, 216
フーコー，ミシェル　86
舞台（stage）　5, 10, 11, 126, 137, 142, 143, 154
不適応者　15
フラニ，レノラ　37, 38, 137
フリードマン，ダン　ii, 29, 117, 137, 214, 217, 223, 224
文化の創造のアート　7
分散認知　41
文法　24, 162, 165, 166, 171, 218
ヘネップ，ファン　i
ボイド，ネヴァ　ii
放課後コミュニティ　77, 79 - 81, 216

ホルツマン，ロイス　4, 7, 8, 10, 15, 33, 34, 42, 43, 48, 49, 105, 113, 117, 118, 144, 150, 153, 171, 202, 211, 212, 214 - 216, 223, 224

ま行

マクダーモット，R.　44
マッポとガキの対話大作戦 Operation Conversation: Cops & Kids　9, 37, 38, 137
真鍋豪　68 - 71
マルクス，カール　8, 15, 44, 58, 62, 65, 132
三つ頭の専門家（Three - Headed Expert）　185
村上公也　12
モース，M.　60, 61
盛満弥生　84
茂呂雄二　3, 79, 94, 116, 166, 211 - 213, 220, 221

や行

訳読方式　165
やり方を知らないこと　23, 148, 154, 156, 182, 185, 187 - 190
YO!（Youth On Stage! 若者の舞台）　10
歓びの関係体（ネットワーク）　73

ら行

ラセルバ，C.　51
リスク　11, 15, 182, 185 - 189
リミナリティー（境界越え）　i
レイヴ，J.　45, 46
レオンチェフ，アレクセイ　68, 141
ロブマン，C.　153, 174 - 176, 178, 217
ロペス，パオラ　36, 37

わ行

笑い　11

編者・著者紹介（＊は編者、執筆順）

＊**茂呂雄二（もろ　ゆうじ）【1章】**
筑波大学人間系教授。専門は学習心理学。専門は学習心理学。現在、インプロ等を使った学習支援プログラムの開発とパフォーマンス心理学の開拓が関心の的である。子どもの発達支援に取り組んでいるジャパン・オールスターズ代表。

ロイス・ホルツマン（Lois Holtzman）【2章】
心理療法、教育、コミュニティ形成のための国際的訓練・教育センター「グループと短期心理療法のためのイーストサイド・インスティチュート」所長。哲学者フレド・ニューマンと共に、プレイ、パフォーマンス、実践を統合したソーシャルセラピーを推進している。

ダン・フリードマン（Dan Friedman）【3章】
カスティロ劇場（ニューヨーク市）芸術監督。演劇のアーティスト－俳優、脚本家、演出家。社会問題に関与しコミュニティを創造するための方法として、パフォーマンスを、ステージから日常生活の中へと持ち出すパフォーマンス・アクティヴィズムを推進している。

大塚　翔（おおつか　しょう）【2, 3章共訳】
筑波大学大学院人間総合科学研究科心理学専攻在学。「働く」ことを巡って、発達障害など特別なニーズを持つ子ども・若者とその親が、どのような関わりの中で、新しい学びや情動的な発達を生めるのかに関心を持つ。

石田喜美（いしだ　きみ）【2, 3章共訳】
横浜国立大学教育学部准教授。専門は国語教育、リテラシー教育。中高生・大学生を中心とした若者たちの学校外での学びをいかに学校内での学びに結びつけるかという視点から、言葉や読書の教育に関わるさまざまな研究や実践を展開している。

太田礼穂（おおた　あやほ）【4章】
青山学院大学社会情報学部助教。専門は教育心理学、発達心理学、認知科学。大人との協働のなかで子どもが大人のふるまいを創造的に自分のものにしていく過程について、会話の組織化や出来事の想起の観点から研究を行っている。

＊**香川秀太（かがわ　しゅうた）【5章】**
青山学院大学社会情報学部准教授。専門は学習論, 活動理論。ネットワーク状の創造活動に関心があり、アソシエーション、マルチチュード等のポスト資本主義社会に関する理論と実践の研究をすすめている。

広瀬拓海（ひろせ　たくみ）【6章】
筑波大学大学院人間総合科学研究科心理学専攻在学中。状況論の立場から、現在は学校外における子ども・若者の学びについて、歴史的な文脈を踏まえた研究を行っている。

北本遼太（きたもと　りょうた）【7章】
筑波大学大学院人間総合科学研究科心理学専攻在学。状況的学習論の立場から社会的企業の展開過程に関心を持つ。また茨城県西地区にて、パフォーマンス実践として就労に奮闘する若者たちと「農地復耕サークル Re:boot」を組織し、新たな働き方を模索中である。

小池星多(こいけ　せいた)【8章共著】
東京都市大学メディア情報学部社会メディア学科教授。博士(学術)。社会構成主義的な観点から路線図、ロボット、パーソナルファブリケーション、地域など、様々な分野で実際にコミュニティに参加しながらデザインの実践、研究に取り組んでいる。

篠川千夏(ささがわ　ちなつ)【8章共著】
株式会社まちづくり立川にて、地域のまちづくりに従事。地域におけるコミュニティ形成に関心を持ち、現在もコトナハウスを拠点に、東京都多摩地区のフィールドワークを継続している。

青山征彦(あおやま　まさひこ)【8章共著、終章】
成城大学社会イノベーション学部教授。専門は認知心理学。最近は、学校でも職場でもない、趣味の学びに関心があり、越境や野火的活動といった観点から検討を続けている。

岸磨貴子(きし　まきこ)【9章】
明治大学国際日本学部准教授。専門は教育工学。国内外においてパフォーマンスを軸とした学習・発達の"場(特にICTを活用した学習環境)のデザイン"に関する実践および研究を行っている。ホルツマンが組織するEast Side Instituteのアソシエイト。

＊**有元典文**(ありもと　のりふみ)【10章】
横浜国立大学教育学部教授。専門は教育心理学・教員養成・チームビルディング。学校の先生方・児童生徒たちと、またさまざまな学習場面の参加者と共同で、皆がたがいの発達を支え合う学習環境のデザインに取り組む。即興演劇(インプロ)に興味津々。

今井裕之(いまい　ひろゆき)【11章】
関西大学外国語学部教授。専門は英語教育学(授業研究、スピーキング評価、教師教育)。小中高の英語授業研究を通して、教室で英語学習に取り組む学習者と指導者の発達・成長を研究している。

郡司菜津美(ぐんじ　なつみ)【12章】
国士舘大学文学部専任講師。専門は生徒指導論・教職論。研究テーマは性教育の学習環境デザイン。現在、インプロを取り入れた授業づくりを教員養成の現場で実践中。

清家隆太(せいけ　りゅうた)【13章】
インプロsalon主宰。インプロ(即興演劇)の実践者として数多くの公演に出演。応用インプロのプロジェクトや公演／ワークショップの開催を手掛ける傍ら、複数のインプロパフォーマンスチームのアドバイザリーも務める。

パフォーマンス心理学入門
共生と発達のアート

初版第 1 刷発行　2019 年 3 月 20 日

編　者　香川秀太・有元典文・茂呂雄二
発行者　塩浦　暲
発行所　株式会社　新曜社
　　　　101-0051　東京都千代田区神田神保町 3 − 9
　　　　電話 (03) 3264 - 4973（代）・FAX (03) 3239 - 2958
　　　　e-mail : info@shin-yo-sha.co.jp
　　　　URL : https://www.shin-yo-sha.co.jp
組版所　Katzen House
印　刷　新日本印刷
製　本　積信堂

Ⓒ Shuta Kagawa, Norihumi Arimoto, Yuji Moro, 2019. Printed in Japan
ISBN978 - 4 - 7885 - 1624 - 3 C1011

新曜社の本

みんなの発達！ ニューマン博士の成長と発達のガイドブック	F. ニューマン、P. ゴールドバーグ 茂呂雄二・郡司菜津美・城間祥子・有元典文 訳	A5判224頁 本体1900円
インプロをすべての教室へ 学びを革新する即興ゲーム・ガイド	C. ロブマン、M. ルンドクゥイスト ジャパン・オールスターズ 訳	A5判232頁 本体2100円
ドラマ教育ガイドブック アクティブな学びのためのアイデアと手法	B. ラドクリフ 佐々木英子 訳	四六判136頁 本体1600円
街に出る劇場 社会的包摂活動としての演劇と教育	石黒広昭 編	A5判232頁 本体2400円
遊ぶヴィゴツキー 生成の心理学へ	ロイス・ホルツマン 茂呂雄二 訳	四六判248頁 本体2200円
人狼ゲームで学ぶコミュニケーションの心理学 嘘と説得、コミュニケーショントレーニング	丹野宏昭・児玉 健	A5判168頁 本体1700円
ワードマップ 状況と活動の心理学 コンセプト・方法・実践	茂呂雄二・有元典文・青山征彦・ 伊藤 崇・香川秀太・岡部大介 編	四六判352頁 本体2700円
越境する対話と学び 異質な人・組織・コミュニティをつなぐ	香川秀太・青山征彦 編	A5判400頁 本体3600円
ヴィゴツキーの思想世界 その形成と研究の交流	佐藤公治	四六判320頁 本体2400円
ヴィゴツキーからドゥルーズを読む 人間精神の生成論	佐藤公治・長橋 聡	四六判312頁 本体2800円
拡張的学習の挑戦と可能性 いまだここにないものを学ぶ	Y. エンゲストローム 山住勝広 監訳	A5判288頁 本体2900円
理解するってどういうこと？ 「わかる」ための方法と「わかる」ことで得られる宝物	E. オリヴァー・キーン 山元隆春・吉田新一郎 訳	A5判448頁 本体2200円
生命の発達学 自己理解と人生選択のために	秋山道彦	四六判282頁 本体2600円
発達をうながす教育心理学 大人はどうかかわったらいいのか	山岸明子	A5判224頁 本体2200円

（表示価格は税抜きです）